Birkenwerder
Summt
Dammsmühle
Bergfelde
Feldheim
Buchhorst
Schönwalde
Hohen-neuendorf
Mühlenbeck
Kol. Bergfelde
Schönfließ
Wolltersdorf
Schönerlinde
Zepernick
Röntgental
Kol. Buch
Kol. Röntgental
Blumberg-Eiche
Biesel-felde
Bf. Schildow Mönchmühle
Schildow
BUCH
Bln-Buch
FROHNAU
Bln-Frohnau
Glienicke
Vw. Mollersfelde
Kol. Birkholzaue
Birkholz
HERMSDORF
Bln-Hermsdorf
LÜBARS
Blankenfelde
BLANKENFELDE
Schwanebeck
Bln-Karow
KAROW
WAIDMANNSLUST
Waidmannslust
BUCHHOLZ
Blumberg
Neu-Lindenberg
Lindenberg
Wittenau Nordbahn
ROSENTHAL
Werdend
BLANKENBURG
Bln-Blankenburg
TEGEL
Bln-Tegel
Borsigwalde
WITTENAU
WILHELMS-RUH
NIEDER-SCHÖNHAUSEN
Bf. Ahrensfelde Frdhf.
Ahrensfelde
Bln-Reinicken-dorf
MALCHOW
WARTENBERG
Pankow-Heinersdorf
Eichbornstr.
FALKENBERG
Mehrow
REINICKEN-DORF
HEINERSDORF
Bln-Schönholz
Pankow Schönhausen
PANKOW
Eiche
Flugplatz Tegel
Wollankstr.
GESUND-BRUNNEN
WEISSENSEE
HOHEN-SCHÖNHAUSEN
Neueiche
Bornholmer Str.
Schönhauser Allee
Prenzlauer Allee
MARZAHN
Neu-Ahrensfelde
PLÖTZENSEE
WEDDING
PRENZLAUER BERG
Neu Hohenschönhausen
Marzahn
Hellersdorf
Bln-Greifswalder Str.
Beusselstr.
MOABIT
Landsberger Allee
Zentralviehhof
HERZBERGE
Jungfernheide
Wuhl-garten
MAHLSDORF
LICHTEN-BERG
Friedrichsfelde-Ost
Biesdorf
Westend
Bellevue
Tiergarten
CHARLOTTENBURG
Bln-Schlesischer Bf.
FRIEDRICHSHAIN
Kaulsdorf
FRIEDRICHS-FELDE
BIESDORF
KAULSDORF
Savignypl.
Ostkreuz
Neu-Lichtenberg
Rummelsburg
RUMMELSBURG
Halensee
WILMERS-DORF
KREUZBERG
Görlitzer Bf.
STRALAU
Treptower Park
Betr. Bf. R.
Biesdorf Süd
Mahlsdorf Süd
SCHÖNE-BERG
KARLSHORST
SCHMARGEN-DORF
NEUKÖLLN
TREPTOW
Plänter Wald
Karlshorst
Kaulsdorf Süd
Flughafen Tempelhof
Tempelhof
Sonnenallee
Rennbahn
FRIEDENAU
BERG
TEMPELHOF
Neukölln
Baumschulenweg
BAUMSCHULEN-WEG
Wuhlheide
OBER SCHÖNEWEIDE
Uhlenhorst
Wolfsgarten
STEGLITZ
Hermannstr.
NIEDER SCHÖNEWEIDE
Königs-Heide
Bln-Schöneweide
DAHLEM
Bln-Steglitz
SÜDENDE
Teltow-kanal
Obersee
Köpenick
Hirschgarten
Botanischer Garten
Südende
MARIENDORF
Spindlersfeld
Bln-Lichterfelde West
ADLERSHOF
KÖPENICK
BRITZ
JOHANNISTHAL
Betr. Bf. Schöneweide
Lankwitz
Kietz
LANKWITZ
Adlershof
BUCKOW (OST)
LICHTERFELDE
Marienfelde
Buckow
Wendenschloß
MARIENFELDE
(WEST)
RUDOW
ALT-GLIENICKE
GRÜNAU
Grünau
Lichterfelde Süd
Rudow Süd
Seehof
Osdorf
Buckower Chaussee
Rudow-Siedlung
Falkenberg
BOHNSDORF
LICHTENRADE
Gr. Ziethen
Kol. Falkenhorst
Teltow
Heinersdorf
Friederikenhof
Lichtenrade
Schönefeld
Eichwalde
Birkholz
Ziethen
Waßmannsdorf
Kienberg
Eichwalde
Diepensee
Waltersdorf
101
96
179
158
109
2

. . . im Anflug auf die Reichshauptstadt

DIE DOKUMENTATION

DER BOMBENANGRIFFE

AUF BERLIN

– STELLVERTRETEND FÜR

ALLE DEUTSCHEN STÄDTE

WERNER GIRBIG

... im Anflug auf die Reichshauptstadt

MOTORBUCH VERLAG STUTTGART

Einband und Schutzumschlag: Siegfried Horn, unter Verwendung einer Zeichnung von Carlo Demand.

Fotos: G. Botquin, Belgien 1; Bundesarchiv Koblenz 1; Imperial War Museum, London 4; Landesbildstelle Berlin 3; US Air-Force, Washington 13; Privatarchiv 6; sowie 15 Aufnahmen, deren Herkunft nicht mehr zu ermitteln war.

ISBN 3-87943-172-8

4. Auflage 1973

Gesamtherstellung: Druck- und Verlagsanstalt Welsermühl.
Printed in Austria.

INHALTSVERZEICHNIS

ANHANG 1

ANHANG 2

ANHANG 3

ANHANG 4

»DAS IST DAS ZWEITE KARTHAGO!«

Tagebucheintragung des US-Sonderberaters Harry P. Hopkins nach einem Flug über die Ruinenfelder Berlins am 24. 5. 1945

Für die unermüdliche Hilfe und Unterstützung bei der Beschaffung von umfangreichen Informationen zu diesem Buch bin ich meinem Freund Kurt Nörenberg, Berlin, zu größtem Dank verpflichtet.
Desgleichen danke ich Herrn Hans Ring, Gemeinschaft der Jagdflieger e. V., Dokumentation, München, für das freundliche Entgegenkommen bei der Auswertung historischen Materials. Ich bedanke mich ferner bei allen Personen und Dienststellen, die mir mit wertvollen Hinweisen und Auskünften geholfen haben, insbesondere der Deutschen Dienststelle (WASt) in Berlin, dem Informationszentrum Berlin, dem Landesarchiv Berlin, dem General Sikorsky Historical Institute, London, und der Schweizerischen Delegation in Berlin sowie Herrn Schnell, ehem. Major der Schutzpolizei und Leiter des Luftschutzes in Berlin und Herrn Prof. Dr. Rheindorf, ehem. Hptm. d. Res. beim Stab des Luftverteidigungskreises 1.
Für weitere Mithilfe danke ich gleichfalls den Herren Gaston Botquin, Belgien; Helmut Gätschmann, Berlin; Eugen Lux, Offenbach; Rudolf Mogl, Schlüchtern; Eberhard D. Weber, Bremen.

Werner Girbig

VORWORT

»Die große weiße Straße über Berlin« hieß die Legende zu einer Zeichnung, die eine englische Zeitschrift im Herbst 1943 veröffentlichte. Der Geschwaderkommandeur, nach dessen Angaben dieses Bild entstand, hatte an dem Luftangriff auf Berlin in der Nacht zum 1. September 1943 teilgenommen. Die Briten verloren in jener Nacht 47 ihrer viermotorigen Bomber. Einen Monat später erschien die gleiche Zeichnung in der Luftwaffenzeitschrift »Der Adler« mit etwa folgendem Begleittext:

Im Vordergrund eine Gruppe angreifender Lancaster und rechts oben deutsche Nachtjäger. Der Himmel ist erfüllt von Reihen und Bündeln schwebender Leuchtbomben und der Leuchtspur der Fla-Waffen. Mehrere Scheinwerferspinnen, zwischen denen sich dunkel die Detonationswolken der Flakgranaten abheben, stehen über dem Häusermeer. Viele der grellen Lichterscheinungen muß man sich farbig vorstellen. Bunte Erkennungssignale der Nachtjäger, rot-gelb-grüne Leuchttrauben von Zielmarkierungsbomben, weiße und rote Blitze der detonierenden Flakgranaten und, so weit der Horizont reicht, die grell-weißen, zuckenden Abschußblitze der schweren Flak. Wäre es nicht ein Feuerzauber, der den kalten Hauch des Todes in sich trägt und dem oft im Verlauf einer halben Stunde einige Dutzend Bomber zum Opfer fallen, könnte man das Ganze als eine Illumination betrachten, wie sie eindrucksvoller kein Pyrotechniker zu ersinnen vermöchte.

Nicht erwähnt in diesem Text sind die Tausende sinnlos geopferter Menschenleben, die Leiden und Qualen der Überlebenden während eines solchen Angriffes und die vielen wertvollen zerstörten Güter – vergessen aus propagandistischen Gründen.
So soll wenigstens hier und jetzt nicht vergessen werden, daran zu denken, welch schweren Opfergang die Geschichte des Luftkrieges der Berliner Bevölkerung und der deutschen Zivilbevölkerung überhaupt vorgeschrieben hatte.

Das Buch möchte als ein Versuch gelten, den Luftkrieg über Berlin, ohne Anspruch auf Vollständigkeit, so objektiv wie möglich aufzuzeichnen. Auswertungen und Nachforschungen waren nach mehr als zwanzig Jahren mit großen Schwierigkeiten verbunden, da entweder wertvolles Material nicht mehr erreichbar war oder Aussagen und Informationen sich oft widersprachen. Gerade im Falle Berlin wird wohl eine sowohl lückenlose als auch fehlerfreie Rückblende in diese Zeit überhaupt nicht mehr möglich sein.
Die Auswertung der zugänglichen Unterlagen, Tagebuchaufzeichnungen, Briefe und Gespräche mit einer großen Anzahl beteiligter Personen sowie nicht zuletzt auch der persönlichen Erinnerungen ließ nach jahrelangem Bemühen trotzdem ein verhältnismäßig abgerundetes Bild vom Luftkriegsgeschehen Berlins entstehen. Als Berliner war ich natürlich daran interessiert, den Schilderungen der meine Heimatstadt betreffenden Ereignisse Vorzug zu geben, doch im wesentlichen werden diese Aufzeichnungen auch für die anderen Städte Gültigkeit besitzen. Deshalb soll Berlin hier stellvertretend und mahnend nicht nur für Namen stehen wie Coventry, Dresden, Hamburg, Heilbronn, Köln, London, Potsdam, Rotterdam, Warschau, Würzburg, sondern für alle jemals von Bomben getroffenen Städte.
Die von verschiedenen Seiten gestellte Frage, warum eigentlich eine derartige Aufzeichnung, sollte schließlich eine Beantwortung finden in der Auffassung, daß eben das Festhalten jener Ereignisse einfach zu der Chronik einer Stadt gehören muß und weil diese Ereignisse zu einem hoffentlich überwundenen, aber wohl für ewig unvergessen bleibenden Stück Zeitgeschichte geworden sind. Und es bleibt nur der Wunsch, daß man nie aufhören sollte, aus den furchtbaren Erfahrungen die Lehren zu ziehen.

Frankfurt/Main, Frühjahr 1970

UND FEUER WIRD VOM HIMMEL FALLEN

FLUGBLÄTTER – VORBEREITUNG ZUR STRATEGISCHEN LUFTOFFENSIVE?

Herbst 1939. In ganz Europa sieht man die ernsthafte Gefahr eines Krieges heraufziehen. Die von den sich bedroht fühlenden Staaten seit Wochen auf diplomatischem Wege mit allen Anstrengungen unternommenen Versuche, das Unheil abzuwenden, scheinen sich zunächst auch als erfolgreich herauszustellen. Es sieht tatsächlich so aus, als ob ein neuer Weltkrieg mit all seinen jetzt noch gar nicht zu überblickenden Auswirkungen in letzter Minute verhindert werden könnte. Jedoch die Hoffnungen darauf zerschlagen sich jäh, als am 1. September 1939 der »Angriff über die deutsche Ostgrenze« erfolgt. Der Zweite Weltkrieg beginnt.
Das kleine Polen besitzt zu diesem Zeitpunkt zwar eine Luftwaffe mit etwa knapp 700 operativen Flugzeugen, von denen aber die Mehrzahl zu den veralteten Baumustern gehört. Auf etlichen Flugplätzen um Posen liegt das polnische Fliegerregiment 3, dem auch die 34. Aufklärungsstaffel unterstellt ist. Von den beiden deutschen Armeen der Generale v. Kluge und Blaskowitz umgangen, bleibt das ganze Wartheland zu Beginn des Feldzuges noch in den Händen der Polen, so daß sich die im dortigen Raum stationierten Fliegereinheiten des Gegners einsatzmäßig zumindest für die ersten drei Tage noch verhältnismäßig uneingeschränkt bewegen können.
Es wird angenommen, daß zwei polnische Flugzeuge am späten Nachmittag des ersten Kriegstages zu einem Erkundungsflug gegen die deutsche Hauptstadt aufsteigen. Daß von der Durchführung eines solchen Einsatzes offiziell nichts bekannt ist, kann zweierlei Gründe haben. Entweder wird diesem Flug keine Bedeutung beigemessen, deshalb, weil er im Zuge des rasch vorangetragenen deutschen Angriffes auf Polen als vollkommen unwichtig erscheint und das Ereignis somit im eigentlichen Verlauf der Kampfhandlungen untergeht, oder weil seitens der polnischen Luftwaffe überhaupt

kein derartiges Unternehmen stattfindet, da der Operationsplan des polnischen Oberkommandos auf rein defensive Aktionen aufgebaut ist. Die bis jetzt einzige dokumentarische Erwähnung des genannten Einsatzes findet sich in den Aufzeichnungen der Berliner Feuerwehr-Hauptwache in der Lindenstraße (Siehe Anhang 2).

Tatsache bleibt es aber, daß die Reichshauptstadt an jenem Tage den ersten Fliegeralarm erlebt. Es ist gegen 18.30 Uhr des 1. September 1939, als die Sirenen ertönen, jenes Heulen, das in den späteren Kriegsjahren die Menschen in Angst und Schrecken in die Keller treiben wird.

Der Alarm dauert eine halbe Stunde. Die Frage, ob und wie weit die beiden polnischen Maschinen vordrangen und ob sie ihre Aufgabe erfüllten, steht immer noch offen. Die deutschen Aufzeichnungen vermerken nur, daß zwei polnische Flugzeuge den östlichen Stadtrand von Berlin erreicht haben. Über ihren Verbleib ist nichts bekannt. Dieser Einsatz dürfte von polnischer Seite aus auch das einzige gegen das Reichsgebiet gerichtete Luftunternehmen gewesen sein.

Und wie reagiert die Bevölkerung? Wer weiß denn schon, was ein Luftangriff wirklich bedeutet. Was kann denn schon groß passieren! Haben wir nicht eine Flugabwehr, die alle Versuche des Gegners, uns aus der Luft her zu bedrohen, illusorisch machen wird? Gewiß, es wird immer wieder gewarnt; Plakate, Broschüren und Pressenotizen weisen ständig auf die Gefahren eines Bombenangriffes hin, aber ist so etwas denn tatsächlich möglich? Ist das überhaupt vorstellbar?

Fröhlich und guter Dinge begeben sich die Berliner in die Keller. Neugierige bleiben in den Wohnungen oder suchen sich einen Platz im Freien, um »was sehen zu können«. Nichts scheint die Großstadt aus der Ruhe zu bringen, es ist ja bloß eine Übung, meint man. An Gefahren denken wohl die wenigsten. Luftschutzmäßiges Verhalten, wozu? »Wir lassen keinen von denen hereinkommen, dafür sorgt schon unsere Luftwaffe!« – »Die Engländer können ja gar nicht so weit fliegen!« Solche Sätze hört man in jenen Tagen oft, und auch später noch, als sich das Blatt sichtbar wendet, fällt es vielen Menschen schwer, sich den weiteren Ablauf der Ereignisse auszumalen. Zu sehr werden die Worte vom »unüberwindlichen Reich« geglaubt, zu oft wird von der »Festung Europa« gesprochen. Aber was nützt ein Bollwerk, wenn man dabei vergißt, das Dach zu bauen!

Im allgemeinen wird angenommen, daß Kampfflugzeuge der RAF die ersten Bomben auf die Reichshauptstadt abgeworfen haben, und zwar in der Nacht zum 26. August 1940. Wenngleich dieses Datum tatsächlich für den allerersten von englischer Seite aus durchgeführten Luftangriff steht, ist es jedoch ein französisches Flugzeug, welches zum erstenmal über Berlin Bomben ausklinkt. Hingegen erscheinen die Engländer schon einigemale vor dem genannten Zeitpunkt über der Stadt, wobei es sich hier nur um Flugblattabwürfe handelt. Die Versicherungen der deutschen Reichsregierung und die der gegnerischen Staaten, diesen Luftkrieg nicht auf die Zivilbevölkerung auszudehnen, werden zu Beginn des Krieges noch streng eingehalten. Noch ist man auf beiden Seiten vorsichtig, aber da es kein internationales Luftkriegsrecht gibt, fallen allzu rasch die Masken herunter. Die Frage, wer nun eigentlich mit der Bombardierung nicht kriegswichtiger Ziele begonnen hat, soll dabei hier zurückgestellt werden, denn das zu klären, ist nicht Sinn dieser Aufzeichnungen.

Die RAF führt von Anfang an eine ganze Reihe von Störangriffen gegen deutsche Städte durch, die aber in der Mehrzahl alle als Flugblatteinsätze gelten. Erst viel später wird angenommen, daß derartige Unternehmen dem Studium und der Vorbereitung einer strategischen Luftoffensive gegen das Reich dienen. Vorerst mißt man aber von deutscher Seite aus diesen Einflügen keine derartige Bedeutung bei; man verkennt offensichtlich den eigentlichen Zweck der Nachtoperationen.

Ende September 1939 bekommt die 10. Squadron des Royal Air Force (RAF) Bomber Commands den Auftrag, mit vier Whitley-Bombern einen Flugblatteinsatz gegen Berlin durchzuführen. Obwohl die Wetterbedingungen alles andere als günstig sind, lassen die Briten den Einsatzzeitpunkt nicht abändern. Die vier Maschinen auf dem Flugplatz Dishford in Yorkshire werden für den kommenden Flug vorbereitet und einsatzklar gemacht.

»Die Jerries werden sich freuen, wenn wir die Papierchen herabrieseln lassen.« Mit beiden Händen nimmt der Sergeant einen Stapel Pakete mit Flugblättern in Empfang und reicht sie dann nach hinten durch, wo ein anderes Besatzungsmitglied sie im Rumpf der Maschine verstaut. »Meinst du wirklich, daß die das glauben, was da draufsteht?« Der Sergeant zuckt mit den Schultern. »Weiß nicht«, antwortet er, »vielleicht kapitulieren sie auch gleich.«

Als die Ladung komplett an Bord ist, läßt der Squadronleader seine Männer noch einmal zusammenrufen. Die Abwicklung des Einsatzes ist klar, es kann losgehen. In den frühen Abendstunden des 1. Oktober warten die vier Whitley auf dem Platz von Dishford auf den Start. Als sie endlich vom Boden abheben und in östlicher Richtung recht bald den Blicken des Bodenpersonals entschwinden, ist es schon finstere Nacht.

Drei der aufgestiegenen Kampfflugzeuge erreichen Berlin, aus ihren Schächten wirbeln planmäßig die Flugblattpakete in die Stadt hinab. Die vierte Whitley sieht Berlin nicht, sondern kommt aus unerklärlichen Gründen schon vorher ganz gewaltig vom Kurs ab. Später erfährt man, daß diese Maschine ihre Flugblätter über Dänemark abwirft und jener Irrflug zugleich als erster englischer Neutralitätsbruch gegenüber Dänemark angesehen wird.

In der Nacht zum 2. Oktober 1939 stellt sich die deutsche Abwehr nach den Berichten der beteiligten Besatzungen als recht geringfügig heraus. Trotzdem kehren von den gestarteten Whitley nur drei wieder nach Dishford zurück. Demnach wird einer der Bomber das Opfer der deutschen Flak oder der Jäger. Aber davon abgesehen, kann nach diesem Oktobereinsatz die erst bei Kriegsausbruch mit der zweimotorigen Whitley V ausgerüstete 10. Squadron für sich in Anspruch nehmen, als erste RAF-Einheit über Berlin gewesen zu sein.

Die Flugblattaktionen der Engländer erstrecken sich über das gesamte Reichsgebiet, doch ihre Wirkungen erweisen sich jetzt noch als weniger erfolgversprechend. Die Bevölkerung nimmt, mit wenigen Ausnahmen, die abgeworfenen »Leaflets« kaum ernst. Doch wie schon erwähnt, verfolgen die Engländer mit den Nachteinsätzen wahrscheinlich ein ganz anderes Ziel. Aber das wird erst zwei Jahre später deutlich, als die ersten verheerenden Luftangriffe, durchgeführt von Hunderten von Flugzeugen, gegen das Reich geflogen sind, denn inzwischen entsteht in Großbritannien eine gewaltige Bomberflotte, da die britische Flugzeugindustrie ihren Schwerpunkt immer mehr auf die Produktion von viermotorigen Langstreckenbombern verlegt und zur Inselverteidigung genug Jagdmaschinen zur Verfügung stehen. Die Pläne für eine viermotorige Kampfstreitmacht liegen bereits im Jahre 1939 vor.

Der südliche Teil des Bezirkes Mitte nach schweren Nachtangriffen. Kaum ein Haus des getroffenen Gebietes trägt noch ein Dach.

Durch die enorme Hitze neigen sich die Lichtkandelaber in einem von Flammen eingehüllten Straßenzug Berlins.

Die Bombennacht des 23. August 1943. Das bekannte und beliebte »Haus Vaterland« geht in Flammen auf. Daneben das fensterlose Gebäude des Potsdamer Bahnhofes.

DER FLUG DER »JULES VERNE« (DIE VERGELTUNG DER FRANZOSEN)

Der Frankreichfeldzug nähert sich seinem Ende, als am frühen Nachmittag des 7. Juni 1940 eines der wohl weniger bekannten Kriegsunternehmen vorbereitet wird. Auf dem Flugplatz Bordeaux-Merignac steht ein Farman-Hochdecker, dessen Tanks bis zum Rand gefüllt sind, zum Start bereit. Der Rumpf der Farman 2234 trägt in schwarzen Buchstaben den Namen »Jules Verne«.

Längst befindet sich die Besatzung an Bord der Maschine, Capitaine de Corvette Daillières und sein Navigator Comet überprüfen noch einmal die Instrumente und geben den Männern letzte Anweisungen. Es ist jetzt zehn Minuten vor der geplanten Startzeit. Ein langer und zugleich ungewöhnlicher Flug steht den französischen Fliegern bevor. Daillières und Comet kennen sich schon sehr lange. In den dreißiger Jahren flogen sie zusammen auf der Südatlantik-Route der Air France, und sowohl Langstreckenflüge als auch die »Jules Verne« sind ihnen wohlvertraut.

Mit einer Ladung von etwa zwei Tonnen kann die Farman 2234 fast 5000 Kilometer fliegen, allerdings ist die Geschwindigkeit dabei sehr gering, obwohl die Maschine keinerlei Bewaffnung trägt. Beide Flieger haben sich der hervorragenden Langstreckeneigenschaften der »Jules Verne« erinnert und aus diesem Grund die Farman für ihr jetziges Unternehmen ausgewählt. Schon Anfang des Monats wurden die Unterseiten sowie beide Rumpfseiten für den kommenden Einsatz mattschwarz gestrichen.

15.30 Uhr. Capitaine Daillières gibt auf beide Doppelmotoren Vollgas. Die »Jules Verne« startet. Mit Nordkurs fliegt sie dann dem Ärmelkanal entgegen. Bordeaux bleibt langsam im Dunst zurück.

Der Flug verläuft ruhig und ohne Störungen. Nach dem Passieren des Kanals führt der Weg weiter über die Nordsee, doch dann wechselt Daillières den Kurs und fliegt das dänische Festland an. Noch immer liegt die Maschine ruhig in der Luft. Begegnungen mit anderen Flugzeugen finden seltsamerweise nicht statt. In großer Höhe ist jetzt Dänemark überflogen, Daillières' Maschine befindet sich nun über der Ostsee. Längst ist es vom Osten her Nacht geworden, und in entgegengesetzter Richtung wird die Sonne nur

noch ein paar Minuten brauchen, bis sie hinter dem Horizont versinkt.
»Rechts von uns liegt Stettin. Wir wenden jetzt nach Süden!« Die Farman überfliegt dann die deutsche Küste, und weiter geht der Flug über Mecklenburg in südlicher Richtung. In diesem Augenblick erst besteht kein Zweifel mehr, daß die »Jules Verne« die Reichshauptstadt anfliegen wird, das Ziel ihres außergewöhnlichen Einsatzfluges.
Die Nacht vom 7. zum 8. Juni ist eine helle, fast wolkenfreie Nacht, wie im Juni nicht selten. Gegen Mitternacht erreichen die Franzosen die Hauptstadt, doch Daillières und sein Navigator erkennen so gut wie nichts. Nach Abwurf einiger Brandbomben nimmt die Farman Kurs auf Leipzig. Keine Spur von Abwehr zeigt sich den Franzosen, die es aber für ausgeschlossen halten, daß man sie nicht bemerkt haben sollte. Tatsächlich gibt es in Berlin erst nach dem »Bombenabwurf« auf Babelsberg Alarm, weil man eben wieder einen der immer einzeln erscheinenden britischen Flugblattabwerfer vermutet und deshalb mit dem Alarmgeben gezögert hatte.
Jetzt steht die »Jules Verne« bereits über dem Raum Frankfurt am Main. Mit Südwestkurs geht es so rasch wie möglich der französischen Grenze entgegen. Ohne Zwischenfälle und Störungen erreicht Daillières mit seiner Besatzung zwar erschöpft, aber erleichtert die französische Hauptstadt. Gegen 5 Uhr früh des 8. Juni landet die Farman in Paris.
Am 10. Juni gibt das französische Kommuniqué dieses gelungene Ereignis mit folgendem Wortlaut bekannt:

»Eine Formation der französischen Luftwaffe bombardierte in der Nacht vom 7. zum 8. Juni Berlin als Vergeltung des deutschen Bombenangriffes auf Paris.«

Aus der »Jules Verne« war eine ganze Formation geworden. Doch die Tatsache bleibt bestehen: Es waren französische Bomben, die im Zweiten Weltkrieg zuerst auf Berlin fielen.
Die im Kommuniqué erwähnte Vergeltung bezieht sich auf einen am Nachmittag des 3. Juni 1940 von etwa 300 deutschen Kampfflugzeugen durchgeführten Angriff gegen den Pariser Raum.
Nicht zu ermitteln ist das Ausmaß der Schäden, welche die von der »Jules Verne« abgeworfenen Bomben verursacht haben, jedoch dürfte es von keiner größeren Bedeutung gewesen sein. In-

teressanter aber ist die Feststellung, daß nur das Fehlen geeigneter Langstreckenbomber auf der Gegenseite zu diesem Zeitpunkt verhinderte, Berlin schon viel früher in großem Umfange aus der Luft her anzugreifen.

LUFTVERTEIDIGUNG ZU KRIEGSBEGINN

Bis zum 25. August 1940 gibt es in Berlin siebenmal Fliegeralarm, ohne daß damit ein wirklicher Angriff verbunden ist. Aber schon in der kommenden Nacht erleben die Einwohner der Hauptstadt den ersten größeren Luftangriff des RAF Bomber Commands.
Die Berliner Luftverteidigung besteht zu jener Zeit vor allem aus 8,8-Flakbatterien mit ihren Stellungen an den verschiedensten Punkten in und um Berlin. Hierzu gehört auch eine Sperrballoneinheit, die zu Ausbruch des Krieges wahrscheinlich um Berlin die einzige Einheit dieser Art ist. Rasch entstehen weitere Batterien. Auf dem Siedlungsgelände in Düppel im Bezirk Zehlendorf bezieht eine der ersten Flakbatterien in Berlin ihre Stellung. Die vier 8,8-Geschütze stehen in großen Mulden direkt neben einer durch den Kriegsausbruch nicht mehr vollendeten Siedlung. Bis kurz vor dem Einmarsch der russischen Truppen bleibt die Batterie an diesem Platz. Ab 1940 ragen auf dem Sportplatz an der Steffenstraße in Hohenschönhausen die Rohre einer anderen »alten« Batterie in den Himmel. Diese später auf 10,5-cm-Geschütze umgerüstete Batterie bleibt ebenfalls bis 1945 am Ort. Andere Stellungen werden hauptsächlich im Spandauer Raum bezogen.
Nach den ersten britischen Luftangriffen gegen die Hauptstadt läßt das Oberkommando der Luftwaffe aus dem Westen weitere Flakeinheiten zur Verstärkung heranführen. Die Luftverteidigung der Reichshauptstadt besteht jetzt neben zweier Nachtjagdstaffeln aus 29 schweren, 14 mittleren oder leichten Batterien sowie 11 Scheinwerferbatterien. Nach dem Frankreichfeldzug postiert sich für mehrere Monate eine aus vier Wagen bestehende Batterie Eisenbahnflak mit vier Geschützen auf der S-Bahnstrecke der Wannseebahn. Der Flakzug steht hier zwischen dem Bahnhof Sundgauerstraße und der Überführung des Dahlemer Weges.

Die Aufstellung der Flakeinheiten für die Luftverteidigung Berlins sieht zu Ausbruch des Krieges folgendermaßen aus:

Luftverteidigungskommando 1 (ab 1. 9. 1941 1. Flakdivision)

	Gen.-M. Hoffmann	Dahlem
Stab/Flakregiment 12	Oberstlt. Prellberg	Lankwitz
I./Flakregiment 12	Oberstlt. Hintz	Lankwitz
III./Flakregiment 12	Major Fichter	Lankwitz
Stab/Flakregiment 22	Oberst Soeldner	Brandenburg
I./Flakregiment 22	Major Sachs	Döberitz
II./Flakregiment 22	Oberst Bauer	Brandenburg
I./Flakregiment 32	Oberstlt. Lukaseder	Heiligensee
I./Flakregiment 52	Major Rühle v. Lilienstern	Magdeburg
Stab/Flakregiment GG (General Göring)	Oberstlt. v. Axthelm	Reinickendorf
I./Flakregiment GG	Hptm. Hullmann	Reinickendorf
II./Flakregiment GG	Major v. Hippel	Velten
III./Flakregiment GG	Maj. v. Oppeln-Bronikowski	Reinickendorf
IV./Flakregiment GG (ehem. II./12)	Major Rüdel	Reinickendorf
Luftsperrabteilung 2		Bad Saarow

Die Führung und Reorganisation der Abwehr im Luftgau III, zu dem auch der Großraum Berlin gehört, übernimmt das Generalkommando I. Flakkorps unter Generaloberst Weise. Im Oktober und November 1940 erhalten zwei weitere motorisierte Flakkorps für die Luftverteidigung Berlins und Mitteldeutschlands den Rückverlegebefehl von der Westfront in das Reich. Am 8. Oktober ist der Abwehrring um die Hauptstadt schon auf vier Nachtjagdstaffeln, 45 schwere, 24 mittlere oder leichte Batterien und 18 Scheinwerferbatterien angewachsen. Kommandostelle, Stab und Verwaltung befinden sich im sogenannten »Hindenburgblock« in der Lankwitzer Gallwitzallee.

Schon recht früh geht man daran, die Flak mit Funkmeßgeräten auszurüsten, die jedoch zu diesem Zeitpunkt längst noch nicht in ausreichender Stückzahl vorhanden sind. Ende 1940 besitzen erst zwölf Berliner Batterien Funkmeßgeräte. Aber hauptsächlich dort, wo sich diese Geräte im Einsatz befinden, zeichnen sich deutlich sichtbare Erfolge ab. In der Nacht zum 15. November 1940 kann

die Berliner Flak von einem aus 30 zweimotorigen Kampfflugzeugen bestehenden Verband sieben herunterschießen und die restlichen Maschinen zumindest vom Zielgebiet abdrängen.
Eine präzise stärkenmäßige Angabe über die Flak in Berlin zu machen, wird nie möglich sein, denn sowohl personalmäßig als auch in der Bestückung schwanken die Zahlen ständig. Viele Batterien werden nach kurzer Zeit wieder verlegt, andere reduziert, während Stellungen an Schwerpunkten wiederum Verstärkung erhalten. Immerhin ist die Flakverteidigung zu Anfang des Krieges und auch in den ersten Kriegsjahren stark genug, um nicht wenige Angriffe der Engländer durch konzentriertes Abwehrfeuer oder einen dichtgeschlossenen Sperriegel noch vor dem eigentlichen Beginn zum Scheitern zu bringen. Oft genug zwingen die Flakbatterien britische Kampfflugzeuge zum vorzeitigen Abdrehen.
Nicht nur die Flak, sondern auch die fliegerischen Verbände reihen sich in die Berlin-Verteidigung ein. Ab 1939 liegen um Berlin etliche Jagdgruppen der damaligen Heimatluftverteidigung Ost. Zu diesen Einheiten zählen der Stab und die I. Gruppe des JG 2 »Richthofen« mit ihrem Einsatzplatz in Döberitz. Eine nur für kurze Zeit bestehende Nachtjagdstaffel des Richthofen-Geschwaders, die 10./JG 2, liegt mit ihren Bf 109 C in Finsterwalde, während in Brandenburg-Briest die Maschinen der I./JG 20 bereitstehen.
Nördlich von Berlin, auf dem Flugplatz von Werneuchen, befindet sich die Jagdfliegerschule 1, die ebenfalls in die Heimatluftverteidigung Ost einbezogen ist. Einige der zur Schule gehörenden Einsatzstaffeln haben ihre Horste in Strausberg und weiter südlich in Sprottau.
Im Verlauf des Januar 1940 wird in Magdeburg-Ost eine gänzlich neue Jagdgruppe aufgestellt, die II./JG 27. Schon bald darauf kommt der Verlegungsbefehl, der die junge Gruppe zum Schutz der Reichshauptstadt nach Döberitz führt, aber einsetzender starker Schneefall unterbindet schlagartig jeden Flugbetrieb, so daß Hptm. Andres zunächst nur die 6. Staffel überführen kann. Die restlichen Staffeln bleiben in Magdeburg zurück, bis sie schließlich am 24. Februar ebenfalls den Flug nach Döberitz antreten. Sämtliche Flugzeuge tragen bald den Berliner Bären als Wappenzeichen, und später übernimmt die Stadt auch die Patenschaft für die Gruppe. Doch dann fordern die Ereignisse Anfang Mai 1940 die Verlegung dieser Einheit in den westlichen Kampfraum.

Der Beginn des Frankreichfeldzuges reißt die Heimatluftverteidigung völlig auseinander. Ab Mai herrscht ein ständiges Verlegen und Rückführen von Luftwaffenverbänden. So fliegen nach ihren ersten Westeinsätzen auch der Stab und die I./JG 77 nach Döberitz, und als Ende Juli die III. Gruppe ebenfalls auf diesem Platz eintrifft, befindet sich die I. Gruppe bereits wieder auf dem Weg an die Front. Auch eine Gruppe des bekannten »Schlageter«-Geschwaders fällt für kurze Zeit in Döberitz ein. Die III./JG 26 bleibt vom 1. bis zum 21. Juli in der Nähe Berlins, ohne dabei nennenswerte Einsätze zu fliegen. Im gleichen Monat kommt die I./JG 52 für wenige Tage nach Neuruppin, die III./JG 52 nach Werneuchen.
Noch ist die Gefahr eines wirklich ernst zu nehmenden Angriffes gegen Berlin nicht sehr groß, die wenigen um diese Zeit zum Schutz der Reichshauptstadt bereitgestellten Luftwaffeneinheiten haben bisher kaum Gelegenheit, einmal wirkungsvoll einzugreifen. Aber nicht zuletzt dienen die Verlegungen in den Berliner Raum nach dem Frankreichfeldzug auch der Auffrischung der Verbände.
Als Mitte des Jahres 1940 die »Luftschlacht um England« beginnt, werden alle verfügbaren Einheiten an die Kanalküste geworfen, um einen immer zäher werdenden Kampf gegen die britische Insel zu führen. Die Geschwader schmelzen zusammen. Auch nach dem ergebnislosen Ausgang der Luftschlacht Ende 1941 ist an eine Reichsverteidigung kaum zu denken, denn neu entstehende Kriegsschauplätze fordern nun das Vorhandensein der schon angeschlagenen Luftwaffe. Erst um die Wende 1942/43 entsteht praktisch der Kern einer eigentlichen Berlinverteidigung, als man nun endlich mehrere Verbände, hauptsächlich Nachtjagdgruppen, um die Hauptstadt herum verlegt. Zu diesem Zeitpunkt aber beginnen die Engländer bereits heftige Schläge gegen Berlin auszuführen.
Ein im Anhang 3 wiedergegebenes Dokument bezieht sich auf den Aufbau einer Nachtjagd über der Reichshauptstadt für 1941.

Schon Ende der dreißiger Jahre waren solche Aufrufe des Reichsluftschutzbundes an den Anschlagsäulen der Städte zu sehen. Nach Kriegsbeginn verstärkte der RLB seine Warnkampagne noch mehr. Plakate und Wurfsendungen, die auf die Gefahren eines Luftkrieges hinwiesen, fanden sich an den öffentlichen Aushängestellen und füllten alle Hausbriefkästen.

Bereits in der Nacht zum 22. Juni 1940 werfen vereinzelte gegnerische Flugzeuge mehrere Brand- und Sprengbomben über dem Vorort Babelsberg ab, wobei sieben Personen verletzt werden. Die Berliner erfahren am nächsten Tag kaum Einzelheiten über den britischen Vorstoß, aber das wenige, was darüber bekannt wird, läßt die Menschen im Wedding, in Charlottenburg, in der Stadtmitte nur mit den Schultern zucken, denn Babelsberg liegt ja so weit weg. Und sie denken bei der Erwähnung des Ortsnamens weniger an die Alarmnacht, als an die Ufastadt Babelsberg, dem bekannten Mittelpunkt der deutschen Filmindustrie, und sehen dabei die buntschillernde Reklame an den Fassaden der großen Lichtspielhäuser vor sich.

Es vergehen zwei Monate, bis die Engländer zu neuerlichen nächtlichen Einflügen gegen den Raum Berlin starten. Zunächst sind es nur zwei Maschinen, die am 20. August 1940 bis in die westlichen Außenbezirke vordringen können, das Sperrgebiet der Flak berühren, aber keine Bomben werfen.

Unmittelbar nach dem Nachtangriff der Luftwaffe auf London am 24. August entscheidet sich der damalige Chef des RAF Bomber Commands, Air Marshal Charles Portal, zu einem Vergeltungsangriff gegen die deutsche Hauptstadt. Es ist dies der erste geschlossene englische Bombeneinsatz gegen Berlin, durchgeführt von insgesamt 81 Maschinen verschiedener Verbände, darunter auch die 61. Squadron aus Hemswell. Da die Hampden- und Wellingtonbomber nicht zu den Langstreckenflugzeugen zählen, ist man von vornherein etwas skeptisch bei der Einsatzplanung. Doch es müßte allen Berechnungen nach gelingen; die britischen Kampfflugzeuge können Berlin tatsächlich gerade noch erreichen, nur die Angriffszeit selbst wird sehr kurz bemessen sein. Eine weitere Voraussetzung für das Gelingen des Unternehmens sind obendrein gute Wetterverhältnisse. Wie oft kommt es vor, daß bei den nachfolgenden Einsätzen gegen Berlin die Engländer, durch starken Gegenwind behindert, die Stadt überhaupt nicht erreichen.

Am Abend des 25. August, einem Sonntag, läßt Portal seine Bomber starten. Zu den Hampden und Wellington stoßen mehrere schon durch die Flugblattaktion bekannte Whitley-Bomber der 58. Squadron aus Linton-on-Ouse.

Von den 81 Kampfmaschinen gelangen nur wenige in den Raum Berlin. Nicht nur der äußere Aktionsradius, sondern vielmehr ein dichtes Sperrfeuer der Berliner Flak verhindert ein weiteres Vordringen der gegnerischen Maschinen. So fallen die ersten britischen Bomben – etwa 20 Tonnen – auf die nördlichen Vororte. Die meisten Brandbomben gehen in Reinickendorf nieder, richten jedoch recht geringen Schaden an. Daneben werden auch wieder große Mengen Flugblätter, die an die »hellen Berliner« gerichtet sind und in denen das Kräfteverhältnis Englands gegenüber dem Reich dargestellt ist, aufgefunden und sichergestellt.
Neunundzwanzig Maschinen werfen ihre Bomben über der Stadt ab. Weitere 27 Bomber können wegen der über Berlin liegenden dichten Wolkendecke ihre Ziele nicht ausmachen und bringen ihre Ladungen wieder nach England zurück, wobei sechs davon ihre Bomben vor Erreichen der Flugplätze in die Nordsee fallen lassen. Achtzehn Kampfmaschinen greifen auf dem Rückflug Ausweichziele in Deutschland an. Auf Berlin fallen in dieser Nacht »nur« 22 Tonnen Bomben. Viereinhalb Jahre später wird es die zehnfache Menge sein.
Insgesamt kehren sieben Flugzeuge nicht mehr nach England zurück. Eines wird auf dem Rückflug von der Flak abgeschossen, weitere müssen im Kanal notlanden, doch ihre Besatzungen werden später von Flugbooten gerettet. Nach ihrer Landung berichten die britischen Piloten von einer heftigen Abwehr über Berlin. *»Wir wurden mehrmals zu Ausweichmanövern gezwungen, um dem Flakriegel oder den Scheinwerferkegeln zu entgehen. Wir flogen kreuz und quer über die Stadt.«*

Am Tage nach dem Angriff strömen die Berliner zu Hunderten zu den wenigen getroffenen Häusern, um sich die entstandenen Bombenschäden anzusehen, denn eine von Bomben zerstörte Wohnung ist zu diesem Zeitpunkt etwas Neues, und nur wenige machen sich beim Anblick der ersten Luftkriegsschäden ihre Gedanken. Später, als sich ganze Straßenzüge in Trümmer verwandeln, sieht man keine Neugierigen mehr, die wegen einer durch Brandbomben geschwärzten Hausmauer mehrere Stadtteile durchqueren. Wer ahnt aber jetzt schon die sich bereits ankündigende Entwicklung?
Das Lichtspielhaus »Primus« am Hermannplatz beendet seine letzte Vorstellung. Vor dem Eingang schließt Frau Kremer frö-

stelnd ihre Kostümjacke und hängt sich bei ihrem Mann ein. Das Ehepaar Kremer beschaut sich noch einmal die Aushangsbilder des Filmes »Die Nachtigall von San Remo«, ehe es dann den Heimweg antritt. Die Nacht an diesem Donnerstag, dem 28. August, ist kühl.

»Ich habe so eine Ahnung, als ob es heute wieder Fliegeralarm gibt«, sagt die Frau, und blickt besorgt in den Himmel.

»Ach, Unsinn!« meint Herr Kremer. »So schnell kommen die nicht wieder.« Aber dann merkt auch er, daß seine Worte nicht überzeugend genug klangen. Er wird jetzt selbst etwas skeptisch. Schließlich kennt er ja die Engländer noch von früher. Damals, im Angriffsraum nördlich der Somme, August 1918. Da kamen sie auch immer und immer wieder mit ihren Sopwith-Doppeldeckern, obwohl sie ständig Verluste hatten. Herr Kremer beschleunigt seine Schritte. »Laß uns beeilen, wir sind noch lange nicht zu Hause«, sagt er.

Während sich die Berliner zur Ruhe begeben, nähert sich vom Westen her eine Kampfformation der RAF. Ihr Angriffsziel ist die Reichshauptstadt. Vierundzwanzig Minuten nach Mitternacht heulen die Alarmsirenen auf, wenig später überfliegen die Engländer bereits die Randgebiete der Stadt.

Ein Regen von Brand- und Sprengbomben geht hernieder. Die Kottbusser Straße, zwischen Skalitzer Straße und Kottbusser Brücke, ist nicht nur ein typisches Berliner Geschäftsviertel, sondern zählt auch zu den am dichtesten bewohnten Gegenden. Und dort explodiert ein Großteil der Bomben.

Die erste Serie geht mitten auf der Straße nieder und reißt die Straßenbahnschienen auf. Dann fällt eine Bombe in ein Hinterhaus der Kottbusser Straße, durchschlägt hier zwei Stockwerke. Fensterrahmen und Mauerwerk stürzen in den Hof, Splitter zerschlagen den Häuserputz. Schon lodern die ersten Dachstuhlbrände auf, können aber durch den schnell heraneilenden Sicherheits- und Hilfsdienst bekämpft und eingedämmt werden. Während der Löscharbeiten sausen erneut Bomben nieder, lassen riesige Krater im Straßenpflaster zurück oder demolieren zahlreiche Geschäfte und Wohnungen der umliegenden Häuserreihen völlig. Vier Personen, die sich hier aus gefährlicher Neugier in einem Hauseingang aufhalten, sinken stöhnend zusammen, als sie von herumschwirrenden Splittern getroffen werden.

Unter der Hochbahnbrücke sammeln sich die Ausgebombten der Kottbusser Straße. Da der ganze betroffene Bezirk wegen Blindgänger- und Zeitzündergefahr von der Polizei gesperrt wird, müssen die Bewohner vorläufig ihre Häuser verlassen.
Als endlich um 3.19 Uhr die Entwarnung kommt, kann man sich erst jetzt eingehender um die Obdachlosen kümmern. Einen Teil der Bombengeschädigten nimmt die Schule in der Britzer Straße auf. Es gibt warme Verpflegung. Unter der Leitung einer Ärztin des Gesundheitsamtes Neukölln werden die durch Splitter verwundeten Personen untersucht und verbunden. Inzwischen gelingt es weiteren Ausgebombten und Ausgewiesenen, bei Verwandten oder in bereitgestellten privaten Haushalten vorübergehend unterzukommen.

Der Wehrmachtsbericht vom 29. August gibt das Ereignis folgendermaßen bekannt: *»Britische Flugzeuge griffen in der Nacht planmäßig Wohnviertel der Reichshauptstadt an. Durch Brand- und Sprengbomben wurden zahlreiche Zivilpersonen getötet und verletzt und an Wohnhäusern Dachstuhlbrände und Schäden verursacht. Eine britische Maschine konnte noch vor Erreichen der Stadt von der Flak abgeschossen werden.«*

Der Angriff fordert nach den sogleich angestellten Ermittlungen zehn Tote und 28 Verletzte. Die Zahl dieser Toten erhöht sich in den nächsten Tagen auf zwölf. Aufgrund dessen weisen Rundfunk und Presse dringend darauf hin, daß der Aufenthalt in Hausgängen oder sogar auf den Straßen während der Fliegeralarme höchst gefährlich und deshalb strikt untersagt ist.
Auf dem Jakobi-Friedhof in Neukölln hält Staatsrat Görlitzer am 3. September unter starker Anteilnahme der Bevölkerung und mit großem Aufwand seitens der Partei die Trauerrede für die Opfer aus der Kottbusser Straße. Auch der Stadtpräsident und Oberbürgermeister von Berlin, Dr. Lippert, ist zugegen.
Schon in der übernächsten Nacht gibt es für die Berliner erneut Fliegeralarm, während sich gleichzeitig englische Störangriffe gegen weitere Ziele in Deutschland richten. Der Alarm wird abermals nach Mitternacht ausgelöst und hält etwa eine Stunde an. Wieder treffen die britischen Bomben Wohngebiete in Neukölln sowie in Siemensstadt und in etlichen Bezirken der Innenstadt.

Über den genannten Gebieten stehen plötzlich mehrere Leuchtmarkierungen am Himmel. Ihre flirrenden Lichter sinken lautlos und langsam zur Erde nieder, flackern noch einmal auf, erlöschen Sekunden darauf. Doch dann folgt ein unheimliches Rauschen, wie ein zunehmend stärker werdender Wind, der in das Laub der Bäume fährt.

In Neukölln fallen zwei Brandbomben auf die Christus-Kirche an der Ecke Dieffenbacher- und Schönleinstraße. Sie durchschlagen das Dach und torkeln in das Innere. Der herbeieilende Hausmeister Lerch kann eine der zündenden roten Stabbrandbomben im Chor löschen, dann muß er Hilfe heranholen, denn auch auf der Empore beginnt es zu brennen. Zur gleichen Zeit schlagen mehrere Brandbomben durch das Dach des unmittelbar vor der Kirche gelegenen Bethesda-Krankenhauses. Eine der wachhabenden Schwestern erinnert sich an diese Nacht noch sehr gut. *»Während wir auf der einen Seite mit Sicherungsarbeiten beschäftigt waren, entdeckten wir plötzlich seitwärts hellen Feuerschein. Im Nebenhof waren ebenfalls Bomben niedergegangen. Es bestand dort aber zunächst keine Gefahr.«*

Bald darauf rückt auch die Technische Nothilfe zur Verstärkung an. Die Männer können den Brandherd schnell unter Kontrolle bringen. Bald liegen verkohlte Trümmer herum, vor dem Portal III stapeln sich angesengte Balken, ausgeglühte und verbogene Eisenstangen und abgerissene Holzteile, umrahmt von riesigen Wasserlachen im Hof. Der Brandgeruch hängt noch lange in der Luft.

Ähnlich sieht es an manchen Stellen in der Innenstadt aus. Vor dem Haus Nr. 35 in der Ritterstraße klafft unmittelbar am Rand des Bürgersteiges ein gewaltiger Trichter. Die im Umkreis von etwa 100 Metern an Fassaden und Fenstern entstandenen Schäden stammen alle von einer hier eingeschlagenen Sprengbombe. Ebenfalls schwer getroffen werden Häuserblocks in der Alten Jakobstraße, Alexandrinenstraße und Sebastianstraße. Starke Beschädigungen zeigt auch das bekannte Ärztehaus in der Lindenstraße, nachdem mehrere Sprengbomben in das Gebäude und in den Hof fielen. Auf dem Gelände der Siemens-Kabelwerke brennt eine durch Bomben getroffene Modelltischlerei ab.

Daß in dieser Nacht zum 31. August insgesamt nur sechs Verletzte zu beklagen sind, liegt wohl daran, daß die Bevölkerung den Auf-

rufen der Presse mehr Beachtung geschenkt und sich diesmal vorsichtiger verhalten hat.
In den Vormittagstunden des folgenden Tages kann ein Kommando der Luftwaffe neben den Straßenbahnschienen in der Kottbusser Straße den letzten Zeitzünder entschärfen. Daraufhin wird der U-Bahn- und Straßenbahnverkehr, wenig später dann auch der Fußgängerverkehr wieder freigegeben.
Einzelne britische Flugzeuge stören in der Nacht zum 1. September den Schlaf der Berliner. Zwar kann die starke Flakabwehr einen größeren Angriff verhindern, aber es fallen doch etliche Bomben in die Randgebiete der Stadt. Nach Beendigung des Alarms entdecken Streifenbeamte mehrere Trichter im Tiergarten zwischen dem Großen Stern und der Bellevue-Allee. Wegen Blindgängerverdacht muß der Verkehr hier kurzzeitig gesperrt werden.
Schon die folgende Nacht sieht die Engländer wiederum im Anflug auf Berlin. Doch diesmal scheint kaum eine Maschine die Spree zu erreichen, jedenfalls werden keinerlei Schäden gemeldet. Und auch der nächste Angriff in der Nacht zum 5. bleibt wegen des heftigen Flakfeuers nahezu ergebnislos. Nur einige Kampfflugzeuge können den Sperriegel umgehen und ihre Bombenlast über der Innenstadt abwerfen.
Der Auftakt zur ersten Phase der britischen Bombenoffensive ist vollzogen. Mit einem Unternehmen in der Nacht zum 7. September setzt die RAF ihre Luftangriffe gegen Berlin weiterhin fort. Es fordert durch planlosen Bombenabwurf über der Innenstadt und dem Wedding mehrere Menschenleben, außerdem entstehen wiederum größere Sachschäden.
Ab Ende August patrouillieren während der Alarmzeiten ständig Zweimannstreifen durch die Bezirke der Stadt, um über die Disziplin der Einwohner zu wachen. Luftschutzkeller werden kontrolliert, verdächtige Personen auf den Straßen überprüft. Es gilt hauptsächlich, ein Augenmerk auf Plünderer und Diebe zu richten, welche die Alarmzeiten für ihre Zwecke günstig auszunutzen versuchen.
Während des nächsten Angriffes setzen die Engländer mehrere Gebäude in der Friedrichstraße und in Moabit in Brand, aber auch in Rosenthal und Wilhelmsruh entstehen Schäden. Nachts darauf, es ist Mittwoch, der 11. September, gibt es neuerlich einen etwa einstündigen Alarm. Die Engländer scheinen es auf die Gegend

um das Regierungsviertel abgesehen zu haben. Da der Himmel wolkenlos und mondhell ist, können die britischen Flieger auf ihre Leuchtmarkierungen fast verzichten. Die erste Bombe fällt in den Morgenstunden in die Nähe des Reichstagsgebäudes, ohne jedoch erheblichen Schaden anzurichten. Weitere Sprengkörper gehen hinter dem Brandenburger Tor auf den Pariser Platz nieder. Dabei erhält die Polizeiwache an der Seite des Tores einige Treffer.

»Es war ein ordentliches Feuerwerk«, berichtet einer der Beamten. *»Der Platz vor dem Brandenburger Tor war taghell erleuchtet. Wir stellten plötzlich fest, daß es in zwei Räumen unserer Wache gezündet hatte. Wir konnten aber schnell löschen.«*

Ebenfalls in Mitleidenschaft gezogen werden der obere Teil der Berliner Diplomatenstraße Unter den Linden sowie einzelne Gebäude in der sie kreuzenden Wilhelmstraße. Die amerikanische Botschaft wird von sechs Brandbomben beschädigt. Ein Sprühregen gleißender Funken breitet sich aus, und im Nu stehen mehrere Räume in Flammen. Das gleiche Bild sieht man auch im Haus der Ingenieure und in der Akademie der Künste. Gerade als es ein Uhr schlägt, zerspringen im Seitenflügel des St.-Hedwigs-Krankenhauses die Scheiben. Hier sind es vier Brandbomben, die nach geraumer Zeit vom Selbstschutz und mit Hilfe der Feuerwehr gelöscht werden.
Glücklicherweise ist die Zahl der Opfer unter der Bevölkerung auch diesmal verhältnismäßig gering. Die Angriffsnacht fordert fünf Tote und mehrere Verletzte. Von den angreifenden Flugzeugen geht eines durch Flak verloren, einen weiteren Bomber kann die Nachtjagd auf dem Rückflug abschießen.
Zu diesem Zeitpunkt werden in der Reichshauptstadt verschärfte Verdunkelungskontrollen durchgeführt. Der Berliner Polizeipräsident, Graf Helldorf, betont in einem erneuten Aufruf, daß die Bevölkerung der Stadt im großen und ganzen gute Disziplin zeigt und den Anordnungen Folge leistet. Jedoch kommt es immer wieder zu Beanstandungen hinsichtlich der Verdunkelung. Gegen Personen, welche den Luftschutzmaßnahmen allzu leichtfertig gegenüberstehen, soll jetzt rücksichtslos eingeschritten werden.
Noch während der ersten Angriffsphase Ende 1940 erheben englische Politiker die Forderung, eine Verschärfung der Berlin-Ein-

sätze herbeizuführen. Die RAF zögert und will erst den Sommer 1941 vorübergehen lassen. Die Einwände beispielsweise, daß die englischen Bomber nach Berlin fast den fünffachen Weg zurücklegen müssen gegenüber den deutschen Maschinen, wenn diese von Frankreich aus London angreifen, nehmen die Politiker nur ungern zur Kenntnis. Auch der Vorschlag der RAF, vornehmlich näher und bequem in der Reichweite ihrer Bomber liegende Ziele wie das Ruhrgebiet auszuwählen, stößt auf nicht wenig Ablehnung.

Wie fast in allen solchen Fällen, entschließt man sich in London zu einem Kompromiß. So bald wie möglich sollen im Zuge einer weiteren Bombenoffensive die Angriffe gegen die deutsche Hauptstadt fortgesetzt werden, jedoch nicht wahllos, wie es die Politiker fordern, sondern sich vielmehr durch präzise Zielanflüge gegen lebenswichtige Teile der Stadt auszeichnend. Eine am 21. September 1940 aufgestellte »Winterdirektive für das Bomber Command« enthält die von der RAF zu bombardierenden Ziele, wobei die Reihenfolge exakt festgelegt ist und die Zielgebiete nach Dringlichkeitsstufen geordnet sind. Neben Versorgungsanlagen, Treibstoffwerken, Flugzeugfabriken, Aluminiumwerken und Eisenbahnknotenpunkten steht die Reichshauptstadt an fünfter Stelle auf dieser Angriffsliste. Wörtlich heißt es darin:

»Zielangriffe sollen jedoch stets in einem dicht bebauten Wohngebiet mit dem Schwerpunkt möglichst großer Materialzerstörung durchgeführt werden, die dem Gegner die Wucht und die Macht unserer Bombenstreitkräfte vor Augen führen.«

Schon zwei Tage nach Herausgabe der Direktive werden die britischen Luftangriffe gegen Berlin mit einer neuen Serie wiederaufgenommen. Potsdam und der Südwesten Berlins sind das Ziel der Kampfflugzeuge in der Nacht zum 23. September, doch ein größerer Angriff erfolgt erst vierundzwanzig Stunden später.

In der Nacht zum 24. vereinen sich mehrere Formationen noch über Großbritannien, um dann ihren fast vierstündigen Weg in östlicher Richtung anzutreten, insgesamt 119 Maschinen, alle verfügbaren Wellington und Hampden sowie eine große Anzahl Whitley.

Es ist eine sehr kalte Nacht. Schon bald beginnen die Tragflächen der Maschinen zu vereisen, die Kanzelscheiben frieren zu und können nur mit Mühe sichtklar gehalten werden. Starke Windböen erhöhen überdies die Gefahr einer Kollision in der Luft. Die englischen Flieger müssen alle Augen offenhalten, um die blaugelben Abgasflammen aus den Motoren der Nachbarmaschinen zu beobachten und damit den Piloten eventuelle Korrekturen zum Ausweichen geben zu können. Schon brechen die ersten Kampfflugzeuge ihren Flug wegen Totalvereisung ab und scheren aus dem Verband aus. Als die Engländer schließlich Berlin erreichen, besteht die Formation nur noch aus 84 Maschinen.

Wie es die Zielaufstellung verlangt, greifen die Briten zunächst Gasbehälter und Elektrizitätswerke an, jedoch offensichtlich ohne Erfolg. Heftiges Flakfeuer reißt die Einheiten auseinander, wodurch die Maschinen mitunter nur schwarmweise in die Stadt gelangen.

In Moabit entstehen die ersten Brände. Beim Versuch, den Flughafen Tempelhof und die Tempelhofer Bahnanlagen zu bombardieren, bleiben die Engländer ebenfalls erfolglos. In Charlottenburg dagegen reißen einige Bomben einen Gasometer auseinander. Eine Anzahl Wohnungen werden durch Volltreffer ausgebombt. Der gesamte Angriff fordert 22 Tote und 83 Verletzte.

Zum erstenmal wird das Charlottenburger Schloß getroffen. Das 1695 von Nehring geschaffene, im 18. Jahrhundert von Knobelsdorff und Langhans erweiterte historische Bauwerk erleidet im Verlauf des Krieges noch manch schwere Beschädigungen. Die Nacht zum 24. September 1940 ist erst der Anfang.

Am nächsten Tag erbeuten deutsche Truppen in Holland eine von diesem Angriff auf Berlin zurückkehrende Wellington. Die zur 311. Squadron gehörende Maschine erlitt auf dem Rückflug einen Motorschaden, der britische Flugzeugführer konnte die vorgeschriebene Höhe nicht mehr einhalten und kam ständig tiefer. Nachdem die Besatzung ihren Heimatflughafen East Wretham in Norfolk von dem Mißgeschick unterrichtet hatte, setzte die Wellington zur Notlandung an. Die englischen Flieger brachten es fertig, unbehelligt unterzutauchen. Wenig später nehmen dann die Deutschen von der herrenlosen und fast intakten Maschine Besitz.

Bis zum Monatsende fliegt das Bomber Command noch fünf Angriffe gegen Berlin, wobei in der Nacht zum 25. September Plötzensee und Umgebung heimgesucht werden. Die Beisetzung

Am Morgen nach einem schweren Angriff. Ausgebombte Berliner sitzen auf den Straßen vor ihrer geretteten Habe.

Auf der Suche nach Opfern des Luftkrieges werden schwelende Trümmer gelöscht und wegversperrende Mauerreste eingerissen.

Rettungstrupps bergen Tote und Verwundete aus den Kellern eines durch Volltreffer zerstörten Wohnhauses.

Bombenvolltreffer auf den Gleisanlagen der Berliner S-Bahn. Trotz sofort eingeleiteter Instandsetzungsarbeiten gelingt es nicht immer, den Stadtbahnverkehr in kürzester Zeit wieder zu normalisieren.

von zehn Todesopfern jener Nacht findet am 28. auf dem Heiland-Friedhof in Plötzensee statt.
Inzwischen kommt es innerhalb der RAF zu einem Führungswechsel. Air Marshal Richard E. C. Peirse löst am 5. Oktober 1940 Charles Portal als Befehlshaber des Bomber Commands ab, und Portal wird somit Chef des britischen Luftwaffenstabes, ein Amt, das er dann bis 1945 innehat.
Obwohl sich die Einsatzstärke der von den verschiedenen britischen Plätzen aufsteigenden Maschinen dem Jahresende zu ständig verringert, zeigen sich doch in der Nacht vom 7. zum 8. Oktober die ersten schwereren Auswirkungen eines Luftangriffes, als die Briten in sieben Wellen gegen Berlin fliegen. In der Nacht heulen um 22.15 Uhr die Sirenen auf, zu einem Zeitpunkt, da gerade die Kinos und Theater ihre Tore schließen. Unzählige Berliner werden vom Fliegeralarm auf der Straße überrascht.
Aufgeregt starren die Passanten nach oben. Arme deuten in eine bestimmte Richtung. Einige rennen auf die gegenüberliegende Straßenseite, um das eigenartige Schauspiel besser beobachten zu können. »Mensch, sieh dir das an. Die sind schon da!«
Plötzlich geistern Dutzende von Leuchtfingern der Scheinwerfer suchend am Himmel hin und her. Es dauert nur Minuten, bis der erste Bomber von den Strahlenbündeln erfaßt und in gleißendes Licht getaucht wird. In jener Nacht fliegen die englischen Maschinen so niedrig, daß die Berliner sie mit dem bloßen Auge erkennen können.
Gleichzeitig mit dem Aufflammen der Scheinwerfer setzt sehr starkes Flakfeuer ein. Es entsteht ein faszinierendes Lichterspiel, als die Engländer nun auch noch Magnesiumbomben abwerfen. Einige dieser bunten, an Fallschirmen langsam zu Boden pendelnden Leuchtbomben gehen genau im Zentrum der Stadt nieder, wobei sie den Lustgarten und die »Linden« nahezu taghell erscheinen lassen.
Der Stadtteil Moabit bekommt wiederum den Angriff am meisten zu spüren. Mittelpunkt dabei ist der Westhafen und der Spandauer Schiffkanal. Beobachter der anderen Bezirke können im Nordwesten Berlins den sich rötenden Himmel sehen, hervorgerufen durch die in den Gegenden der Beusselstraße, dann weiter nördlich in Plötzensee und im sogenannten »Afrikanerviertel« entstehenden Brände. Doch die Brandherde werden in vielen Fällen in verhält-

nismäßig kurzer Zeit von den herbeieilenden Feuerwehren unter Kontrolle gebracht.
Neben den Wohngebäuden erhalten auch die Charité und das Robert-Koch-Krankenhaus mehrere Treffer, desgleichen einige Warenhäuser. Die Zahl der Menschenopfer bleibt glücklicherweise auch diesmal gering: 38 Tote und 71 Verletzte.
Der Angriff dauert jetzt schon nahezu zwei Stunden; dabei scheint die Mehrzahl der englischen Kampfflugzeuge unaufhörlich über der Stadt zu kreisen. Tatsächlich aber löst eine Welle die andere ab, so daß alle ihre Angriffe zu einem einzigen verschmelzen. Am besten können diejenigen den Einsatzverlauf verfolgen, denen es nicht mehr gelang, einen Schutzraum aufzusuchen, als der Alarm einsetzte. Vielleicht ist es in dieser Nacht das erstemal, daß viele Einwohner Berlins den Luftangriffen nun doch eine andere Bedeutung beimessen. Immer wieder hören sie das eigenartige Rauschen, die harten oder grollenden Explosionen und das ohrenbetäubende Knallen der abgeworfenen Sprengkörper.
Obgleich am nächsten Tage der Abschuß von mehreren Bombern bekanntgegeben wird, erhält nur eine englische Maschine einen schweren Flaktreffer, der ihr Schicksal noch über der Stadt besiegelt.
Für mehrere Tage legen die Briten nun eine bis zum 15. Oktober andauernde Pause ein, doch danach erscheinen sie wieder über der Reichshauptstadt. Kurz nach 23 Uhr lösen die RAF-Einheiten den Alarm aus. Es fallen Bomben auf das Virchow-Krankenhaus. Vor der Station I gähnen zwei gewaltige Trichter, die sich infolge geborstener Leitungen schnell mit Wasser füllen.
Kaum daß die Berliner den ersten Angriff hinter sich gebracht haben, führen die Briten noch in der gleichen Nacht weitere Kampfverbände heran, die dann für kurze Zeit über der Stadt bleiben und ihre Bomben ziellos abwerfen. Vom holländischen Flugplatz Venlo aus sind Teile des Nachtjagdgeschwaders 1 gestartet. Die Flugzeugführer versuchen an die eingeflogenen gegnerischen Formationen heranzukommen. Noch gibt es keine Suchgeräte für die Nachtjäger, und so bohren sich die Blicke der Piloten in den schwarzen Nachthimmel, um die verräterischen Abgasflammen oder die dunklen Silhouetten der englischen Bomber rechtzeitig erkennen zu können. In dieser Nacht schießt Leutnant Becker vom NJG 1 eine Wellington ab, die Engländer verlieren insgesamt drei Maschinen.

Eine Nachtjagd, wie sie in den späteren Jahren aufgebaut ist, existiert zu Beginn des Krieges noch nicht. Zwar werden im Sommer 1940 Nachtjagdeinheiten aufgestellt, doch die verwendeten Messerschmitt Bf 110 können erst nach und nach durch zusätzlichen Einbau von Spezialgeräten blindflugtauglich gemacht werden. Den ersten nächtlichen Luftsieg im Zweiten Weltkrieg erringt der damalige Oberleutnant Werner Streib in der Nacht zum 20. Juli 1940 durch den Abschuß einer britischen Whitley.

Befehlsgemäß stellt Oberst Kammhuber ab Juli 1940 eine systematische Nachtjagd auf, aber erst zu Beginn des Jahres 1942 gelangen speziell für die Nachtjagd entwickelte Flugzeugmuster zur Truppe, doch immer noch fehlt es an Ortungsgeräten. Das erste, wirklich brauchbare und die deutschen Nachtjäger ›sehend‹ machende Gerät ist das »Lichtenstein«-Radar, mit dem in der Nacht zum 9. August 1941 der erste Abschuß erzielt wird. Damit tritt die Bekämpfung gegnerischer Bomberverbände in der Nacht in ein neues Stadium ein. Aufgrund weiterer Forderungen nach zuverlässigen Funkmeßgeräten für die Nachtjagd entwickelt die Firma Telefunken den sogenannten »Würzburg-Riesen« mit einer Reichweite von rund 70 Kilometern. Die ersten »Riesen« dieser Art dienen vorerst jedoch als Flakleitgeräte, denn noch immer dominiert die Flakverteidigung bei der Abwehr der Engländer.

Am 21. Oktober 1940 wiederholt die RAF den Doppelangriff von der Woche zuvor und büßt dabei zwei Maschinen ein. Einem um 0.13 Uhr beginnenden zweistündigen Alarm folgt der nächste knapp eine Stunde darauf. Jetzt greifen die Bomber südlicher gelegene Stadtteile an. In Schöneberg, Wilmersdorf, Steglitz und Dahlem lodern Brände auf, die Personen- und Sachschäden liegen höher als bei den vorangegangenen Angriffen. Immerhin weist die trockene Bilanz von Kriegsbeginn bis zu diesem Zeitpunkt schon knapp 200 Luftkriegstote und etwa 1600 total zerstörte Wohnungen in Berlin aus.

24. Oktober. Abermals erleben die Berliner einen Dreistundenalarm. Erneut werden Teile von Wilmersdorf angegriffen, der benachbarte Stadtbezirk Schmargendorf in Mitleidenschaft gezogen, und auch über Grunewald und Charlottenburg stehen dunkle Brandwolken. Das Läuten der Feuerwehren dringt in dieser klaren Nacht bis weit in die Außenbezirke.

In den weniger gefährdeten Stadtteilen wagen sich trotz des Ver-

botes immer mehr Menschen auf die Straßen, um den roten Feuerschein zu beobachten. Sie achten dabei nicht der Gefahr, durch herumfliegende Splitter verletzt oder sogar getötet zu werden. Viele Bewohner klettern auf die Dachböden und versuchen so, den Ort des unheimlichen Schauspiels der Feuerlohen zu lokalisieren, wohl jeder dabei in Gedanken sich fragend: Wann sind wir dran?
Der längste Alarm beginnt in der Nacht zum 25. Oktober 1940 um 0.57 Uhr und endet genau nach vier Stunden und 33 Minuten. Dabei sind die britischen Maschinen nicht ununterbrochen über dem Berliner Stadtgebiet, sie fliegen in mehreren Wellen, und zwischen An- und Abflug vergeht immerhin eine geraume Zeit. Nochmals fallen Bomben auf Wilmersdorf, während weitere Abwürfe hauptsächlich in Britz und Neukölln erfolgen. Die pausenlos schießende Flak vernichtet nur zwei der angreifenden Maschinen während des Zielanfluges.
Nach den Einsatzflügen der RAF im September und Oktober entstehen im War Cabinet in London erneut starke Debatten über die Durchführung der Bombenangriffe. Die Politiker wollen unbedingt ihre Anschauung durchsetzen, daß eben nur Angriffe auf relativ großes Gebiet als entscheidend anzusehen wären. Nach langem Hin und Her läßt sich die RAF schließlich überzeugen. Noch im November werden einige sogenannte »Versuchsangriffe« durchgeführt. Mehrere kleine Kampfverbände der Engländer greifen gleichzeitig Berlin, München, Köln und Essen an, und dabei taucht zum erstenmal das Wort Zielorientierungspunkt auf. In jeder der vier genannten Städte suchen sich die britischen Piloten einen mehr oder weniger im Zentrum liegenden markanten, schon vor dem Einsatz bestimmten Punkt aus – den Mittelpunkt des zu bombardierenden Zielgebietes.
Während eines solchen kleineren Einsatzes richten in der Nacht zum 2. November mehrere Bomben, die wieder auf das Gelände des Virchow-Krankenhauses fallen, nur geringfügigen Schaden an.
Zwölf Maschinen fliegen in der Nacht zum 15. erneut einen Versuchsangriff, den die RAF diesmal mit dem Verlust von drei Flugzeugen bezahlen muß. Eine der Kampfmaschinen treffen die Flakgranaten mitten über dem Stadtgebiet, der Abschuß kann von zahlreichen Augenzeugen genau verfolgt werden. Mit letzter Mühe entzieht sich die Wellington gerade einem Leuchtbündel der Schein-

werfer, als der erste Feuerüberfall der Flak einsetzt. Eine Granate platzt direkt vor dem Bug des Bombers, die nächste Salve sitzt etwas hinter der Maschine. Dann explodieren links und rechts des Engländers die nächsten Schüsse und entfalten ein Feuerwerk am Himmel. Der Richtkanonier nimmt laufend die Entfernungsmeßwerte entgegen, da die Maschine nun in einem Sturzflug zu entkommen versucht. Verzweifelt wehrt sich der Brite, aus seinen MGs jagen die Garben in die Batterie. Doch da zerfetzt der nächste Schuß aus dem 8,8-cm-Geschütz die rechte Fläche der Wellington. Große Teile der Blechbeplankung wirbeln umher, Sekunden später erfolgt der Aufschlag. Mit einer gewaltigen Explosion gehen die Treibstofftanks in die Luft und besiegeln das Schicksal des gegnerischen Flugzeuges endgültig.
Ein ähnliches Unternehmen der Engländer trifft am 19. November das südwestlich von Berlin liegende Potsdam, die Residenz des Preußenkönigs Friedrichs des Großen, sehr heftig. Aber das ist nur der Beginn einer Vernichtungswelle, die erst über vier Jahre später, im April 1945, ihren Höhepunkt erreichen wird und mit der gänzlichen Auslöschung dieser herrlichen alten märkischen Stadt mit ihrer Vielzahl historischer Bauten endet.
Nicht nur in Berlin zieht man inzwischen aus den vorangegangenen Luftangriffen einige Lehren. In allen Städten wird fieberhaft an dem Ausbau und der Verbesserung des Luftschutzes gearbeitet. Als wichtigste Neuerung erfolgt die Aufstellung eines erweiterten Selbstschutzes und die Aufforderung, in allen größeren Miethäusern Brandmauerdurchbrüche herzustellen. Diese Durchbrüche in den Kellergeschossen sollen eine sichere Notausstiegsmöglichkeit schaffen, falls die Kellerausgänge verschüttet werden. Nötige Anordnungen für die Durchführung derartiger Veränderungen trifft der örtliche Luftschutzleiter zusammen mit den Baugenehmigungsbehörden.
Kein Mensch wagt zu jenem Zeitpunkt zu ahnen, daß später, wenn der Luftkrieg in sein schrecklichstes Stadium treten wird, sehr oft auch Kellerdurchbrüche nicht mehr die ersehnte Rettung bringen können, aber andererseits bedeutet ein solcher Durchbruch nicht selten genug letzten Ausweg aus hoffnungsloser Situation. Die Zahl der Luftkriegsopfer wäre bestimmt wesentlich höher, wenn es keine Mauerdurchbrüche als letzten Fluchtweg gegeben hätte.
Nach den Versuchsangriffen verliert die erst im September aufge-

stellte Direktive nicht gerade ihre Gültigkeit, aber sie wird neu abgefaßt. Ihr Inhalt läßt erkennen, daß die von der RAF anfangs zur Bedingung gemachten Einschränkungen bezüglich Präzisionsangriffe hier nicht mehr allzu sehr berücksichtigt sind. Vielmehr fordert die neue Direktive eine schonungslosere Durchführung der englischen Luftangriffe, speziell gegen Berlin.
Beginn dieser neuen Zielrichtung bedeutet das in den Nachtstunden des 16. Dezember 1940 mit mehr als 200 Kampfflugzeugen des Bomber Commands durchgeführte Unternehmen »Abigail«. Aufgabe der britischen Bomber ist es, in dieser Nacht drei deutsche Städte zu bombardieren: Düsseldorf, Mannheim und Bremen. Das Unternehmen läßt nun schon sehr deutlich das wirkliche Ausmaß jenes Luftkrieges erkennen, der zwei Jahre später in vollem Umfange über Deutschland hereinbrechen wird.
Der letzte Angriff der RAF gegen die deutsche Hauptstadt im Jahre 1940 findet in den frühen Morgenstunden des 21. Dezember statt. Die Berliner sind es nun schon gewöhnt, kurz vor Mitternacht von den Sirenen aus dem Schlaf gerissen zu werden, aber als in der jetzigen Nacht zu dieser Zeit alles ruhig bleibt, sind es nur ganz wenige, die nicht an ein Ausbleiben der Engländer glauben. Die Ruhe ist zu trügerisch. Diesmal erscheinen die Kampfverbände zu einem gänzlich ungewohnten Zeitpunkt. Die ersten Frühaufsteher sind bereits auf den Beinen, als völlig unerwartet um 4.43 Uhr die Sirenen losheulen. Innerhalb von knapp zwei Stunden werfen die Briten ihre Spreng- und Brandbomben auf die erwachende Stadt hinab.
Wahrscheinlich handelt es sich um ein technisches Versehen, als um 6.53 Uhr Entwarnung gegeben wird, denn bereits fünf Minuten darauf muß erneut Fliegeralarm ausgelöst werden. Die meisten Berliner sind irritiert. Was soll das bedeuten? Sie starren, soeben aus den Kellern emporgestiegen, gegen den immer noch dunklen Himmel. Plötzlich setzt auch das Flakfeuer wieder ein, die englischen Maschinen sind erneut über den Randgebieten.
Als kurz vor 7.30 Uhr die Luftgefahr endgültig vorbei ist, bieten verschiedene Viertel im Norden, Süden und im Zentrum Berlins ein trostloses Bild. Vornehmlich der Wedding und auch Reinickendorf haben die meisten Zerstörungen aufzuweisen, Wilmersdorf und Charlottenburg wurden abermals schwer getroffen. In der Umgebung des Alexanderplatzes verwüsteten etliche Volltreffer eine

ganze Anzahl von Wohnungen. Rings um den Lustgarten, historischer Bezirk der Berliner Innenstadt, sind ganze Bombenserien gefallen und haben unter anderem das Alte Museum, den Dom und das Zeughaus getroffen und beschädigt. In derselben Nacht muß auch Potsdam wieder einen Angriff über sich ergehen lassen. Schwere Schäden verzeichnet hier das Holländische Viertel aus der Zeit des Soldatenkönigs Friedrich I. Treffer erhält auch das historische Schauspielhaus.

Sechs Tote und 17 Verletzte sind die Opfer unter der Bevölkerung in dieser Nacht. Dagegen verlieren die Engländer durch Flak zwei Maschinen mit ihren Besatzungen.

Höhepunkt der britischen Operationen im Jahre 1940 war der September. In diesem Monat starteten 656 Kampfflugzeuge mit Kurs auf Berlin. Im Dezember sind es nur noch 289. Jedoch auch nach den im Verlauf des letzten Drittel des Jahres 1940 von der RAF gegen die Hauptstadt ausgeführten rund 30 Nachtangriffen beurteilt die Bevölkerung die Gefahr eines intensiven Luftkrieges immer noch optimistisch, wenn auch nicht mehr in dem Maße wie zu Beginn der nächtlichen Visiten seitens der Engländer. Bisher kommt die Reichshauptstadt noch ziemlich unbehelligt davon, abgesehen natürlich von den schon jetzt Betroffenen.

Den Kindern bereitet es ein Vergnügen, am Tage nach den Angriffen Flaksplitter zu sammeln, um sie stolz in der Schule vorweisen zu können. Ein besonders interessantes Sammelobjekt sind die roten sechseckigen Bodensätze ausgebrannter Stabbrandbomben. Lehrer und auch die Luftschutzdienststellen nehmen diese Sammelleidenschaft zum Anlaß, eine ausführliche Aufklärungskampagne in die Wege zu leiten, um nicht nur den Kindern die Gefahren, welche diese Bomben in sich bergen, vor Augen zu führen und sie mit ihrem Umgang vertraut zu machen. Denn nicht wenige der abgeworfenen »Stäbchen« fallen als Blindgänger nieder, sind also beim Auffinden noch völlig intakt. Und schon die geringste unsachgemäße Berührung läßt den Zünder in Funktion treten, kann noch nach Tagen ein sprühendes Feuerwerk entfachen.

Immer häufiger finden deshalb auf Schulhöfen, öffentlichen Plätzen, aber auch innerhalb geschlossener Räume Löschübungen statt. Der Bevölkerung wird gezeigt, wie man bei umsichtiger Handhabung solche Brandbomben unschädlich machen kann. Diese Aktionen entwickeln sich mit der Zeit zu einer Notwendigkeit, Auf-

rufe kleben an jeder Anschlagsäule, Handzettel füllen die Briefkästen der Mietshäuser. Sandtüten, Wassereimer und Feuerdecke müssen in jedem Anwesen, in jedem Stockwerk und an jedem sonstigen gefährdeten Platz bereitstehen. Nicht selten führt der Luftschutzbund sogar Kontrollen durch.
Erscheinen die Maßnahmen vielen Berlinern anfänglich als übertrieben, so machen sich mitunter Gleichgültigkeit diesen Dingen gegenüber, Vernachlässigung oder Nichtbeachtung der einfachen Schutzvorkehrungen in den späteren Jahren bitter bezahlt und werden einer nicht geringen Anzahl Zivilpersonen sogar das Leben kosten.
Mit Einbruch des neuen Frühjahrs endet der zweite Teil der englischen Angriffsphase gegen Berlin fast schlagartig. Desgleichen stellen auch die Deutschen ihrerseits die Einsatzflüge gegen die britische Insel erheblich zurück. Die Gründe dafür dürften darin zu suchen sein, daß die RAF ihre langsamen Kampfflugzeuge wegen der nun immer kürzer werdenden Nächte nicht unnötig gefährden will. Die Überlegungen, daß in hellen Nächten die Verlustquote viel höher liegen wird, sind nicht unberechtigt.
Dagegen hat die Einstellung der Bombenangriffe gegen London seitens der deutschen Luftwaffe eine ganz andere Begründung. In erster Linie geben wohl die ständigen Einbußen und Niederlagen während der »Schlacht um England« den Ausschlag dazu. Zu diesem Zeitpunkt gilt jedoch auch der Angriff auf die Sowjetunion in den höchsten Stellen als eine nahezu beschlossene Sache. Die Luftwaffe muß sich befehlsgemäß auf diese neue Situation einstellen und vorbereiten. Sie beginnt mit der Auffrischung, Verlegung und Bereitstellung ihrer Verbände für das Unternehmen »Barbarossa«.
Inzwischen wächst auf der britischen Insel die Bomberflotte der RAF weiter heran. Mehr Kampfflugzeuge als zuvor rollen aus den Montagehallen, die Produktionsziffern erhöhen sich stetig, immer mehr Piloten und Personal verlassen die Ausbildungsstätten. Die während der ersten Kriegsmonate über Deutschland gesammelten Erfahrungen werden ausgewertet.
In Zukunft will die RAF nun die Praktiken, Bomberangriffe konzentriert durchzuführen, von den Deutschen übernehmen und anwenden, denn gerade bei allen Unternehmen gegen Berlin lassen sich bisher keine Schwerpunkte erkennen. Wie es sich später zeigt, wird es jedoch bis Kriegsende kaum einen englischen Luftangriff

geben, der als wirklich gezielt und konzentriert gelten kann, wenn man davon absieht, daß die RAF in einer Nacht diesen Stadtteil, in der folgenden Nacht jenes Stadtgebiet zum Einsatzziel erklärt.

ROTER HIMMEL ÜBER BERLIN

Über dem gesamten Reichsgebiet bleibt es im Jahre 1941 verhältnismäßig ruhig. Während der ganzen zwölf Monate erlebt Berlin 31 Fliegeralarme. Das täuscht aber nicht darüber hinweg, daß sich der Aufbau des britischen Bomber Commands ständig weiter vollzieht, wenn auch nicht gerade im Eiltempo.
Da sich bis Mitte März kein einziges britisches Flugzeug über der Spreestadt sehen läßt, glaubt man an eine gelungene Abwendung der Luftkriegsgefahr für Berlin. Die beiden kommenden Bombeneinsätze bringen jedoch die Berliner schnell wieder von diesem Glauben ab.
Der erste RAF-Einsatz in diesem Jahr richtet sich gegen die Bezirke Schöneberg, Schmargendorf und Wilmersdorf in der Nacht zum 13. März. Erst nach fünf Stunden gibt es für die Stadt Entwarnung.
Der S-Bahn-Verkehr bleibt zeitweise unterbrochen. Mehrere Bomben haben die Gleisanlagen auseinandergerissen, an unzähligen Orten brennen Wohnhäuser. Löschzüge aus allen umliegenden Stadtteilen fahren heran. In Schöneberg arbeiten sich Rettungstrupps an den verschütteten Keller eines großen Eckhauses vor. Qualm und Rauch behindern das Vorwärtskommen. Nach Stunden endlich ist die Verbindung mit den Eingeschlossenen hergestellt. Erschöpft und zusammengebrochen, so finden sie die Männer des Bergungstrupps. Einige schämen sich ihrer Tränen nicht, als sie die schon dem Tod geweihten Bewohner des in Schutt verwandelten Hauses nun vorsichtig aus dem Keller bergen.
Jetzt scheinen die Engländer die beiden vorangegangenen Monate nachholen zu wollen. Am Abend des 23. März gehen die Berliner vier Minuten vor Mitternacht in die Schutzräume und verlassen sie erst knapp vor fünf Uhr morgens.

Herr Meiling zieht sich den Kinnriemen seines Luftschutzhelmes fester. Er blickt in Richtung Stormstraße, über deren Häuser der Himmel immer heller zu werden scheint. Ihm bietet sich ein schaurigschönes Farbenspiel. *»Zuerst dachte ich, die ganze Gegend stände in Flammen«*, sagt er, *»doch dann sah ich, daß die Brände viel weiter entfernt sein mußten. Ich hatte so etwas noch nie erlebt. Der Himmel tönte sich abwechselnd vom leuchtendsten Orange bis zum tiefsten Purpur!«*

Über ganz Charlottenburg ist der rötliche Feuerschein zu sehen. Auf dem Kurfürstendamm stehen ausgeglühte Straßenbahnzüge. Nach Halensee zu findet man die Parallelstraßen nahezu unpassierbar vor. Einige Volltreffer durchschlugen die Wohngebäude bis hinunter in die Kellerräume. Dann erst explodierten sie. Bomben mit Verzögerungszündern! Auch hier werden Verschüttete geborgen.

In einer anderen Nebenstraße des Kurfürstendammes kommt jede Hilfe zu spät. Feuerwehrleute und Männer der O.T. versuchen in ein noch brennendes Haus einzudringen, aber herabgestürzte Steinmassen und schwelende Balken versperren ihnen den Weg zu den Kellerräumen. Die an den Außenmauern mit Leuchtfarbe gekennzeichneten Flucht- und Rettungswege sind hoffnungslos blockiert, es dauert einen halben Tag, bis die Bergungstrupps auf den ersten Toten stoßen. Nach und nach geben die Trümmermassen dann auch die zum Teil angekohlten Leichen der übrigen Hausbewohner frei.

In der Nacht zum 10. April zwingt die RAF die Berliner abermals dazu, für drei Stunden die Schutzräume aufzusuchen. Bomben fallen im Wedding; in etlichen Lagerhäusern des Westhafens wütet das Feuer. Die Löschtrupps haben alle Mühe, ein weiteres Umsichgreifen der Flammen zu verhindern. Das Virchow-Krankenhaus erhält wiederum mehrere Treffer, wobei kleinere Brandherde entstehen, die jedoch rasch eingedämmt werden können. Außer einigen durch Splitter verletzte Personen ist der Schaden verhältnismäßig gering.

Nicht so glimpflich kommt die Gegend um den Gendarmenmarkt davon. Die Hedwigskirche erleidet schwere Beschädigungen; ihre Kuppel brennt lichterloh. Auch auf die Staatsoper regnet es Brandbomben, doch viele davon versprühen glücklicherweise auf der Straße. Auf der gegenüberliegenden Seite brennt ein Flügel der Humboldt-Universität. Steine, verkohlte Balken, zersplitterte Bäume übersäen die Straßen und behindern das Vordringen des Löschkommandos.

Als um 3.38 Uhr die Entwarnung gegeben wird, zeigen die aufsteigenden tiefschwarzen Brandwolken den wieder ans Tageslicht hervorkommenden Berlinern den genauen Ort der Zerstörungen an.

Die von Air Marshal Peirse zum Angriff geschickten Maschinen erleiden keine Verluste. Nur eine Wellington der 99. Squadron erreicht ihren Ausgangshafen Waterbeach nicht mehr, nachdem ein deutscher Nachtjäger der Maschine das ganze Ruder zusammengeschossen hat. Der Bomber muß irgendwo auf der Insel nahe der Küste notlanden.

Eine Woche später, in der Nacht vom 17. zum 18. April 1941, nehmen die Männer an den Horchgeräten ein bisher unbekanntes Motorengeräusch auf. Auch die Bedienungsmannschaften der Flak- und Scheinwerferbatterien hören das eigenartige, nun immer mehr anschwellende Gebrumm. Die Berliner selbst ahnen es kaum, daß in jener Nacht die ersten viermotorigen Kampfflugzeuge der Engländer über ihrer Stadt erscheinen. Wie die Flakleitstellen schnell erkennen, sind es Stirling-Bomber mit Bristol-Hercules-Motoren. Die Maschinen gehören zu der schon seit Oktober 1940 mit der Stirling I ausgerüsteten 7. Squadron aus Oakington, die erste überhaupt mit Viermotorigen in diesem Krieg operierende Einheit. Ihre Feuertaufe erhielt die Stirling bereits schon in der Nacht zum 12. Februar 1941 während eines Angriffes auf die Öltanklager in Rotterdam.

Der jetzt herannahende Verband besteht jedoch immer noch überwiegend aus zweimotorigen Bombern, die ihre Ladungen noch einmal auf das gleiche Gebiet wie während des Angriffes zuvor hinabwerfen und dabei auch die Staatsbibliothek verwüsten.

Es läßt sich nicht mehr leugnen: Die RAF besitzt jetzt nicht nur Bomber mit genügender Reichweite, obwohl ihre Zahl noch verschwindend klein ist, sondern sie sieht sich nun auch in der Lage, diese Maschinen einzusetzen. Die Gefahr für die Reichshauptstadt scheint somit schlagartig erneut in den Vordergrund zu rücken. Trotzdem zögert die RAF noch. Im Mai 1941 starten die Engländer nur fünfmal gegen Berlin.

Zum selben Zeitpunkt aber hat auch die deutsche Nachtjagd eine neue Abwehrfront gebildet: Das sogenannte »Himmelbett«-Verfahren steht vor seiner Bewährungsprobe. Schon nach geraumer Zeit zeichnen sich hier tatsächlich Erfolge ab. »Freya«-Funkmeßgeräte erfassen die einfliegenden gegnerischen Bomber rechtzeitig, die Bodenstellen können anhand der ihnen übermittelten Werte die Nachtjäger exakt an die georteten Kampfflugzeuge heranführen. Und die Kette der vom Aktionsradius der »Freya«-Geräte gebildeten Kreise ist fast lückenlos. Nur einen Nachteil hat das »Himmelbett«-Verfahren: Es kann in solchen Kreisen jeweils nur ein Nachtjäger von der Bodenstelle aus geleitet werden. Was aber, wenn die Engländer einmal zu Hunderten kommen sollten?
In der Nacht zum 10. Mai wirft eine einzelne Kampfmaschine vom Typ Manchester acht Bomben und mehrere Pakete Flugblätter über Berlin ab und kehrt ungeschoren nach England zurück. Nachts zuvor gelang dem Oberleutnant Prinz zur Lippe-Weißenfeld von der 4./NJG 1 über Holland ein »Freya«-Abschuß, eine Stirling, die brennend bei Spanbroek niederging und von Lippe als 23. Luftsieg verbucht wird.
2. Juni 1941. Im Geschwadergefechtsstand schrillt das Telefon. »Na endlich, der Startbefehl!« Major Falck gibt die letzten Anweisungen. »Wir fliegen in die jeweiligen ›Freya‹-Bereiche, alles andere ist bekannt. Sonst noch Fragen?« Als die Besatzungen verneinen, setzt sich der Major die FT-Haube auf. »In Ordnung, meine Herren. Los geht's!« Kurz danach starten die zweimotorigen Messerschmitt Bf 110 D in den schwarzen Nachthimmel hinein.
Feldwebel Kalinowski vom NJG 1 nimmt Kurs auf die Reichshauptstadt, wenig später schaltet sein Bordfunker, Unteroffizier Zwickel, die Geräte auf Empfang. Minuten danach erreicht die Maschine den ersten Berliner »Himmelbett«-Kreis »Rebhuhn«. Jeder Kreis, also die Reichweite der »Freya«, hat einen Durchmesser von rund 60 Kilometern. Als jetzt Kalinowski in den nächsten Kreis »Bär« eindringt, knackt es in den Hörmuscheln. »Fliegen Sie Kurs 290 Grad!« Der Feldwebel antwortet: »Ich bin auf Warteposition!«
»Kurs liegt richtig!« – »Feindflugzeug drückt!« – »Zehn Grad links verbessern!«
Während des britischen Angriffes gegen Berlin in dieser Nacht – der einzige Angriff im Monat Juni – fällt zum erstenmal ein

englisches Kampfflugzeug über der Reichshauptstadt einem Nachtjäger zum Opfer.
Jetzt steigt die Bf 110 etwas, und dann sieht Kalinowski die gegnerische Maschine als schwache Silhouette vor sich. Der Flugzeugführer drückt auf die Waffenknöpfe.
»Feindflugzeug brennt!«
Und wenig später: »Abschuß!«
Die viermotorige Stirling neigt sich immer mehr, geht dann in steilem Sturzflug in die Tiefe. 2.40 Uhr, 3. Juni 1941, über Berlin!
Auch der im gleichen Monat gegen die Sowjetunion losbrechende Feldzug ruft die RAF noch nicht auf den Plan, obwohl man deutscherseits nun fest mit einem sofortigen Eingreifen der Engländer rechnete. Erst Ende des nächsten Monats, am 26. Juli, erfolgt wieder ein Luftangriff gegen die Hauptstadt. Außer den schon bekannten Flugzeugmustern zeigt sich am Himmel Berlins wiederum ein neuer Bombertyp, die viermotorige Handley-Page Halifax.
Nur zwei Maschinen jenes Typs, beide zur 35. Squadron »Madras Presidency« gehörend, starten zu diesem Unternehmen. Eine davon erreicht aus unbekannten Gründen Berlin nicht. Am Segment der zweiten Halifax sitzt ein junger Offizier, der später zu den bekanntesten Fliegern der RAF zählen wird. Es ist Flight Officer G. C. Cheshire. Aus Anlaß etlicher von ihm durchgeführter gefährlicher und wagemutiger Einsätze wird ihm im September 1944 die höchste britische Tapferkeitsauszeichnung, das Victoria Cross, verliehen. Zu diesem Zeitpunkt fliegt Cheshire als Group Captain in der berühmten 617. »Dam Buster«-Squadron.
In der Nacht zum 8. August führt das Fernkampfgeschwader der sowjetischen Luftwaffe einen Einsatz gegen Berlin aus. Die Russen fliegen mit einem kleineren Verband Iljuschin Il-4 an, gelangen bis in den Raum Berlin, unternehmen aber keinen eigentlichen Angriff, und nur eine einzige Maschine scheint sich wirklich bis über die Stadt gewagt zu haben. Etwa 40 Minuten nach dem Aufheulen der Sirenen erfassen die Strahlen der zahlreichen Scheinwerfer das zweimotorige russische Flugzeug. Kaum versucht es, dem gleißenden Licht zu entkommen, stur fliegt der Russe seinen Kurs. Dann setzt das Flakfeuer ein. Wenige Minuten darauf ist die Il-4 in Flammen gehüllt. Sie stürzt steil hinunter und schlägt irgendwo am Stadtrand brennend auf. Die weitverstreuten Trüm-

mer des sowjetischen Bombers werden am Tage darauf von Luftwaffenspezialisten eingehend untersucht.

Abgesehen von einem weiteren Störangriff im August 1942 bleibt dies bis kurz vor Kriegsende der einzige russische Lufteinsatz gegen Berlin. Die meisten russischen Maschinen sind veraltete Typen und für ein Langstreckenunternehmen völlig ungeeignet. Aus diesem Grund geben die Sowjets weitere Versuche auf, die Reichshauptstadt aus der Luft her anzugreifen und überlassen es den Engländern, weiterhin die Stadt heimzusuchen. Es gelangen jetzt sogar russische Forderungen nach London, die RAF müsse nun noch wirksamer gegen Berlin vorgehen.

Schließlich nimmt das britische Bomber Command seine Luftangriffe gegen die deutsche Hauptstadt wieder auf, wenn auch nur auf hartes Drängen hin. Mit acht Einsätzen im August 1941 beginnt das neuerliche Bombardement. Doch jetzt wird eine viel intensivere deutsche Luftabwehr augenscheinlich, die Verluste der Engländer liegen ab November erheblich höher als sonst. Bei ihrem Angriff auf Berlin in der Nacht zum 13. August verlieren die anfliegenden Verbände eine Halifax der 76. und eine Wellington der 104. Squadron. Beide Bomber werden von der Flak herunterkanoniert und zerschellen auf freiem Feld.

Der September beginnt in der Nacht zum 3. mit einem großflächigen Angriff gegen die Stadtteile Wilmersdorf und Grunewald. Die Besatzungen der in der darauffolgenden Nacht nach Berlin vorstoßenden Kampfmaschinen sehen immer noch Rauchschwaden über der Stadt, die Piloten können auf Zielmarkierungen verzichten. Sie setzen ihre Bomben rings um die unter ihnen noch schwelenden Gebiete.

An verschiedenen Stellen brennt in der Nacht zum 8. September der Potsdamer Bahnhof. Eine ganze Serie von Bomben schlägt im Tiergarten ein und verwandelt den weichen Boden in eine Kraterlandschaft, läßt Bäume wie Streichhölzer zerbrechen. Zerfetzt ragen ihre Stümpfe empor.

Riesige Trichter auch vor und hinter dem Brandenburger Tor. In einem Haus am Pariser Platz vollzieht sich eine besonders schreckliche Tragödie, als ein Volltreffer, verursacht durch eine 1800-kg-Bombe, fast hundert Menschen tötet.

Im Norden der Stadt entstehen ebenfalls Brände. Ein vierstöckiges Wohnhaus wird durch eine Sprengbombe sehr stark beschädigt,

während eine weitere Bombe direkt vor dem Hause auf der Straße explodiert. Der Luftdruck läßt in der näheren Umgebung sämtliche Fensterkreuze und Scheiben eindrücken, das Dach des getroffenen Hauses ist größtenteils abgedeckt. Die Balkongitter, aus ihren Verankerungen gerissen, hängen als formlose Drahtgebilde an den Mauern herunter. Auf dem Gehweg türmen sich Schutt und Ziegelsteinblöcke. Die gesamte, der Straße zugewandte Hausfront zeigt Hunderte von Splittereinschlägen.
Eine Einwohnerin dieses Hauses erinnert sich noch deutlich an jene Nacht. *»Als wir uns nach dem furchtbaren Knall, den der Einschlag der Bombe verursacht hatte, von unserem Schrecken erholt hatten, war unser erster Gedanke: Raus aus dem Keller! Das Licht war im Luftschutzraum ausgegangen, doch mehrere von uns hatten Taschenlampen. So versuchten wir, ins Freie zu kommen. Glücklicherweise war die Eingangstür heil geblieben.«*
In diesem Augenblick kommen auch schon die Männer aus den Nachbarhäusern zu Hilfe, bahnen sich einen Weg durch die Schuttmassen und holen schließlich die Bewohner aus dem Keller. Danach werden die Ausgebombten in der Aula einer nahegelegenen Volksschule untergebracht. Hier erhalten sie vorübergehend eine Schlafstelle und zunächst einmal Verpflegung. Auch den so berühmten roten Ausweis, den »Bomben-Schein«, bekommen sie am nächsten Tag ausgehändigt. Er berechtigt zur vorzugsweisen Abfertigung bei Behörden und in den Kaufläden.
Gemessen an der riesigen Stadtfläche Berlins verursacht der britische Einsatz im wesentlichen keine größeren Schäden. Die starke Flakabwehr läßt den Angriff auf die Hauptstadt nicht zur vollen Wirkung kommen. Trotzdem fordert dieser Nachteinsatz 27 Todesopfer, außerdem wird eine Anzahl Personen verletzt. Die in der gleichen Nacht auch in Nord- und Westdeutschland eingeflogenen englischen Kampfverbände büßen insgesamt 17 Maschinen ein. Der Berlin-Verband verliert allein neun Flugzeuge, wovon drei unmittelbar über der Stadt selbst abgeschossen werden.
Bei einem gleichzeitigen Angriff auf Berlin, Köln und Mannheim in der Nacht zum 8. November erleiden die Engländer ihren bisher größten Verlust. Die in Berlin die Stadtbezirke Moabit und Spandau bombardierenden Formationen verlieren 21 Flugzeuge. Der Gesamtverlust der RAF in dieser Nacht beläuft sich auf 37 Maschinen, davon mehrere viermotorige.

Nach dem genannten Novembereinsatz tritt bis Mitte Januar 1942 wiederum eine Angriffspause ein. Air Marshal Peirse stellt den Erfolg der letzten Serie als sehr fraglich hin, er gibt die Verluste mit rund zehn Prozent an und trifft im War Cabinet gleichzeitig die Feststellung, daß Berlin nun nahezu eine genauso starke Abwehr wie das Ruhrgebiet zeigt.
Seit August 1940 registriert Berlin 448 Luftkriegstote, über 1000 Verletzte und 20 000 Obdachlose.

»GEE« UND »OBOE«

Wenige Wochen nach Beginn der »Luftschlacht um England« 1940 gelingt es der britischen Luftwaffe, aus einem abgeschossenen deutschen Kampfflugzeug ein seltsames Instrument zu bergen, das sich nach eingehender Untersuchung und Prüfung als ein Funkmeßgerät entpuppt. Überrascht müssen die Engländer feststellen, daß nicht nur auf der britischen Insel an der Entwicklung funkmeßtechnischer Anlagen gearbeitet wird.
Das erbeutete Gerät, von den Deutschen »Knickebein« genannt, arbeitet nach dem X-Verfahren, wobei von zwei verschiedenen Sendern je ein Funkleitstrahl nach England gerichtet wird, die sich dann über dem Zielpunkt schneiden. Auf einem dieser Leitstrahlen fliegt der Kampfverband entlang. Erhält die Führungsmaschine mit dem »Knickebein«-Empfänger an Bord nun ein Dauertonzeichen, so befindet sich der Verband im Schnittpunkt der beiden Strahlen und zugleich über dem anzugreifenden Zielgebiet.
Während des Winters 1941/42 erproben die Engländer ihrerseits ein Funkstrahlnavigationsgerät »Gee«. Es ist eine gelungene und verbesserte Nachahmung des deutschen X-Gerätes und wie dieses nur für mittlere Reichweiten verwendbar. Im Empfänger kann der Pilot das von drei Sendern ausgehende Strahlennetz in Form von Kurven beobachten und genau feststellen, wo sich seine Maschine befindet. Die Engländer können mit »Gee« bis zum Ruhrgebiet operieren.
Erfahrungsgemäß werden auf beiden Seiten, falls die Wirkungsweise bekannt ist, jeweils sofort Versuche angestellt, die gegnerischen Funkmeßtechniken zu stören, um damit das Verfahren hin-

RAF-Angriff auf Berlin mit Nebenangriff auf Frankfurt/Main bei gleichzeitigen Stör- und Scheinangriffen gegen Hannover, Kassel, Leipzig, Stuttgart und Nürnberg

26./27.11.43

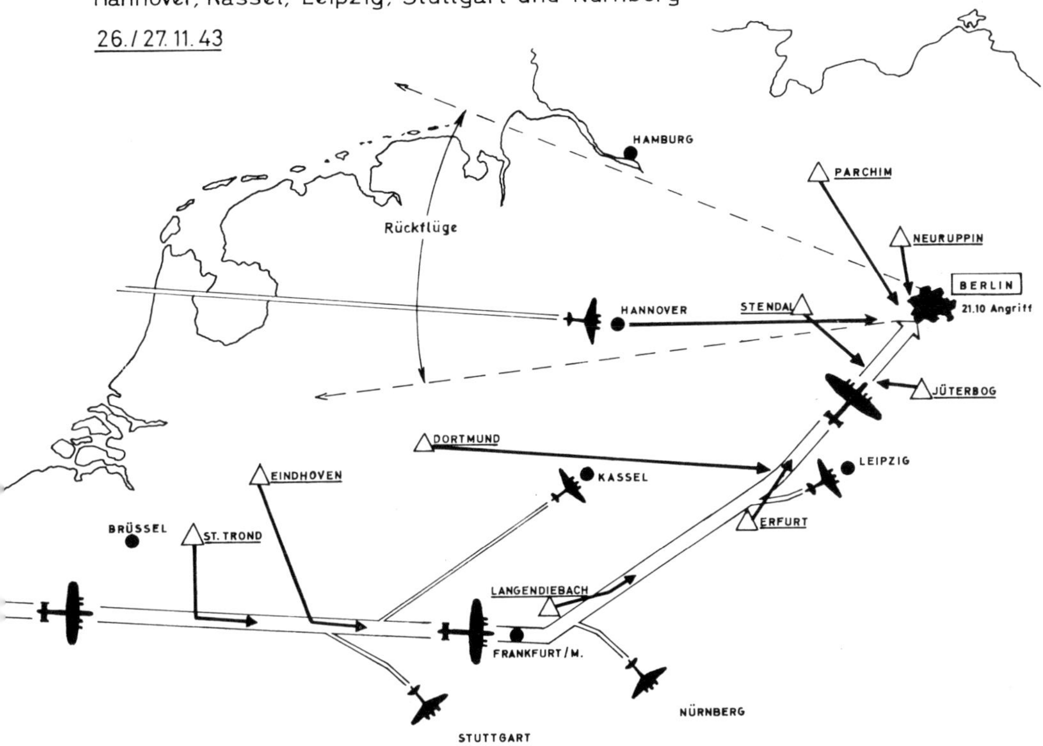

△ Nachtjagdhorste

Nachtjäger-Einsatz: 117 Bf 110, 38 Ju 88, 1 He 219 der 1. 2. u. 3. Jagddivision.
Verluste: 2 Maschinen

RAF-Einsatz: 450 Viermot. u. Mosquito, 407 über Berlin.
Verluste: 28 Maschinen, davon 17 im Raum Berlin durch das NJG 5

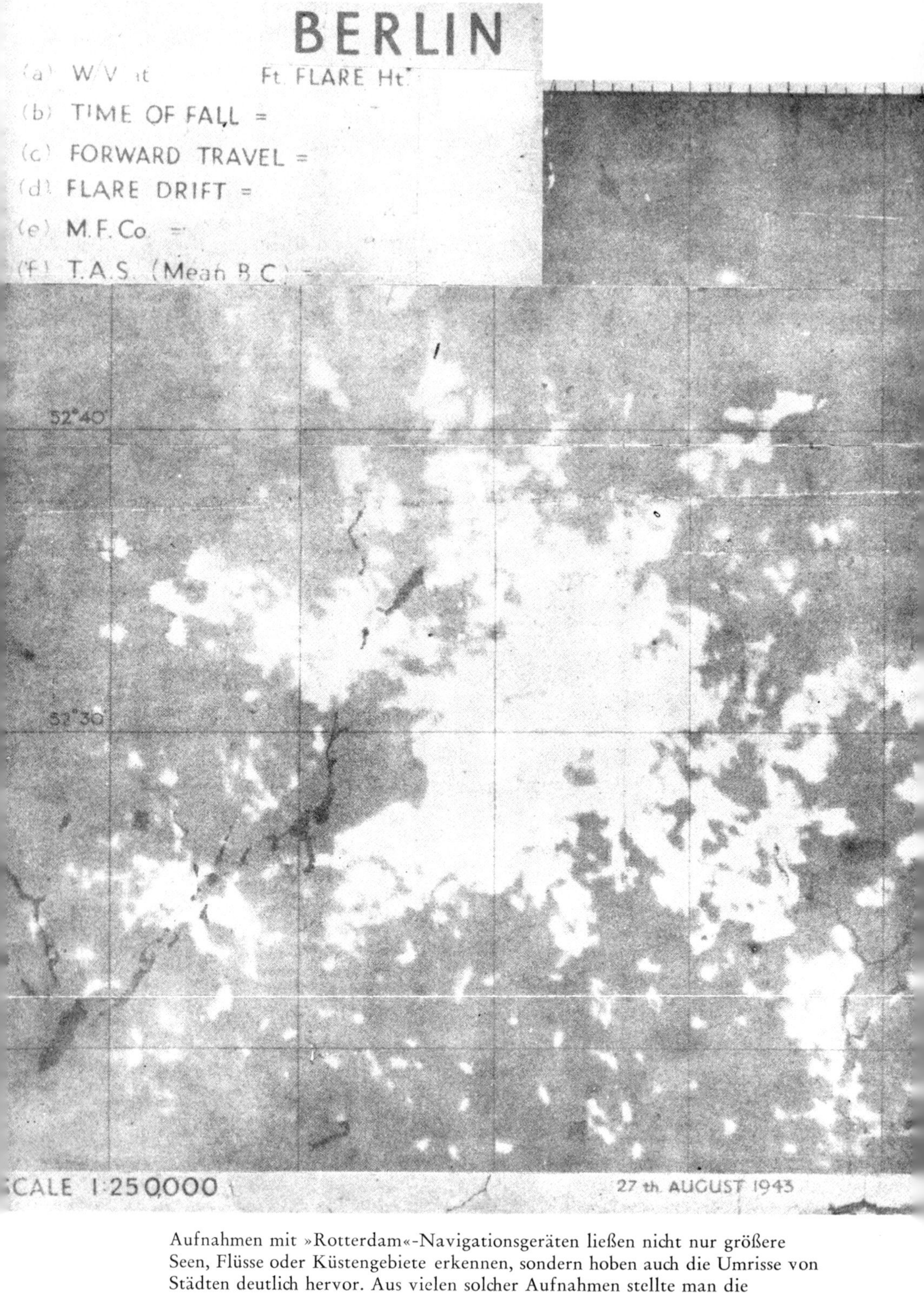

Aufnahmen mit »Rotterdam«-Navigationsgeräten ließen nicht nur größere Seen, Flüsse oder Küstengebiete erkennen, sondern hoben auch die Umrisse von Städten deutlich hervor. Aus vielen solcher Aufnahmen stellte man die sogenannten »Rotterdam«-Karten zusammen, die bei Angriffen des RAF-Bomber Commands mitgeführt wurden. Der Ausschnitt aus einer erbeuteten Karte zeigt das Berliner Stadtgebiet vom 27. 8. 43.

fällig und wirkungslos werden zu lassen. Aus diesem Grund befiehlt das britische Luftwaffenkommando den sofortigen Einsatz von »Gee«, ehe es den Deutschen gelänge, ein wirksames Gegenmittel zur Hand zu haben. Die RAF will in kürzester Zeit ihre vorhandenen »Gee«-Geräte in ihre Bomber einbauen.
Auf alliierter Seite erkennt man schnell, daß sich durch die Weiterentwicklungen auf dem Gebiet der Funkmeßtechnik völlig neue Möglichkeiten für die Luftkriegführung eröffnen. In Deutschland dagegen wird eine dementsprechende Forschung aus unbegreiflich bleibenden Gründen zurückgedrängt und mehr oder weniger vernachlässigt.
Später muß die RAF »Gee« notgedrungen erneut verbessern, da es tatsächlich bald von den Deutschen gestört werden kann. Das nachfolgende Verfahren, wohl das am besten bekannt gewordene Leitsystem überhaupt, erhält den Namen »Oboe« und beruht im Prinzip auf der »Knickebein«-Technik, ist aber erheblich exakter und damit tödlicher. Mit diesem Präzisionsverfahren werden später die großen Flächenangriffe gesteuert, und beispielsweise die »Schlacht um die Ruhr« hätte ohne die Hilfe von »Oboe« wohl kaum so wirkungsvoll durchgeführt werden können.
»Oboe« arbeitet mit zwei Sendern, »Katze« und »Maus«, wobei der Leitstrahl der »Katze« den Markierungsmaschinen die richtige Entfernung zum Ziel angibt. Der Sender »Maus« hat lediglich die Aufgabe, den Bombenwurf zu leiten, indem er in Abständen bestimmte Funksignale an die Markierer durchgibt.
Am 14. Februar 1942 erfolgt aufgrund der Einführung von »Gee« auf britischer Seite die Aufstellung einer neuen Direktive für das Bomber Command. Als vordringliche Ziele gelten nun Fabriken und Industrieanlagen, die innerhalb der Reichweite von »Gee« liegen. Ausweichziele und Zielgebiete, die nicht mit Hilfe dieses Navigationsgerätes angeflogen werden können, sind die Städte Hamburg, Lübeck, Kiel, Rostock, Kassel, Hannover, Stuttgart, Schweinfurt, Mannheim, Frankfurt am Main und natürlich Berlin. Die genannten Städte sollen nur bei äußerst günstigen Witterungsbedingungen von der RAF angegriffen werden.
Aber ab 1943 wird dann die tödliche Melodie von »Oboe« die Bomberströme sicher an die Zielgebiete heranführen; die Funknavigation wird dem Großteil der deutschen Städte zum Verhängnis werden.

Fast gleichzeitig mit der am 14. Februar aufgesetzten Direktive legt der wissenschaftliche Berater des britischen War Cabinets, Frederik Lindemann, ein von ihm verfaßtes Geheimdokument vor, in dem eine Verschärfung des Luftkrieges gegen Deutschland ausführlich dargelegt wird. Zusammengefaßt bedeuten diese Ausführungen nichts weiter, als die bewußte Vernichtung der deutschen Zivilbevölkerung.

Aus Lindemanns Dokument geht deutlich hervor, wie man sich die gründliche und schnelle Zerschlagung Deutschlands aus der Luft vorzustellen habe – durch hauptsächlich gegen die Wohnviertel der Arbeiter gerichtete Bombardements. Da Lindemann im War Cabinet einen großen Einfluß besitzt, fällt es ihm nicht schwer, sogar Churchill und auch die RAF von seiner dokumentierten Theorie zu überzeugen. Charles Portal, der Chef des Luftwaffenstabes, erklärt sich mit den Ausführungen Lindemanns einverstanden und äußert auch seine Meinung in diesem Sinne.

So sieht also die Situation aus, als am 22. Februar 1942 Air Marshal Arthur Harris den Oberbefehl über das britische Bomber Command übernimmt. Seine Anweisungen und Order zur schonungslosen Durchführung der nächtlichen Angriffe auf deutsche Städte, zu sich immer mehr steigernden Flächenbombardements und zur Einäscherung ganzer Wohnviertel mittels Brand- und Phosphorbomben lassen ihn zu einer der wohl umstrittensten Personen werden. Als Bomber-Harris geht er in die Luftkriegsgeschichte ein.

Das Jahr 1942 bedeutet für die Reichshauptstadt in bezug auf den Luftkrieg ein Jahr der Ruhe. Innerhalb der nächsten zwölf Monate wird in Berlin nur neunmal Fliegeralarm gegeben. Den ersten Angriff seit fast genau zweimonatiger Pause erleben die Berliner wieder in der Nacht zum 27. Januar 1942.

Die von Lindemann ausgearbeitete Technik der Flächenbombardierung in großem Umfang findet nun ihre erste Verwirklichung in dem britischen Nachtangriff auf Lübeck am 28. März 1942. Ihm folgt ein vom 24. bis 27. April in vier Nächten durchgeführter Vernichtungsschlag gegen Rostock. Und in der Nacht vom 30. zum 31. Mai erlebt Deutschland den ersten »1000-Bomber-Angriff« der RAF. Harris schickt in dieser Nacht alle verfügbaren

Maschinen, sogar Schulflugzeuge, nach Köln, um die Stadt innerhalb von eineinhalb Stunden mit rund 1450 Tonnen Bomben zu belegen. Von den englischen Verbänden werden durch Flak und Jäger 39 Flugzeuge abgeschossen.

Am 24. April, gleichzeitig die Nacht, in der auf Rostock der erste Angriff stattfindet, hat auch Berlin einen etwa einstündigen Alarm. Danach herrscht bis zum 16. August wieder Ruhe.

Inzwischen nimmt in Großbritannien ein Ereignis seinen Anfang, dessen Auswirkung für den europäischen Kriegsschauplatz von größter Bedeutung sein wird. In den Monaten Juli und August treffen die ersten, schon 1941 aufgestellten Einheiten der amerikanischen 8. Luftflotte auf den zugewiesenen Plätzen in Südostengland ein. Ihr Oberbefehlshaber ist der energische General Carl A. Spaatz, der unverzüglich darangeht, eine schlagkräftige Bomberarmada zu schaffen. Mit den Amerikanern kommt ein neues viermotoriges Kampfflugzeug vom Typ Boeing B-17 »Flying Fortress« zum Einsatz, das ausschließlich für Tagesoperationen verwendet werden soll.

General Spaatz, der seinen Befehlsstand im Hauptquartier des RAF Bomber Commands in High Wycombe bezieht, bringt klare Vorstellungen mit, wie sich die Amerikaner den Einsatz ihrer neuen Luftflotte in Europa gegen Deutschland denken: Zerschlagung der Industrien, der Flugzeugwerke, der U-Boot-Bunker und der Verkehrsknotenpunkte.

Dieses Konzept wird aber erst während der Casablanca-Konferenz im Januar 1943 exakt festgelegt werden. Die Amerikaner lehnen es ab, Flächenbombardements im Sinne der RAF durchzuführen. Da es zwischen ihnen und den Briten bezüglich der Durchführung der Angriffe gegen Deutschland immer wieder zu Kontroversen kommt, fällt in Casablanca dann die Entscheidung, daß die US Army Air Force (USAAF) bei Tag und die RAF nachts ihre Einsätze fliegen. Dies ändert sich mit wenigen Ausnahmen praktisch bis zum Kriegsschluß dann auch nicht mehr.

Nun sind also die Amerikaner da, und ihren ersten Luftangriff gegen Deutschland erleben die Fortress-Besatzungen am 27. Januar 1943 über Wilhelmshaven. Die Reichshauptstadt steht zu diesem Zeitpunkt noch längst nicht auf den Ziellisten der 8. Luftflotte. Es werden noch weitere fünfzehn Monate vergehen, ehe General Doolittle, dann Kommandeur der »Achten«,

seine »Fliegenden Festungen« den weiten Weg nach Berlin antreten läßt.
Im Monat August fliegen die Engländer zweimal die Hauptstadt an. Es handelt sich hierbei um kaum nennenswerte Einsätze, denn immer noch kann sich Harris nicht entschließen, Berlin erneut im größeren Stil anzugreifen. Vom War Cabinet Ende des Sommers wiederum aufgefordert, nun doch eine Bomberoffensive gegen des Reiches Metropole einzuleiten, läßt der britische Marschall einen Angriff im September 1942 durchführen. Zu jenem Zeitpunkt stehen aber immer noch nicht mehr als 80 viermotorige Kampfflugzeuge für ein ausreichend erfolgversprechendes Unternehmen gegen Berlin zur Verfügung. Die Offensive, die Harris ins Auge faßt, wird erst im Frühjahr 1943 beginnen.
Mitte August 1942 erfolgt die Aufstellung einer neuen RAF-Einheit innerhalb des Bomber Commands – der Pfadfinderverband. Er besteht aus vier Einheiten, der 7., 35., 83. und 156. Squadron. Ihr Kommandeur heißt Group Captain D. C. T. Bennet. Auch dieser Verband kommt erst im Zusammenhang mit der im nächsten Jahr einsetzenden Bomberoffensive voll zur Geltung und wird dabei seine Bewährungsprobe mit Erfolg bestehen.
Den dritten Fliegeralarm im Monat August lösen russische Kampfflugzeuge aus, die in der Nacht zum 30. Störflüge über Ost- und Norddeutschland durchführen. Einige Maschinen dringen dabei auch bis in den Raum Berlin vor. Sie werden durch starkes Flakfeuer zur Umkehr gezwungen, können aber in den Außenbezirken vereinzelt Spreng- und Brandbomben abwerfen. Am nächsten Tag berichtet die Presse: »Der entstandene Schaden ist gering.«
Die Engländer beenden im Jahr 1942 ihre schwache Luftaktivität gegen Berlin mit einem Angriff in der Nacht zum 10. November. Die Berliner Bevölkerung muß zwölf Minuten vor 21.00 Uhr die Luftschutzräume aufsuchen. Von 50 gestarteten Maschinen erreichen 33 die Stadt und werfen dabei 40 Tonnen Bomben ab.
Die Angreifer verlieren nur zwei Flugzeuge.

Die vor einem Jahr vom britischen War Cabinet getroffenen und nicht zuletzt von Lindemanns Theorien getragenen Entscheidungen finden während der berühmten Konferenz in Casablanca im Januar 1943 eine nochmalige Bestätigung. Das bedeutet den Beginn der schonungslosen und mit aller Wucht durchgeführten Bombenoffensive gegen das Reich.

Nochmals kommt es zu ernsthaften Meinungsverschiedenheiten zwischen dem Bomberchef der Amerikaner, General Ira C. Eaker, und den britischen Luftwaffenstabsoffizieren. Eaker vertritt hart seinen Standpunkt und die amerikanische Auffassung über die Luftkriegsunternehmen gegen Deutschland. Entschieden weigert er sich, ebenfalls Flächenbombardements ausführen zu lassen, denn seine Bomber sollen die Industrie und den Verkehr treffen. Dies allein würde sich schon als entscheidend erweisen.

Nach eineinhalb Monaten Ruhepause läßt Harris am 16. Januar 1943 rund 200 Kampfflugzeuge gegen Berlin starten. Es ist ein Sonnabend. Über der Mark Brandenburg wölbt sich ein sternklarer Nachthimmel, die Piloten in den englischen Maschinen haben eine ausgezeichnete Sicht. Und doch herrscht in den Pfadfindermaschinen Unruhe.

»Wo befinden wir uns eigentlich?« will einer der Flugzeugführer wissen. Aber auch der Navigator scheint unsicher zu sein.

»Wir müssen tiefer gehen, Sir«, lautet die Antwort. *»Ist verdammt nicht einfach, den Anflugweg der Bomberverbände exakt zu markieren, wenn wir selbst nichts genaues erkennen können!«*

Warum aber bereitet den Briten der Flug nach Berlin solche Schwierigkeiten, trotz verhältnismäßig guter Sicht? Der Grund dafür ist die hohe Schneedecke, welche die Landschaft überzogen hat und die somit die markanteren Orientierungspunkte nicht oder nur sehr schwach erkennen läßt. Das führt natürlich zu erheblichen Zeitverlusten, was wiederum die Engländer dazu zwingt, nur kurze Zeit über Berlin zu verweilen.

Der gesamte angreifende Verband besteht aus Viermotorigen. Von den 200 Maschinen erreichen 145 gegen Abend die Stadt, in der um 19.35 Uhr Alarm ausgelöst wird. Etwa 370 Tonnen Bomben rauschen aus den Schächten. Wenn die gesamte Ladung plötzlich heraus ist, machen die Kampfflugzeuge durch die Gewichtserleichte-

rung einen Satz nach oben. Alles geht schnell, es ist keine Zeit mehr zu verlieren, wenn die Bomber ihren Rückflug noch schaffen wollen. Und vorn gehen die ersten Maschinen bereits auf Gegenkurs.
Die britischen Verluste bleiben gering. Nur eine Lancaster geht verloren, zwei weitere erhalten Beschädigungen, die ihnen die Flak zufügt.
In dieser Nacht zum 17. Januar brennt die Deutschlandhalle nahezu aus, jene Stätte, die damals durch ihre Veranstaltungen »Menschen, Tiere, Sensationen« immer wieder Hunderttausende Berliner in ihren Bann zog. Nach dem Krieg wiederhergestellt, hat die Deutschlandhalle bis heute nicht ihre Anziehungskraft verloren.
Britische Flieger berichten nach ihrer Rückkehr von der auffallend geringen und erst gegen Ende des Angriffes stärker in Erscheinung tretenden Flaktätigkeit. Fühlt man sich nach der Ruhe des Jahres 1942 so sicher, stimmt die im vorigen Jahr von Air Marshal Peirse gemachte Feststellung überhaupt noch, Berlin stehe in bezug auf seine Abwehr nun kaum hinter dem Ruhrgebiet zurück? Gerüchte tauchen auf, nach denen etliche Flakbatterien von Berlin abgezogen werden, um in das Ruhrgebiet oder an die Ostfront verlegt zu werden. Doch schon in der kommenden Nacht zeigt es sich, alle Spekulationen über den Haufen werfend, daß die Berliner Flak immer noch an ihrem Platz ist.
Als die Engländer in der Nacht zum 18. Januar nach Deutschland einfliegen, herrscht kein so gutes Wetter mehr wie in der Nacht zuvor. Von den 187 gestarteten Maschinen treffen über dem Berliner Raum nur 111 ein. Schon von Anfang an spüren die Briten eine intensive Abwehr. Grellgelb explodieren die Granaten zwischen ihren Formationen.
Zwei Lancaster stehen plötzlich als glühende Feuerbälle am Berliner Nachthimmel. Als sie getroffen werden, öffnen die Maschinen gerade ihre Bombenschächte. Eine dieser Lancaster ist unverkennbar ein Pfadfinder. Aus dem brennenden Rumpf zischen nach allen Seiten explodierende grüne und rote Markierungsbomben. Minutenlang versprühen sie ihr grelles Licht, erschrocken sehen die anderen Fliegerbesatzungen deutlich, wie sich der riesige viermotorige Bomber jetzt nach unten neigt.
Kurz nach diesem Absturz beginnt der Bombenwurf der englischen Verbände. Das Dahlemer Villenviertel bekommt in jener Nacht am meisten ab, doch noch nennenswertere Schäden entstehen in

Tempelhof. Auch die Lorenz-Werke erhalten mehrere Treffer. Im Norden Berlins gehen etliche Einrichtungen der Tegeler Borsig-Werke in Trümmer.
Nach 45 Minuten drehen die Engländer gegen 21.15 Uhr ab, aber erst über eine Stunde später beendet Berlin den Alarm. Zweiundzwanzig britische Maschinen des Angriffsverbandes bleiben als zerschellte Wracks in Deutschland zurück.
Dem neuen Chef des Bomber Commands erscheint der Verlust von rund 13 Prozent des gesamten Verbandes als zu hoch, und da bereits Vorbereitungen für großangelegte Luftunternehmen gegen Städte in Westdeutschland getroffen sind, setzt Harris weitere Einsätze gegen Berlin vorläufig von seinem Plan ab.
Für die deutsche Hauptstadt bedeutet dies jedoch nur einen kurzen Aufschub, denn die jetzt gegen mehrere andere Städte anlaufende systematische Bomberoffensive der Engländer wird sich ab 1943 hauptsächlich gegen Berlin richten.
Die Reichshauptstadt verzeichnet ihren 105. Fliegeralarm seit Kriegsbeginn.
Der folgende Monat setzt den Schlußstrich unter eine Tragödie bisher nie erlebten Ausmaßes, als am 2. Februar 1943 der letzte deutsche Widerstand in Stalingrad erlischt und Generalfeldmarschall Paulus mit den Resten seiner 6. Armee kapituliert. Aufgrund dieser Niederlage, der sich dann ein ständiger Rückzug der Deutschen an allen Fronten anschließt, sieht man den Februar 1943 als den Wendepunkt des Zweiten Weltkrieges an.
Nicht ganz drei Wochen nach dem Inferno von Stalingrad hält Goebbels am 18. Februar seine berüchtigte Rede im Berliner Sportpalast. Unter frenetischem Jubel seiner beifallspendenden Anhänger kündigt er den totalen Krieg an. Millionen Deutsche werden dafür bezahlen müssen. Der »Totale Krieg« wird die schlimmsten Erwartungen weit übertreffen.
An unzähligen Stellen in der Hauptstadt beginnt man mit der Aushebung von Splittergräben und dem Bau von Luftschutzsammelräumen. Überall trifft man das gleiche Bild an; Erdarbeiten in den Außenbezirken und in der Innenstadt. Auf vielen Plätzen entstehen Löschteiche. Außerdem widerfährt der Berliner Bevölkerung von nun an in steigendem Maße eine Bereicherung des Alltagslebens durch Aufrufe, Luftschutzvorführungen und Löschdemonstrationen.

Randsteine der Bürgersteige, Bäume und Laternen erhalten neue oder intensivere Leuchtfarbanstriche. Als sehr notwendig stellt sich auch das Anbringen zusätzlicher Pfeilmarkierungen an Notausgängen und über Kellerfenstern der Wohnhäuser heraus. Es wird jedenfalls alles mögliche getan, um Berlin auf den totalen Luftkrieg vorzubereiten.
Schließlich beginnt auch die Luftwaffe, einen Abwehrschirm über der Reichshauptstadt aufzubauen. Eine Hauptrolle in der Berlinverteidigung spielt dabei das Nachtjagdgeschwader 5, das im September 1942 unter Major Schaffer aufgestellt wurde. Am 20. Februar 1943 befindet sich der Stab dieses Geschwaders in Döberitz. Die I. Gruppe, geführt von Hauptmann Wandam, belegt mit ihren Maschinen den Flugplatz Stendal. Die im Dezember 1942 aufgestellte II./NJG 5 wird in Parchim stationiert und steht unter dem Kommando von Hauptmann Schönert. Zwei Gruppen des NJG 4 liegen auf den Plätzen Brandis bei Leipzig und Jüterbog. Einen Monat später kommt noch die III./NJG 5 des Hauptmanns Borchers hinzu, welche nördlich von Berlin in Neuruppin Aufstellung nimmt. Somit ist der Kern der Berlinverteidigung geschaffen, bestehend aus fünf Nachtjagdgruppen und dem Geschwaderstab des NJG 5.
Immer öfter fordert jetzt auch die Sowjetunion ein stärkeres Eingreifen der RAF gegen das Reich und seine Hauptstadt. Um dem russischen Verbündeten einen erneuten Beweis des gemeinsamen Kampfes gegen Deutschland zu liefern, führen die Briten im März drei große Luftangriffe auf Berlin durch, die von den Russen mit besonderem Interesse verfolgt werden. Der erste dieser Einsätze findet in der Nacht zum 2. März statt und ist der schwerste Angriff auf Berlin seit Anfang des Krieges. Ein um kurz vor 22.00 Uhr beginnendes Bombardement, ausgeführt von 257 Viermotorigen, schließt das ganze Stadtgebiet ein.
Das kommende britische Unternehmen ist dadurch gekennzeichnet, daß zum erstenmal vorwiegend Brandbomben in Kombination mit den sogenannten »Wohnblockknackern« (1800-kg-Bomben) abgeworfen werden.
Zum erstenmal auch benutzen die Engländer über Berlin das H2S-Infrarotradar, welches einen Bombenwurf ohne Sicht ermöglicht. Der Erfolg, den die Pfadfinder damit erzielen, ist nicht sehr groß, denn noch haben die Engländer keine Erfahrungen im Umgang mit

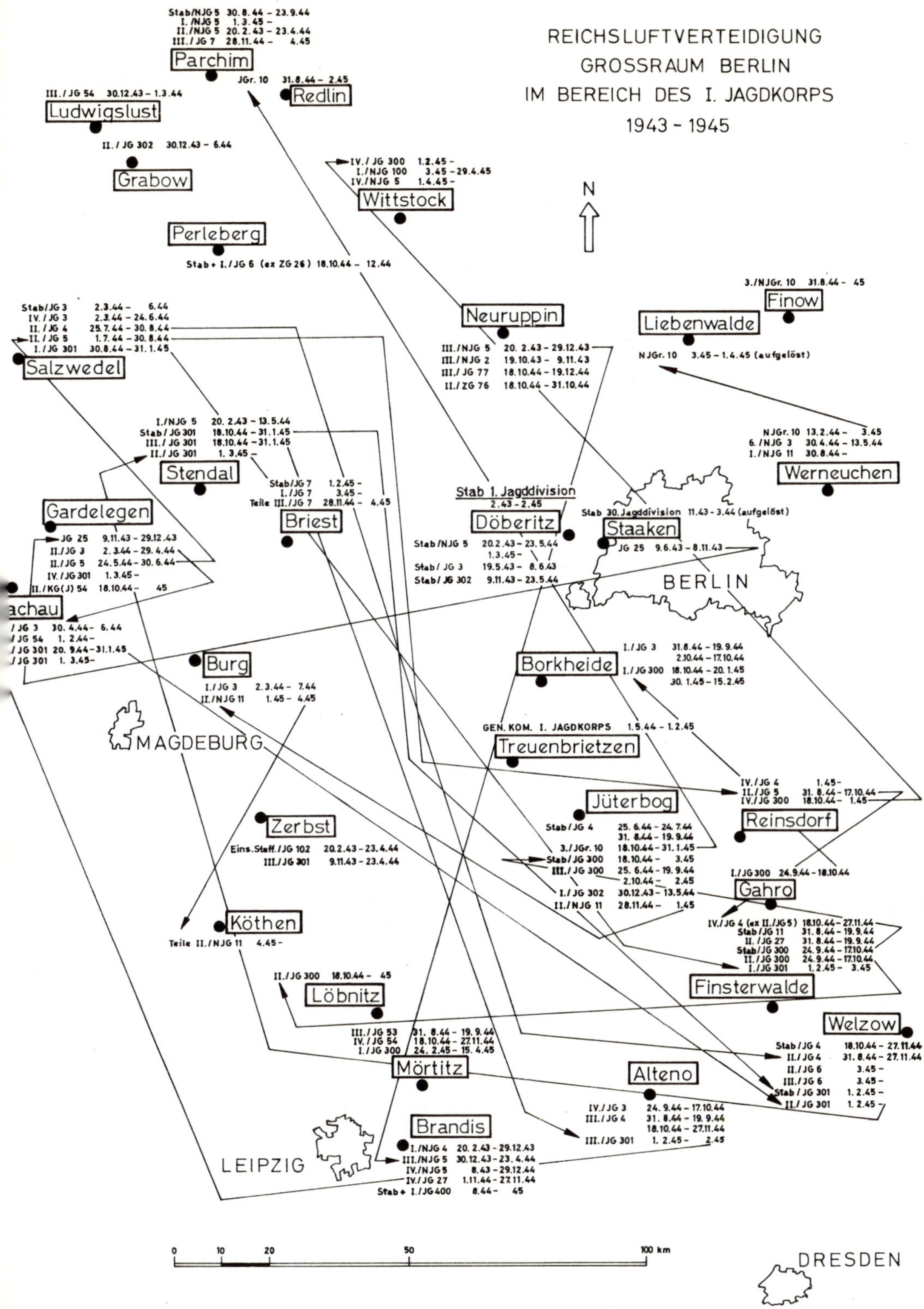
REICHSLUFTVERTEIDIGUNG
GROSSRAUM BERLIN
IM BEREICH DES I. JAGDKORPS
1943 - 1945
N
Stab/NJG 5 30.8.44 - 23.9.44
I./NJG 5 1.3.45 -
II./NJG 5 20.2.43 - 23.4.44
III./JG 7 28.11.44 - 4.45
Parchim
JGr. 10 31.8.44 - 2.45
Redlin
III./JG 54 30.12.43 - 1.3.44
Ludwigslust
II./JG 302 30.12.43 - 6.44
Grabow
IV./JG 300 1.2.45 -
I./NJG 100 3.45 - 29.4.45
IV./NJG 5 1.4.45 -
Wittstock
Perleberg
Stab + I./JG 6 (ex ZG 26) 18.10.44 - 12.44
3./NJGr. 10 31.8.44 - 45
Finow
Liebenwalde
NJGr. 10 3.45 - 1.4.45 (aufgelöst)
Neuruppin
III./NJG 5 20.2.43 - 29.12.43
III./NJG 2 19.10.43 - 9.11.43
III./JG 77 18.10.44 - 19.12.44
II./ZG 76 18.10.44 - 31.10.44
Stab/JG 3 2.3.44 - 6.44
IV./JG 3 2.3.44 - 24.6.44
II./JG 4 25.7.44 - 30.8.44
II./JG 5 1.7.44 - 30.8.44
I./JG 301 30.8.44 - 31.1.45
Salzwedel
NJGr. 10 13.2.44 - 3.45
6./NJG 3 30.4.44 - 13.5.44
I./NJG 11 30.8.44 -
Werneuchen
I./NJG 5 20.2.43 - 13.5.44
Stab/JG 301 18.10.44 - 31.1.45
III./JG 301 18.10.44 - 31.1.45
II./JG 301 1.3.45 -
Stendal
Stab/JG 7 1.2.45 -
I./JG 7 3.45 -
Teile III./JG 7 28.11.44 - 4.45
Stab 1. Jagddivision
2.43 - 2.45
Stab 30. Jagddivision 11.43 - 3.44 (aufgelöst)
Gardelegen
JG 25 9.11.43 - 29.12.43
II./JG 3 2.3.44 - 29.4.44
II./JG 5 24.5.44 - 30.6.44
IV./JG 301 1.3.45 -
II./KG(J) 54 18.10.44 - 45
Briest
Döberitz
Stab/NJG 5 20.2.43 - 23.5.44
1.3.45 -
Stab/JG 3 19.5.43 - 8.6.43
Stab/JG 302 9.11.43 - 23.5.44
Staaken
JG 25 9.6.43 - 8.11.43
BERLIN
achau
/JG 3 30.4.44 - 6.44
/JG 54 1.2.44 -
/JG 301 20.9.44 - 31.1.45
/JG 301 1.3.45 -
Burg
I./JG 3 2.3.44 - 7.44
II./NJG 11 1.45 - 4.45
Borkheide
I./JG 3 31.8.44 - 19.9.44
2.10.44 - 17.10.44
I./JG 300 18.10.44 - 20.1.45
30.1.45 - 15.2.45
MAGDEBURG
GEN. KOM. I. JAGDKORPS 1.5.44 - 1.2.45
Treuenbrietzen
IV./JG 4 1.45 -
II./JG 5 31.8.44 - 17.10.44
IV./JG 300 18.10.44 - 1.45
Jüterbog
Stab/JG 4 25.6.44 - 24.7.44
31.8.44 - 19.9.44
3./JGr. 10 18.10.44 - 31.1.45
Stab/JG 300 18.10.44 - 3.45
III./JG 300 25.6.44 - 19.9.44
2.10.44 - 2.45
I./JG 302 30.12.43 - 13.5.44
II./NJG 11 28.11.44 - 1.45
Reinsdorf
I./JG 300 24.9.44 - 18.10.44
Zerbst
Eins.Staff./JG 102 20.2.43 - 23.4.44
III./JG 301 9.11.43 - 23.4.44
Gahro
IV./JG 4 (ex II./JG 5) 18.10.44 - 27.11.44
Stab/JG 11 31.8.44 - 19.9.44
II./JG 27 31.8.44 - 19.9.44
Stab/JG 300 24.9.44 - 17.10.44
II./JG 300 24.9.44 - 17.10.44
I./JG 301 1.2.45 - 3.45
Köthen
Teile II./NJG 11 4.45 -
II./JG 300 18.10.44 - 45
Löbnitz
Finsterwalde
Welzow
III./JG 53 31.8.44 - 19.9.44
IV./JG 54 18.10.44 - 27.11.44
I./JG 300 24.2.45 - 15.4.45
Mörtitz
Stab/JG 4 18.10.44 - 27.11.44
II./JG 4 31.8.44 - 27.11.44
II./JG 6 3.45 -
III./JG 6 3.45 -
Stab/JG 301 1.2.45 -
II./JG 301 1.2.45 -
Alteno
IV./JG 3 24.9.44 - 17.10.44
III./JG 4 31.8.44 - 19.9.44
18.10.44 - 27.11.44
III./JG 301 1.2.45 - 2.45
Brandis
I./NJG 4 20.2.43 - 29.12.43
III./NJG 5 30.12.43 - 23.4.44
IV./NJG 5 8.43 - 29.12.44
IV./JG 27 1.11.44 - 27.11.44
Stab + I./JG 400 8.44 - 45
LEIPZIG
0 10 20 50 100 km
DRESDEN

diesem neuen Gerät über Feindesland. Berlin ist einfach zu groß, als daß die Pfadfinderbesatzungen die vorher bestimmten Zielpunkte auf dem Radarschirm identifizieren könnten. Da aber die Reichshauptstadt nicht mehr in Reichweite der bekannten Navigationssysteme »Gee« und »Oboe« liegt, können die Engländer auf das H2S-Gerät nicht verzichten.

Die erste Angriffswelle geht über Wilmersdorf hinweg. In der Kaiserallee steigen die ersten großen Brände gegen den Himmel. Das mächtige Wilmersdorfer Rathaus hinter der Meierotto- und Spichernstraße steht in hellen Flammen. Große Trichter in der Straßendecke legen die U-Bahnstrecke zum Nürnberger Platz frei, Treffer in den Gleisanlagen unterbrechen den Verkehr dieser Linie.

Sehr schlimm sieht es am Prager Platz aus. Eine ganze Serie Bomben verwandelt hier die umliegenden Gebäude in Trümmerhaufen. Am nächsten Morgen bleibt von dem Platz nur noch eine glühende Steinwüste. Weitere Serienwürfe verursachen große Schäden an Wohnhäusern in der vom Prager Platz ausgehenden Motzstraße in Richtung Victoria-Luise-Platz.

Die nächste Bomberwelle nimmt sich Charlottenburg zum Ziel. Besonders das nordwestlich des Tiergartens gelegene Gebiet bekommt den Angriff zu spüren. Von der Bachstraße gleich hinter dem S-Bahnhof Tiergarten, dem Siegmundshof hinauf bis zur Spree werden Häuser von den Bomben umgepflügt. Nördlich der Spree brennt es in der Agricola- und Levetzowstraße.

Auffallend groß ist die Zahl der Blindgänger. Ein großer Teil liegt um die brennende Hedwigskirche am Gendarmenmarkt sowie auch in den stark beschädigten »Linden« und im Tiergarten.

Auch auf den Südwesten Berlins fallen unzählige Bomben. Ein besonderes Ziel sollte wohl der in der Winfriedstraße in Zehlendorf gelegene große Omnibusbetriebsbahnhof darstellen. Doch anstelle des BVG-Depots treffen Luftminen die nahegelegene Großgärtnerei Rothe an der Kronprinzenallee. Die gesamte Umgebung ist danach dicht mit Glasscherben der zerstörten Gewächshäuser übersät.

Die Industriewerke im Süden Zehlendorfs erhalten zum erstenmal größere Treffer, nachdem bisher auf diese Anlagen so gut wie keine Bombe gefallen ist. Um dies verständlich zu machen, ist eine kurze Rückblende notwendig. Während der im ersten Stadium des

Krieges auf Berlin geflogenen Angriffe der RAF geschah es, daß der kleine Ort Teltow, auf der Südseite des Teltow-Kanals gelegen, immer wieder erheblich getroffen wurde. Die Bewohner der Teltower Umgebung und die Zehlendorfer glaubten aber genau zu wissen, in welchem Zusammenhang die Schäden in Teltow ständen. Entlang der Goerzallee im Bezirk Zehlendorf erstrecken sich mehrere Industriewerke, angefangen von der Spinnstofffabrik bis zu dem umfangreichen Gelände der Telefunken, dazwischen außer anderen kleineren Fabriken die Kreiselgeräte-Werke und das Zeiss-Ikon-Werk. Insgesamt gesehen bilden alle diese Anlagen ein riesiges, beinahe zusammenhängendes Industrie-Terrain.
Die Werke liegen nahe des Teltow-Kanals und zugleich auch praktisch dem Städtchen Teltow gegenüber. Die Vermutungen nun, daß nicht Teltow, sondern die Industrie im südlichen Zehlendorf das eigentliche Angriffsziel der Briten bilden müßte, schienen sich zu bewahrheiten. Es tauchte ein Gerücht auf, nach dem auf der aus einem abgeschossenen englischen Bomber geborgenen Karte die Industrieanlagen nicht in Zehlendorf, sondern auf der Teltower Seite eingezeichnet waren. Das klingt zwar ziemlich unwahrscheinlich, wäre aber eine Erklärung für die immer wiederkehrenden Angriffe auf Teltow, da obendrein die Zehlendorfer Werke zunächst tatsächlich von den Bomben verschont bleiben.
In der Nacht des 2. März wird nun das Telefunken-Werk schwer getroffen. Dies erscheint mehr als ein Zufall, denn die Ausschaltung bestimmter Einrichtungen lassen auf eine bewußte Zerstörung des Werkes schließen. Deutsche Techniker hatten nämlich ein am 3. Februar bei Rotterdam aus einem abgeschossenen britischen Kampfflugzeug ausgebautes, neuartiges Ortungsgerät * in das Telefunken-Werk gebracht. Hier wollten sie nun das ihnen unbekannte Gerät wieder in Betrieb zu setzen versuchen, um seine Wirkungsweise kennenzulernen. Die Arbeiten waren fast abgeschlossen. Kurz vor der mit Spannung erwarteten Inbetriebnahme des sogenannten »Rotterdam«-Gerätes erfolgt dann der schwere Angriff der RAF.
Es sei noch erwähnt, daß den Deutschen wenig später ein weiteres Instrument dieser Art in die Hände fällt. Diesmal bringt man es vorsorglich in einen der drei großen Flakbunker in Berlin, wo

* Es handelte sich hierbei um das neue H2S-Gerät.

die Funkmeßtechniker zwei Monate später das Geheimnis des erbeuteten englischen Ortungssystem lüften können.
Die Bombardierung des Telefunken-Werkes ist so heftig und ausgedehnt, daß dabei auch die weitere Umgebung in Mitleidenschaft gezogen wird. Spreng- und Brandbomben vernichten die südlich der Goerzallee gelegenen Laubenkolonien, aber glücklicherweise entstehen keine Personenverluste, da die Bewohner fast alle in dem Tiefbunker an der Wismaer Straße Schutz gesucht haben.
In der Stadt irren Hunderte von Obdachlosen nach dem RAF-Angriff durch die Straßen. Viele von ihnen können nichts weiter retten als das, was sie auf dem Leib tragen. Rund 480 Berliner finden in dieser Nacht den Tod.
Die deutsche Abwehr verzeichnet am 2. März 1943 den Abschuß von 17 britischen Kampfflugzeugen.
Mit Beginn des März erfolgt die Einführung eines zusätzlichen Alarmzeichens. Drei kurz hintereinanderfolgende Sirenen-Dauertöne verkünden etwa fünf Minuten nach Luftgefahrstufe 15 eine Öffentliche Luftwarnung. Falls die angreifenden Flugzeuge nicht vorher abdrehen, folgt diesem Voralarm zehn bis fünfzehn Minuten später der Vollalarm. Öffentliche Luftwarnung wird in Berlin zum erstenmal am 2. März um 17.00 Uhr gegeben.
Wie es sich dann später zeigt, bedeutet der Voralarm eine wesentliche Erleichterung für die Bevölkerung. Die zu treffenden Vorkehrungen und Vorbereitungen für einen kommenden Angriff brauchen – von wenigen Fällen abgesehen, in denen die Vorwarnung zu spät kommt – dadurch nicht mehr überstürzt durchgeführt werden.
Dem ersten Großangriff gegen die Reichshauptstadt im März 1943 läßt Harris erst Ende des Monats die beiden nächsten folgen. Am Sonnabend, dem 27. März, werfen 329 Kampfflugzeuge der RAF 449 Tonnen Sprengbomben und etwa die gleiche Menge Brandbomben auf Berlin. Dieser Angriff, der kurz nach 22.00 Uhr beginnt und fast zwei Stunden anhält, trifft nahezu alle Stadtbezirke schwer. Nur neun Maschinen des Bomber Commands werden von der deutschen Abwehr vernichtet.
In der Nacht vom 29. zum 30. sind die Briten erneut über der Spree. Bei sehr schlechtem Wetter fliegen die Bomber in weit auseinandergerissenen Formationen die Stadt an, aber noch vor Erreichung ihres Zieles brechen mehrere Einheiten wegen Vereisung

und Blockierung der Bombenschächte den Flug ab und kehren zurück. Andere Maschinen werfen ihre Last über offenem Gebiet ab. Die Geschlossenheit der Bomberpulks ist somit dahin, der Erfolg des Einsatzes in Frage gestellt. Von den 329 gestarteten Kampfflugzeugen führen nur 234 den Angriff durch. Berlin liegt obendrein unsichtbar unter einer dichten Wolkendecke, so daß der Bombenwurf mehr oder weniger planlos erfolgt. Nur im Wedding entstehen nennenswerte Sachschäden, desgleichen müssen in diesem Bezirk zahlreiche Todesopfer unter der Bevölkerung beklagt werden. Die Engländer verlieren allerdings während jenes Nachtangriffes rund neun Prozent ihrer angreifenden Streitmacht. Das sind 21 viermotorige Maschinen.

Werden die erneuten Doppelangriffe vom 27. bis 29. März auch sehr heftig durchgeführt, so läßt sich jedoch ein Schwerpunkt nicht erkennen. Etliche Bomben fallen in den Berliner Zoo und töten dort eine ganze Anzahl wertvoller Tiere. Doch ein noch weit empfindlicherer Verlust bedeutet die Zerstörung des Luftnachrichten-Zentrallagers an der Landstraße von Teltow nach Ruhlsdorf. Das allgemein als »Zeugamt« bekannte Lager brennt völlig aus, wichtiges Material, Apparate und funktechnische Ausrüstungen fallen den Flammen zum Opfer.

Die Reichshauptstadt verzeichnet bis zu diesem Zeitpunkt rund 1700 Luftkriegstote, allein 700 davon kommen bei den Angriffen des März 1943 ums Leben.

BEGINNENDE EVAKUIERUNG BERLINS – MOSQUITO

Nach den drei Märzangriffen der RAF beginnen die Nächte nun wieder kürzer zu werden. Marschall Harris unterbricht deshalb seine Einsatzkampagne gegen Berlin bis zum Ende des Sommers 1943. Dann erst würden die Nächte seinen Bombern wieder größere Sicherheit auf dem langen Anmarschweg nach Berlin geben können.

Doch inzwischen eröffnet das britische Bomber Command die »Schlacht um die Ruhr«. Sie ist von einer bisher noch nicht erlebten Angriffsstärke gekennzeichnet. Das Ruhrgebiet muß vom 5. März

bis zum 29. Juni 26 Großangriffe über sich ergehen lassen. Steigende Verluste durch die ebenfalls ständig zunehmende deutsche Abwehr lassen aber jeden Angriff der Engländer zu gefahrvollen und gefürchteten Einsätzen werden.
Neben den Orten des Ruhrgebietes richtet die RAF weitere Angriffe in diesem Zeitraum gegen Wilhelmshaven, Hamburg, Bremen und Kiel. Auch München, Frankfurt am Main, Stuttgart und Mannheim sind in diese Offensive mit einbegriffen.
Berlin erlebt während der »Schlacht um die Ruhr« keinen Großeinsatz. In der Nacht zum 21. April führen elf Lancaster nur einen Scheinangriff gegen die Hauptstadt aus, das eigentliche Ziel dagegen heißt Stettin.
Mit noch unbekanntem Ziel fliegt in der Nacht des 14. Mai ein größerer britischer Kampfverband, begleitet von zahlreichen Mosquitos, nach Deutschland ein. Als die Verbände über das Ruhrgebiet hinausstoßen, rechnet man mit einem Anflug auf Berlin. Kurz nach Mitternacht gibt es Alarm. Noch sind die letzten Sirenentöne nicht verklungen, als auch schon ein heftiger Flakbeschuß einsetzt. Demnach scheint die Luftwarnung für Berlin zu spät durchgegeben worden zu sein. Überhaupt herrscht auch heute noch über den genauen Angriffsplan der Briten Zweifel. Rund 150 Maschinen sollen durch einen dichten Sperriegel der Flak vor der Stadt zum Abdrehen gezwungen worden sein. Vielleicht handelte es sich wieder um einen Scheinangriff der RAF, die dann kurz vor Berlin die Verbände wieder umschwenken ließ, um das Ruhrgebiet von Nordwesten her anzufliegen. Sicher ist nur, daß in der fraglichen Nacht wenige Maschinen – höchstwahrscheinlich Mosquito – über der Hauptstadt gemeldet werden. Sie werfen einige Bomben auf Lichtenrade und Steglitz.
Einen bei Tage durchgeführten Bombenangriff auf Berlin hätte es beinahe schon im Juli 1943 gegeben, also rund zehn Monate vor dem ersten amerikanischen Einsatz dieser Art. Am Morgen des 23. Juli stehen drei Fortress der RAF bereit, um Berlin anzugreifen. Der Himmel bewölkt sich jedoch zusehends, so daß man eine Verschiebung des Unternehmens in Erwägung zieht. Dennoch starten die drei Maschinen unter der Führung von Flight Lieutenant Mathieson. Aber wie vorausgesehen, verschlechtert sich das Wetter immer mehr, worauf Mathieson in seiner Fortress WP.C sich gezwungen sieht, auf halbem Wege nach Berlin den Befehl zum Ab-

bruch des Einsatzes zu geben. Mit voller Bombenladung kehren alle drei Maschinen wieder nach England zurück. Erst am 6. März 1944 werden erneut Flugzeuge zu einem Tagesangriff auf Berlin starten, diesmal die Viermotorigen der 8. amerikanischen Luftflotte.
Am 28. Juli sieht es so aus, als ob das Herannahen eines schweren Kampfverbandes wiederum der Reichshauptstadt gilt. Die gemeldeten Pulks, diesmal am Tage kommend, gehören zu der schon erwähnten 8. Luftflotte. Jedoch im Raum Magdeburg schwenken die Amerikaner in einem spitzen Winkel nach Südwesten ab und fliegen in Richtung Harz. Ihr Ziel sind die Werke der Flugzeugindustrie in Oschersleben und Kassel.
Schon längst löst das Ausbleiben von Großangriffen auf ihre Stadt unter der Berliner Bevölkerung eine gewisse Unruhe aus. Die meisten erwarten nach einer so langen Angriffspause einen besonders schweren Schlag, den die RAF irgendwann gegen die Stadt ausführen würde. Nur wenigen ist der eigentliche Grund des Zögerns bekannt. Harris wartet tatsächlich auf die länger werdenden Nächte und bereitet sich inzwischen auf seine Bomberoffensive, die »Schlacht um Berlin«, vor.
Der erste wirkliche Untergang einer deutschen Stadt vollzieht sich am 25. Juli 1943, als mehrere fürchterliche Luftangriffe die Elbstadt Hamburg heimsuchen, und die alle bisherigen Luftunternehmen der Alliierten in den Schatten stellen. Durch Ausschaltung der deutschen Flak- und Nachtjagdabwehr mittels tonnenweise abgeworfener Aluminiumstreifen, den »windows«, gelingt es den Bombern, die Hansestadt mit großer Präzision anzugreifen und nahezu einzuäschern.
Rundfunk und Presse bestärken die Berliner in ihrer Annahme, daß sie nun selbst bald den Bombenkrieg mit allen Steigerungen zu spüren bekommen werden. In diese Zeit hinein erläßt Goebbels einen Aufruf an die Berliner, der einer bisher nur zögernd eingesetzten Evakuierung der Stadt nun Dringlichkeit verleiht:

Berliner! Berlinerinnen!
Der Feind setzt den Luftterror gegen die deutsche Zivilbevölkerung rücksichtslos fort. Es ist dringend erwünscht und liegt im Interesse jedes einzelnen, der nicht aus beruflichen oder sonstigen Gründen zum Verbleiben in Berlin verpflichtet ist (Frauen, Kinder, Pensionäre, Rentner usw.), sich in weniger gefährdete Gebiete zu begeben.

Hierzu bestehen folgende Möglichkeiten:

1. *Wer Verwandte außerhalb Berlins hat, die ihn aufnehmen können, kann abreisen. Erforderlich ist, daß er sich bei seiner Kartenstelle eine Abreisebescheinigung ausstellen läßt. Hierzu sind sämtliche Lebensmittelkarten sowie die örtlichen Berliner Bezugsausweise mitzubringen. Aufgrund dieser Abreisebescheinigung erhält er von der zuständigen Ortsverwaltung der NSV einen Freifahrtschein.*
2. *Auch wer keine Aufnahme bei Verwandten außerhalb Berlins finden kann, darf ebenfalls abreisen, jedoch nur nach Osten in den für Berlin bestimmten Aufnahmegauen Mark Brandenburg, Ostpreußen und Wartheland. Auch in diesem Falle ist zwecks Beibringung einer Abreisebescheinigung durch die Kartenstelle die Vorlage sämtlicher Lebensmittelkarten und der örtlichen Berliner Bezugsausweise erforderlich. Das Quartier selbst wird durch die hiesige Ortsverwaltung der NSV vermittelt, die einen Freifahrtschein ausstellt.*
3. *Wer nicht gleich abreisen kann, aber Verwandte außerhalb Berlins besitzt, hat die Möglichkeit, sein Unterkommen bei seinen Verwandten schon jetzt vorsorglich festzulegen, indem er sich von seiner zuständigen Ortsverwaltung der NSV eine Verwandtenmeldekarte besorgt und sie ausgefüllt zu seinen Verwandten schickt. Diese müssen auf der Karte ihre Bereitwilligkeit zur Aufnahme erklären und von der Ortsverwaltung des vorgesehenen Zureiseortes die Unbedenklichkeit der Aufnahme bescheinigen lassen. Die Karte ist der hiesigen Ortsverwaltung der NSV zur Kenntnis vorzulegen und für den Fall der tatsächlichen Abreise aufzubewahren.*
4. *In jedem Falle empfiehlt es sich, Kleidungsstücke, kleinen Hausrat (Töpfe, Geschirr, Eßbesteck usw.), Bettzeug mitzunehmen.*

Die Transportkosten trägt der Bezirksbürgermeister (Quartierstelle). Es ist verboten, unter Verzicht auf diese Möglichkeiten planlos zu reisen. Wer planlos reist, läuft Gefahr, am Zielort kein Quartier zu finden und muß mit Schwierigkeiten in der Lebensmittelversorgung rechnen.

Der Reichsverteidigungskommissar für den Reichsverteidigungsbezirk Berlin

DR. GOEBBELS

Reichsminister und Gauleiter

Häufig kommt es nach den Luftangriffen zu Stockungen in der Trinkwasserversorgung. Hier wird das kostbare Wasser einer noch intakten Straßenpumpe entnommen.

Ausgebombte Berliner nach einem Nachtangriff. Noch brennen die Überreste eines mit einem Schlag vernichteten Wohnblockes. Fassungslos starren die Vorübergehenden auf die Stätte der Verwüstung.

Der Leipziger Platz im November 1943. Über die abgedeckten Häuser hinweg sieht man auf das im Bild links liegende Wertheim-Gebäude. Im Hintergrund das Reichsluftfahrtministerium.

Ausgebrannte Ruinen und in Trümmer verwandelte Wohnhäuser in der Joachimstalerstraße – Ecke Kantstraße.

Als erstes wird in Berlin hauptsächlich den Schulkindern eine Verschickung in ungefährdete Gebiete ermöglicht. Die schon seit Beginn des Jahres eingerichteten KLV-Lager (Kinderlandverschikkungslager) wachsen ständig. Bevorzugte Gebiete sind hier das Wartheland und Schlesien. Ebenfalls große Lager werden im damaligen Protektorat Böhmen und Mähren eingerichtet, die ganze Schulen aufnehmen können; Podiebrad, Bili Kriz, Tatra-Lomnitz, Praschmo, um nur einige davon zu nennen.
Rund 260 000 Kinder sollen verschickt werden. Ende September sind es nur noch 78 900 in Berlin. Bis zu diesem Zeitpunkt haben 39 von 142 Schulen die Stadt verlassen. Etwa 2000 Lehrkräfte fahren mit.
Die Evakuierung der älteren Zivilpersonen und derer, die nicht unbedingt in der Stadt zurückbleiben müssen, setzt allerdings erst im November 1943 in vollem Umfang ein. Erst die schweren Angriffe im August und September bewegen noch viele Berliner zu einer Abreise, nachdem sie bislang zögerten und ihre Meinung *»es wird schon nicht so schlimm werden«* revidieren müssen.
Nach den Lebensmittelkarten-Statistiken leben im September 1943 in Berlin 3 223 985 Deutsche und 76 219 Ausländer, also rund 3,3 Millionen Menschen. Ein Jahr später, im September 1944, weist die Statistik nur noch 2 975 338 Personen aus.
Einer großen Anzahl Berliner, hauptsächlich aber den verschickten Kindern, bleiben durch die Evakuierung viele grauenvolle Bombennächte und manch schreckliche Erlebnisse erspart. Immerhin können die Verschickten mitunter in reizvoller Landschaft eine mehr oder weniger sorgenlose Zeit verleben, ganz im Gegensatz zu den in der Hauptstadt Zurückgebliebenen.
Seit April 1943 zeigen sich die neuen Mosquito-Bomber der Engländer immer häufiger über dem Raum Berlin. Die wendigen zweimotorigen Maschinen erscheinen nur in ganz kleinen Schwärmen über der Stadt, richten dabei durch den Abwurf von nicht mehr als drei bis vier Tonnen Bomben kaum Schaden an. Störangriffe dieser Art dienen offensichtlich nur dem Zweck, der Bevölkerung keine Ruhe zu gönnen. Die Mosquito-Angriffe gelten als eine bewußt durchgeführte Taktik, welche mit geringen Kräften den Großteil der Stadtbewohner immerhin dazu zwingt, aufwendige und umständliche Luftschutzmaßnahmen zu ergreifen. Noch schlimmer wird dies erst in den letzten Kriegsmonaten emp-

funden, wenn sich die Mosquito jede Nacht über Berlin tummeln, dabei kaum einen wirklichen Angriff fliegen und nur wenige Bomben zur Erde schicken. Das alles nur, damit die ihrer Nachtruhe beraubte Bevölkerung am nächsten Tag zerschlagen und übermüdet die Arbeit aufnimmt, schon daran denkend, in der kommenden Nacht wiederum aus dem Schlaf gerissen zu werden.
Zum erstenmal erleben die Berliner bereits am 30. Januar 1943 einen Mosquito-Angriff. Sechs dieser Maschinen fliegen einen Tageseinsatz und greifen das Funkhaus in der Masurenallee an. Nach dem Abwurf von vier Tonnen Sprengbomben, die allerdings nicht allzu große Schäden anrichten, verschwinden die Mosquito sehr rasch wieder in Richtung Westen. Der Flak gelingt es, eine Maschine abzuschießen.
Von der RAF wird die Mosquito ab Juli 1942 gegen das Reich eingesetzt; man beobachtet sie zuerst über Flensburg und Köln. Da man die Maschinen wegen ihrer vorwiegend aus Balsaholz konstruierten Zelle mit Funkmeßgeräten schlecht erfassen kann, stellen sich die Mosquito, nicht zuletzt auch wegen ihrer enormen Gipfelhöhe von etwa 12 000 Metern, als kaum erreichbar für die deutsche Abwehr heraus. Zudem ist dieser Maschinentyp sehr schnell. Für ihren Flug von England nach Berlin und wieder zurück braucht er nur etwa viereinhalb Stunden.
Fieberhaft versuchen die Deutschen, alles daranzusetzen, um die Mosquito wirksam bekämpfen zu können. Die besten Aussichten dabei hat die neuentwickelte Heinkel He 219 »Uhu«. Mit einer dieser Maschinen kann dann die I./NJG 1 aus Venlo Mitte Juni 1943 eine solche Mosquito vernichten, die erste aus der Luft abgeschossene Mosquito überhaupt. Die He 219 erzielt im Verlauf der nächsten Zeit noch weitere Erfolge, doch der Serienbau des »Mosquito-Jägers« wird aus unverständlich bleibenden Gründen abgebrochen.
Aber auch später noch hat die Luftwaffe Mittel zur Hand, welche den britischen Schnellbombern gefährlich werden konnten. Es ist einmal die Me 262, mit der beim Erprobungskommando 262 Lechfeld im Juli 1944 der erste Abschuß einer Mosquito erfolgt, und ferner die von Professor Tank entwickelte und bei Focke-Wulf gebaute Ta 152. Doch da ist bereits schon das Ende des Krieges in Sicht.
Wie schwierig die Bekämpfung der Mosquito war, geht deutlich aus folgenden Zahlenangaben hervor: Während der »Schlacht um

Berlin« starten insgesamt 2034 Schnellbomber gegen die deutsche Hauptstadt und andere Ziele im Reich. Nur zehn davon werden abgeschossen, 89 weitere beschädigt.

Ein halbes Jahr Mosquito-Angriffe auf Berlin
20./21. 4. 1943 – 20./21. 10. 1943

Datum	Angriffszeit in Minuten	abgeworfene Bombenmenge in Tonnen	Anzahl der Flugzeuge
20./21. 4.	36	9	10
13./14. 5.	6	8	
15./16. 5.	4	1,8	2
16./17. 5.	4	1,8	2
19./20. 5.	13	1,8	2
20./21. 5.	4	1,8	2
21./22. 5.	18	2,7	3
13./14. 6.	15	4	5
15./16. 6.	9	4	5
16./17. 6.	5	2	3
17./18. 6.	5	1,6	2
20./21. 6.	14	3	4
22./23. 6.	8	3	4
14./15. 7.	12	5,5	7
12./13. 8.	8	5	6
14./15. 8.	18	3	4
15./16. 8.	65	4	5
17./18. 8.	6	6	8
19./20. 8.	3	5	7
24./25. 8.	11	5	7
25./26. 8.	30	4	5
14./15. 9.	13	3	4
15./16. 9.	13	5	7
16./17. 9.	10	3	4
17./18. 9.	11	4,5	6
20./21. 9.	11	6	8
8./9. 10.	3	4	6
9./10. 10.	8	3,5	5
17./18. 10.	14	5	6
18./19. 10.	3	5,5	7
20./21. 10.	4	5	9

Berlin verzeichnet insgesamt etwa 170 Mosquito-Angriffe. Ab Frühjahr 1944 sind diese Maschinen praktisch Nacht für Nacht über Deutschland. Der Einsatz der Mosquito ist dabei vielseitig, denn sie wird nicht nur als schnelles Kampfflugzeug, sondern auch als Pfadfinder und Aufklärer verwendet. Eine besondere Rolle spielt sie als Fernnachtjäger und erzielt bei der Bekämpfung der sich den ins Reich einfliegenden Bomberströmen entgegenstellenden deutschen Nachtjägern etliche Erfolge.

DAS RAF BOMBER COMMAND

Im Juli 1936 erfolgt in Uxbridge, Middlesex, die Aufstellung des britischen Bomber Commands mit vier Gruppen. Der erste Befehlshaber, Air Marshal John Steel, führt diesen neu entstandenen Waffenträger der RAF bis Ende 1937 und wird dann von Air Marshal E. L. Hewitt abgelöst. Gleichzeitig errichtet das Bomber Command sein Hauptquartier in High Wycombe, Buckinghamshire, wo es sich auch bis zum Ende des Zweiten Weltkrieges befindet.
Da die Engländer traditionsgemäß immer noch ihrer Marine und später auch den Streitkräften der Heimatverteidigung den Vorrang geben, nimmt die Entwicklung und der Aufbau des Bomber Commands bis kurz vor Kriegsbeginn nur einen langsamen Verlauf.
Zu Ausbruch der Kampfhandlungen 1939 besteht das Bomber Command aus fünf operativen Gruppen und einer Schuleinheit. Das Flugzeugmaterial setzt sich vorwiegend aus den Typen Fairey Battle, Bristol Blenheim, Armstrong Whitley, Handley Page Hampden und Vickers Wellington zusammen. Die 1. Gruppe erhält den Verlegungsbefehl nach Frankreich und bildet somit einen Teil des britischen Expeditionskorps auf dem Festland. Die Gruppe muß im Verlauf des Westfeldzuges große Verluste einstecken.
Die ersten Einsätze des Bomber Commands beschränken sich im wesentlichen auf den Abwurf von Flugblättern, auf Patrouillenflüge am Kanal sowie Angriffe gegen Schiffseinheiten der deutschen Kriegsmarine in den Gewässern der Nordsee.
Hewitts Nachfolger ist Air Marshal Portal, der im April 1940 zum neuen Befehlshaber des Bomber Commands ernannt wird.

1943

Wer wird den Weltkrieg verlieren?

ENGLAND das nicht einmal 1940, im Zustande seiner äussersten Schwäche, niedergerungen werden konnte?
das seitdem seine Kriegsproduktion versiebenfacht hat?
dessen Flotte nach vier Jahren U-Bootkrieg mehr Schiffe hat als 1939?
dessen Luftwaffe im Fronteinsatz die deutsche um ein Drittel überflügelt hat?
dessen Armee aus der Armee von Dünkirchen zur Armee von Tunis, Sizilien und Italien geworden ist?

RUSSLAND das über die Arbeitskraft von 170 Millionen verfügt?
das den Reichtum des Donetzbeckens für seine stetig wachsende Kriegsproduktion zurückgewonnen hat?
das jedes Jahr 2 Millionen neue Rekruten in seine Armee einstellen kann?
dessen „vernichtete" Armeen in 7 Tagen die deutsche Sommeroffensive gebrochen, und die deutschen Truppen um Hunderte von Kilometern zurückgetrieben haben?

AMERIKA das über die Arbeitskraft von 130 Millionen und die modernste technische Ausrüstung verfügt?
das heute schon an die 8 000 Flugzeuge im Monat produziert, fast das Dreifache der deutschen Erzeugung?
dessen Produktion „bombensicher" ist?
das in einem Jahr trotz der U-Boote bereits über 2 Millionen Soldaten mit voller Ausrüstung übersee geschickt hat?

ODER

DEUTSCHLAND das sich vier Jahre lang verblutet hat, ohne eine Entscheidung zu erzwingen,
das heute Facharbeiter an die Front schicken und Ausländer an die Maschinen stellen muss,
das seine Industrien nicht mehr gegen Luftangriffe verteidigen kann, und das mit schwindenden Kräften immer mehr Fronten halten soll?

DAS BLATT HAT SICH GEWENDET!

Dieses im Frühjahr 1943 aufgefundene Flugblatt wollte bezwecken, daß sich die deutsche Bevölkerung einmal über den weiteren Verlauf des Kriegsgeschehens Gedanken machen sollte. Schwere Strafen hatten diejenigen zu erwarten, die solche Flugblätter sammelten oder weitergaben. Das gleiche galt natürlich auch für die Vielzahl der von der RAF abgeworfenen Lebensmittelkarten, Bezugsscheine und anderen Falsifikaten, die der deutschen Wirtschaft Schäden zufügen konnten.

Im Oktober desselben Jahres jedoch übernimmt Portal die Führung über die gesamte RAF und gibt seinen Posten als Oberkommandierender des Bomber Commands an Air Marshal Peirse ab. Inzwischen läßt eine ständig wachsende Erweiterung auch die Kampfkraft des Commands immer mehr ansteigen. Viermotorige Langstreckenbomber gehen in Serienproduktion und werden den fliegerischen Verbänden nach knapp einem Jahr in größeren Mengen zur Verfügung stehen.

Als am 22. Februar 1942 Air Marshal Arthur Harris die Führung der Kampfverbände übernimmt, setzt er sich äußerst energisch für den weiteren raschen Aufbau des Bomber Commands ein. Unter seiner Leitung formt es sich neben dem Fighter- und Coastal Command zur stärksten Waffe der RAF in Europa.

Die ersten Pfadfindereinheiten werden im August 1942 aufgestellt, doch geeignete Navigationsgeräte gelangen nicht vor Ende des Jahres zum Einsatz. Inzwischen führt Harris den ersten »1000-Bomber-Angriff« durch. Das Bomber Command ist also in der Lage, nun im großen Umfang zuzuschlagen. Ab Frühjahr 1943 stehen auch die viermotorigen Lancaster und Halifax in größeren Stückzahlen zur Verfügung. Mit diesen Langstreckenbombern rüstet jetzt das Bomber Command etliche seiner Gruppen aus.

Die auf der Casablanca-Konferenz im Jahre 1943 aufgestellte Direktive enthält sowohl für die im Sommer 1942 in England eingetroffenen amerikanischen als auch für die britischen Luftstreitkräfte in Europa genaue Weisungen für die weitere Durchführung der offensiven Lufttätigkeit. Für das Bomber Command bedeutet dies eine auffallende Einsatzaktivität gegen das Reich. Sie dauert etwas über ein Jahr an und verzeichnet während dieser Zeit drei Höhepunkte. Zunächst leitet die RAF die »Schlacht um die Ruhr« ein, die etwa bis Anfang Juli 1943 andauert. Zu diesen Unternehmen, bei denen das Funkmeßgerät »Oboe« eine entscheidende Rolle spielt, zählen auch die bekannt gewordenen Angriffe auf die deutschen Talsperren.

Zweiter Höhepunkt bedeuten die im Juli 1943 erfolgenden Massenangriffe auf Hamburg mit ihren verheerenden Auswirkungen. Ab November beginnt dann die »Schlacht um Berlin«. Sie wird im März 1944 von Harris mehr oder weniger ergebnislos abgebrochen, da die Verluste an viermotorigen Bombern einen zu hohen Grad erreichen.

Während der Zeit der »Schlacht um Berlin« kommen auch die Mosquito-Schnellbomber wirkungsvoll zum Einsatz. Diese Maschinen gewinnen von da ab bis Kriegsende durch ihre pausenlosen Störangriffe über dem ganzen Reichsgebiet immer mehr an Bedeutung und werden zur regelrechten Plage.

Als nun im Verlauf des Jahres 1943 auch die Bomberströme der Amerikaner unter General Eaker und später unter General Doolittle in steigendem Maße in das Luftkriegsgeschehen über Deutschland eingreifen, entwickelt sich daraus die »Kombinierte Bomberoffensive«. Während das Bomber Command der Briten zur Nachtzeit angreift, schlägt die 8. Luftflotte der Amerikaner bei Tage zu.

Im Frühjahr 1944 besitzt das Bomber Command rund 1400 einsatzbereite Maschinen, davon die Mehrzahl viermotorige. Nach der »Schlacht um Berlin« treffen alle alliierten Luftflotten in England die Vorbereitungen zur kommenden Invasion des europäischen Festlandes. Sie dienen in erster Linie der Unterstützung der Landungsstreitkräfte.

Nach erfolgter Landung in Frankreich und den ersten Vorstößen in das Hinterland nimmt das Bomber Command seine Angriffe gegen Deutschland Ende des Sommers 1944 in voller Stärke wieder auf. Wichtigste Ziele, neben den Flächenbombardements auf die Städte, sind Hydrierwerke und Transporteinrichtungen.

Gegen Ende des Krieges unternehmen Verbände des Bomber Commands nun auch etliche Tagesangriffe. Hierbei treten besonders die Einsätze gegen die Viadukte von Bielefeld und Arnsberg sowie die Großangriffe auf Essen und Dortmund im März 1945 in Erscheinung.

Während des ganzen Krieges fliegt das britische Bomber Command rund 392 000 Einsätze und muß einen gewaltig hohen Preis für seine Operationen bezahlen. 47 000 Flieger fallen über Deutschland, das sind fast 67 Prozent der gesamten RAF-Verluste.

Befehlshaber des Bomber Commands bis 1945

Air Marshal Hewitt	ab September	1937
Air Marshal Portal	ab April	1940
Air Marshal Peirse	ab Oktober	1940
Air Marshal Harris	ab Februar	1942

Das Bomber Command Anfang 1942

Gruppe	Anzahl der Staffeln	Flugzeugtypen
1	10	Wellington
2	9	Blenheim, Boston
3	14	Wellington, Stirling
4	12	Whitley, Halifax, Wellington
5	12	Hampden, Manchester

Das Bomber Command Frühjahr 1945

Gruppe	Anzahl der Staffeln	Flugzeugtypen
1	14	Lancaster
3	11	Lancaster
4	11	Halifax
5	18	Lancaster, Mosquito
6	14	Lancaster, Halifax
8	19	Lancaster, Mosquito

DIE »SCHLACHT UM BERLIN«

STUNDE DER NACHTJÄGER

Nach dem Untergang Hamburgs lassen alle Anzeichen darauf schließen, daß die RAF ihre Bomberoffensive mit ähnlicher Wucht gegen Ende des Sommers fortsetzen wird. Das Hauptziel des Bomber Commands wird Berlin sein. Und tatsächlich: Air Marshal Harris wartet genau einen Monat, bis er seinen bisher größten Angriff gegen die Hauptstadt durchführt.

Da die Deutschen mit einer steigenden Einsatztätigkeit der RAF gegen Berlin rechnen, erhalten die um die Stadt aufgestellten Einheiten der Reichsverteidigung nochmals Verstärkung durch die IV. Gruppe des NJG 5. Diese Gruppe belegt im August den Platz Brandis bei Leipzig. Etwa zwei Monate zuvor entstand durch Initiative des Majors Hajo Herrmann die einmotorige Nachtjagd, zu der zunächst auch das JG 300 zählte, dessen Stab ebenfalls im August nach Döberitz verlegt.

Mitte des Monats erscheinen etwa zwanzig Mosquito über Berlin und werfen ganze Bündel von Leuchtbomben. Ein Großangriff auf die Hauptstadt scheint bevorzustehen. Doch in jener Nacht zum 18. August 1943 gelingt es den Engländern, durch ein grandioses Täuschungsmanöver die deutsche Nachtabwehr von dem eigentlichen Angriffsziel des Bomber Commands vollkommen abzulenken. Nicht Berlin, sondern dem V-Waffenversuchsgelände in Peenemünde gilt der Einsatz. Als die wenigen Mosquito die Reichshauptstadt mit ihren Markierungen abstecken, treffen die ersten Wellen des etwa 600 Maschinen starken britischen Kampfverbandes über General Dornbergers Heeresversuchsstation an der Ostsee ein. Jetzt erst erkennen die Deutschen die Täuschung. Alle über Berlin kurvenden Maschinen der Luftwaffe nehmen nun Kurs auf Peenemünde.

Dann zieht die Nacht des 23. August 1943 herauf. Dieses Datum steht für den Auftakt der Leidenszeit Berlins. Nach längerer Pause

wendet sich Harris nun der deutschen Hauptstadt zu, und die nächsten Angriffe werden hauptsächlich der Vorbereitung für die kommende »Schlacht um Berlin« dienen. Sie sollen außerdem sowohl Aufschluß über die deutschen Abwehrreaktionen als auch über die mögliche Anwendbarkeit eigener Einsatztaktiken geben.
Luftmarschall Harris läßt für drei Großangriffe, die innerhalb von zehn Tagen durchgeführt werden, 1647 Kampfflugzeuge bereitstellen. Berlin wird sich auf den Abwurf von über 4000 Tonnen Bomben gefaßt machen müssen. Wie gut ist aber die deutsche Luftabwehr auf solche gegnerischen Operationen vorbereitet?
Gleich der erste dieser Angriffe bringt der RAF die Erkenntnis, daß die sich ankündigende Bomberoffensive für die Deutschen nicht überraschend kommt. Andererseits aber können die Engländer ihren bisher verheerendsten Schlag gegen Berlin durchführen. Noch einen Tag darauf werden in der Stadt starke Brände zu beobachten sein.
Die Gefechtsstände der Jagddivisionen erkennen die Anflugrichtung der Briten diesmal ziemlich früh, und so ist es möglich, schon ungefähr eine Stunde vor dem Angriff das Ziel der RAF bereits zu kennen. Als die Spitzenformationen der englischen Bomber über der Ostsee gemeldet werden, steigen von überall die deutschen Nachtjäger auf. Sammelpunkt der gegnerischen Pulks ist der Müritzsee nordwestlich von Berlin in Mecklenburg.
Die im holländisch-deutschen Grenzgebiet liegenden Gruppen des NJG 1 starten den eingeflogenen Kampfverbänden entgegen. Sie fliegen heute freie Jagd. Unter ihnen befindet sich auch Oblt. Schnaufer, das kommende As der deutschen Nachtjagd. Sein damaliger Bordfunker, Fw. Handke, schildert in seinem Tagebuch diesen Einsatz:

»Am 23. waren wir zum Einsatz gestartet. Durch Funk wurde Berlin als Angriffsziel durchgegeben. Wir suchten erst eine Stunde lang östlich der Zuidersee und nördlich des Ruhrgebietes und hatten schon drei leichte Jäger (Me 109 oder FW 190) in großer Höhe herumwetzen gesehen. Sie flogen mit Hecklicht. Plötzlich sahen wir in 6000 Meter um 0.03 Uhr links oben vier Auspuffflämmchen, die zu einem Viermotorigen gehörten. Schnaufer schoß von hinten ganz kurz in die linke Fläche und drückte sofort ganz steil wieder weg. Die Fläche brannte zunächst nur ganz schwach,

bis nach zwei Minuten eine lange Benzinfahne herausschlug. Kurz darauf sahen wir drei Fallschirmabsprünge. Auf einmal legte sich die Maschine auf den Rücken, bäumte sich dann auf und trudelte brennend durch eine 2000 Meter hohe Wolkenschicht ab, bis uns um 0.09 Uhr ein greller Blitz den Aufschlag erkennen ließ. Der Angriff war gut gewesen, denn die Viermotorige schoß nicht, hatte uns also auch gar nicht gesehen. Wir flogen dann weiter nach Berlin, wo gerade die Bombenwürfe begannen. Aber soviel wir auch vor den Scheinwerfern herumkurvten, konnten wir keinen Tommy entdecken. Nach drei Stunden Flugzeit mit Zusatzbehältern unter den Flächen landeten wir in Neuruppin. Nach und nach landeten dort noch 25 Maschinen, die sich von ganz Deutschland über Berlin gesammelt hatten.«

Das NJG 5 ist eine der ersten Einheiten, die im Raum Berlin Feindberührung hat. Noch während die Briten über dem Müritzsee kreisen und auf das Angriffssignal warten, schießen die Nachtjäger schon einige Bomber ab.

Hauptmann Meurer von der II. Gruppe hat plötzlich eine Halifax vor sich. Meurer drückt seine Maschine etwas und drosselt die Motoren, damit er seine Geschwindigkeit der des Bombers angleichen kann. Dann ruft sein Bordfunker, der den Gegner in seinem »Lichtenstein« hat, erregt: »Los, jetzt!«

Doch Meurer wartet noch. Er will den Engländer ganz sicher haben. Als er dann nicht mehr fehlen kann, drückt er auf die Waffenknöpfe. »Jetzt!«

Mit der Halifax, die wenig später nun brennend in die Tiefe geht, vernichtet Hauptmann Meurer seinen 51. Gegner. Später, über Berlin, erringt er durch den Abschuß einer Lancaster seinen 52. Nachtluftsieg.

Um 23.29 Uhr gibt die Reichshauptstadt Fliegeralarm. Danach bleibt es zunächst ruhig. Punkt 24 Uhr kommt vom englischen Masterbomber das Angriffssignal. Die Kampfflugzeuge verlassen den Müritzsee. Welle auf Welle schiebt sich der gewaltige Bomberstrom der Millionenstadt entgegen. In den Rümpfen der Viermotorigen über 1700 Tonnen Bomben.

Eine halbe Stunde später setzt das Feuer der Berliner Flakbatterien ein. Die Geschützbedienungen haben Anweisung, wegen dem Nachtjägereinsatz nur bis in eine Höhe von 5000 Metern zu schießen.

Der Himmel über der Stadt wird von unzähligen Scheinwerfern erhellt. Das erleichtert die Arbeit der Nachtjäger. Die Benutzung des Suchgerätes erübrigt sich fast, denn die Schatten der Bomber heben sich gut erkennbar ab.
Auch das JG 300 ist zur Stelle. Von allen Seiten nähern sich die deutschen Jäger. Als die gegnerischen Leuchtmarkierungen auf Berlin niederfallen, beginnt zusammen mit dem englischen Angriff auch eine der heftigsten Nachtluftschlachten über Deutschland.
Die Bezirke des Südwesten und Westen der Stadt werden vom Angriff zuerst betroffen. Nachtjäger setzen hier über abgelegenere Gebiete Scheinmarkierungen, um die Engländer zu verleiten, so einen Großteil ihrer Bomben auf weniger gefährdetes Territorium abzuwerfen. Doch die britischen Piloten erkennen diese Täuschung recht schnell; ihre eigenen Markierungen sehen anders aus. Aber jetzt revanchieren sich die Briten dafür mit einer Vielzahl von Blitzbomben, die pausenlos am Himmel krepieren und die Nachtjägerpiloten blenden.
Der Heckschütze einer Halifax feuert mit seinen MGs auf einen herannahenden Schatten. Das ist die Maschine von Oberleutnant Johnen, der den englischen Bomber nach mehreren Feuerstößen vernichtet. Johnen fliegt nach Sicht, sein SN-»Lichtenstein«-Gerät ist schon über dem Müritzsee ausgefallen. Trotzdem beschließt er, weiterzufliegen. Es ist jetzt kurz nach 1 Uhr. Wenig später hat Johnen die kastenförmige Silhouette eines anderen Bombers vor sich, eine Stirling, die nur Minuten darauf das Schicksal des ersten Kampfflugzeuges teilen muß.
Messerschmitt des NJG 4 jagen aus dem sächsischen Raum heran. Rötlicher Feuerschein über Berlin weist den Flugzeugführern den Weg. Kaum ist die Stadt erreicht, stößt die I. Gruppe des Majors Herget auf einen Pulk Halifax. Aber auch die Engländer erkennen die herannahenden Jäger rechtzeitig. Und bald darauf entwickeln sich am nächtlichen Himmel harte Duelle.
Eine Halifax explodiert über dem südlichen Stadtrand. Der erfolgreiche Schütze ist Oberleutnant Altendorf von der 2. Staffel. Eine andere Halifax wird von Oberfeldwebel Kollak zu Boden geschickt. Kollak gehört zu der gleichfalls über der Reichshauptstadt eingetroffenen III./NJG 4.
Der Himmel ist mit Pulverdampf angefüllt. Glimmspurgeschosse kreuzen sich. Oft genug werden auch die Nachtjäger von den Gar-

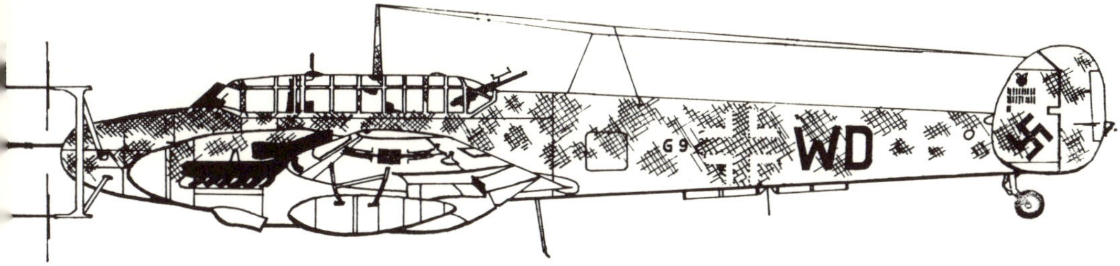

Bf-110 G-4c III./NJG 1

3 m

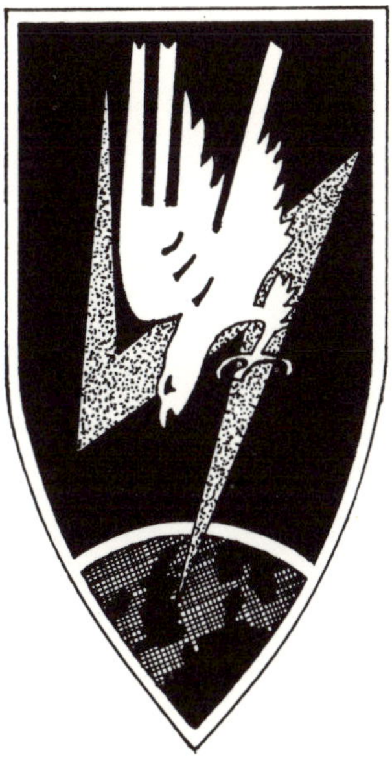

Zeichen der Nachtjagdgeschwader

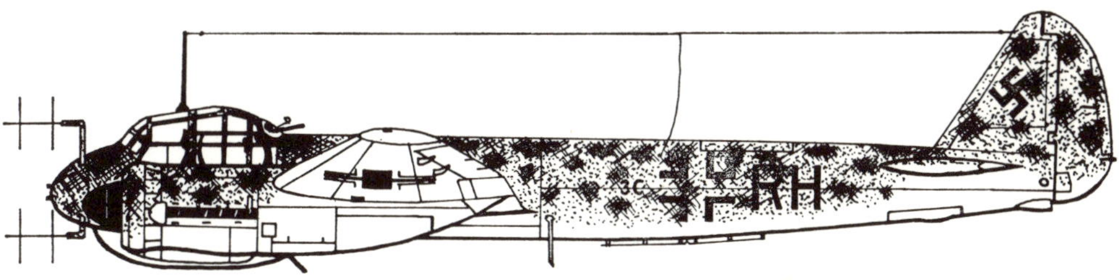

3 m

Ju-88 C-6b I./NJG 4

ben der englischen Schützen getroffen. Da schießt eine der deutschen Maschinen Erkennungssignale für die Flak, denn der Pilot muß tiefer gehen. Scheinwerfer haben eine Lancaster erfaßt, und ihre Strahlenbündel lassen den Engländer nicht mehr frei. Es dauert nicht lange, dann setzt sich eine der Messerschmitt hinter den Bomber und bringt die wild kurvende Maschine zum Absturz. Von unten flackern helle Brände herauf. Es ist eine gespenstische Szenerie. Glitzernde Streifen regnen zur Erde nieder. Wie über Hamburg, werfen auch hier die Engländer jene Metallfolien zur Ausschaltung der deutschen Radargeräte ab.

Die Flakstellung auf den Sportplätzen an der Steffenstraße in Hohenschönhausen ist an einem Abschuß beteiligt. Die getroffene Lancaster geht weiter südlich in der Lichtenberger Laubenkolonie »Weiße Taube« nieder und schlägt brennend auf.

In der Stadt breiten sich immer mehr Brände aus. Die ganze Zoo-Gegend steht in Flammen. Mehrere Volltreffer verwüsten Wohnblocks in der Hardenbergstraße. In östlicher Richtung entlang der Spree fallen die Bomben bis zum Potsdamer Platz, schlagen vom Zoo bis zum Potsdamer Bahnhof eine regelrechte Schneise, die sich schnell in einen glosenden Streifen verwandelt.

Lange, grelle, knatternde Flammen höhlen das einst so beliebte Haus Vaterland aus. Auch über dem Potsdamer Fernbahnhof steht der rote Hahn, und bald sinken die Mauern des mächtigen, langgestreckten Gebäudes langsam in sich zusammen. In der Stresemannstraße bilden sich durch Treffer in den unterirdischen Leitungen riesige Wasserlachen. Ein Stück weiter, in der Bernburger Straße, brennt die Philharmonie.

Lichterfelde-Ost und Lankwitz sind diejenigen Stadtteile, die durch die späteren Luftangriffe immer wieder zu leiden haben. Die Nacht zum 24. August ist erst der Anfang einer systematischen Auslöschung dieser Bezirke. Hauptsächlich für die Einwohner von Lankwitz bedeutet der jetzige Angriff die wahre Hölle. Um den Kranoldplatz herum türmen sich die Trümmerhaufen. Die Jägerstraße, Oberhofer- und Langestraße sind nicht mehr wiederzuerkennen.

Bombenfächer gehen in Steglitz und Friedenau nieder. Überall unterstützen Pioniere der Wehrmacht die Löschmannschaften, aber jedes Rettungsunternehmen wird durch den immer noch anhaltenden Luftangriff erschwert. Ununterbrochen schlagen die Bomben

ein, zwingen die Männer in Deckung zu gehen, lassen neue Brandherde entstehen.
Das gleiche verheerende Bild bietet sich im Bezirk Mitte. Zwischen Wilhelmstraße und Friedrichstraße steht kein ganzes Haus mehr. Schwarze Rauchschwaden hüllen die Dreifaltigkeitskirche an der Mauerstraße ein. Sie geben nur den Blick auf den unteren Teil des Gotteshauses frei und lassen dort das Wüten der Flammen erkennen. Ein weiteres historisches Baudenkmal Berlins verglüht im Feuersturm.
In Tempelhof, Marienfelde und Siemensstadt zeigt sich gleichfalls die Wirkung des Bombardements, wenn auch nicht in dem Außmaße wie in anderen Stadtteilen. Auf vielen Straßen der Stadt herrschen chaotische Zustände. Tausende von ausgebombten Berlinern stehen vor ihrem geretteten Hausrat. Oft ist es nur wenig, was sie den Flammen entreißen können.
Die Bevölkerung der Hauptstadt merkt kaum, daß endlich nach rund drei Stunden die Entwarnung einsetzt. Jetzt erst ist es möglich, von keinen weiteren Bombenwürfen gefährdet, gegen die unzähligen Brandherde umfangreichere und intensivere Maßnahmen zu ergreifen. Doch es ist schier unmöglich, überall in der Stadt gleichzeitig gegen die Feuersbrunst vorzugehen.
Für die Obdachlosen dieser Nacht versucht man, so schnell wie möglich Unterkunft- und Verpflegungsstellen einzurichten. An vielen Straßenecken stehen dampfende Gulaschkanonen der Wehrmacht. Tragische Szenen spielen sich unter den Ausgebombten ab. Viele suchen ihre Angehörigen, sie selbst wissen nicht wohin. Es zeigen sich zum erstenmal Anzeichen einer Panik in Berlin.
In allen Stadtteilen werden die Opfer des Luftangriffes in Markthallen, Ausstellungsräumen und Schulsälen aufgereiht, um sie identifizieren zu können. Nur zu oft ist dies so gut wie nie mehr möglich. Etwa 250 Berliner finden in dieser grauenvollen Nacht zum 24. August den Tod. Die Zahl der Verletzten beläuft sich auf rund 2000, während etwa 35 000 Menschen ausgebombt werden. Diese nüchterne, aber aufschlußreiche Zahlenangabe läßt längst nicht erkennen, durch welche Hölle Berlin in jenen Nachtstunden gehen mußte.
Für die Engländer jedoch bedeutet der Augusteinsatz keineswegs einen Triumph. Harris muß nach seinem ersten »Versuchsangriff« gegen Berlin eine Bilanz ziehen, die alles andere als zufrieden-

stellend ausfällt. Von 727 in England gestarteten Kampfmaschinen bombardierten 625 die Hauptstadt. Von diesen gehen in der Nacht zum 24. August 9,1 Prozent verloren. Das Bomber Command registriert 79 Angriffe deutscher Jäger. Werden deutscherseits 60 Abschüsse in dieser Nacht gemeldet, so betragen die tatsächlichen britischen Verluste 57 bis 59 Bomber, je nach Quelle.

eingesetzte Flugzeuge	Verluste	
335 Lancaster	19	= 5,7 %
251 Halifax	22	= 8,8 %
124 Stirling	16	= 12,9 %
17 Mosquito	—	

Hinzu kommen noch vier Totalverluste, welche die RAF durch Kollisionen sowie durch Abstürze bei Start und Landung erleidet. Weitere zehn Viermotorige gelten als schwer beschädigt.

Zwei Tage später, am 26. August, schreibt die schwedische Zeitung »Stockholm Tidningen« unter anderem: »Rund 400 Mann Besatzung und 58 Bomber in einem Wert von 29 Millionen Dollar waren der Preis für den Angriff. Da die Flugwaffensachverständigen glauben, daß Berlin mit 35 solcher Angriffe in einen Trümmerhaufen wie Hamburg verwandelt werden kann, würde die totale Vernichtung der Berliner Industrien 14 000 Mann Besatzung und 2030 Maschinen in einem Wert von 1015 Millionen Dollar kosten.«

In den Vormittagstunden des dem Vernichtungsangriff folgenden Tages betritt eine Frau das Polizeirevier von Teltow im Süden Berlins. Die Beamten machen erstaunte Gesichter, als sie sehen, was ihnen die Frau auf den Tisch legt. Zwei Bogen Reise-Fleischmarken. »Hab' ick jefunden«, sagt sie, »die lagen auf der Ruhlsdorfer Chaussee. Vielleicht hat sie jemand verloren und meldet sich bei Ihnen.«

Der diensttuende Wachtmeister nimmt die Fleischmarken auf und geht zum Fenster, um sie sich genauer anzusehen. Dann nickt er, als ob er irgend etwas bestätigt finden würde. »Es ist möglich, daß noch weitere Marken auftauchen werden«, wendet er sich an die Frau. »Es handelt sich hierbei nämlich um nachgemachte Marken. Vom Feind abgeworfen. Bitte geben Sie alle solche Druckwerte,

Vor solchen Bränden sind die Berliner Feuerwehren machtlos. Einstürzendes Gebälk fällt prasselnd auf die Straße, während die lodernden Flammen gierig um sich greifen und die Nachbarhäuser ebenfalls niederbrennen.

Während dunkle Brandwolken in den Himmel steigen, zündet gerade eine Serie von Brandbomben in einer Straße irgendwo in Berlin.

Kapitän Daillières (zweiter von links) mit seiner Besatzung vor der Farman 2234 »Jules Verne«, welche in der Nacht zum 8. Juni 1940 die ersten Bomben auf Berlin abwirft.

Eine De Havilland Mosquito. Diese wendigen und sehr hoch fliegenden Maschinen führen ab 1943 praktisch Nacht für Nacht Störeinsätze und kleinere Angriffe über Deutschland aus. Die deutsche Abwehr ist gegen die schnellen Kampfflugzeuge der RAF so gut wie machtlos.

die Sie finden, bei uns ab. Und sagen Sie es auch Ihren Nachbarn!«

Dieser Fall ist nicht der einzige, denn immer häufiger kommt es jetzt vor, daß nach den Luftangriffen solche Lebensmittelmarken, täuschend ähnlich kopiert übrigens, aufgefunden werden. Wenn die Engländer derartige Karten über Deutschland abwerfen, so nicht, um den Finder durch zusätzliche Rationen zu erfreuen, sondern um die deutsche Ernährungswirtschaft zu stören. Deshalb wird die Verwendung gefälschter Lebensmittelmarken gemäß entsprechender Aufrufe und Erlasse grundsätzlich unter schwere Strafe gestellt.

Es ist bereits nach 22.00 Uhr, als am 24. August das Geheul der Sirenen die Berliner erneut in Angst und Schrecken versetzt. Doch es sind nur sieben Mosquito, die einen Störeinsatz fliegen. Ein paar Bomben fallen, richten aber kaum Schaden an. Immerhin erreichen aber die Briten, daß durch derartige und sich einem Großangriff anschließende Störmanöver die Nerven der Bevölkerung bis zum äußersten strapaziert werden.

Die Betreuung der Obdachlosen geht in den einzelnen Bezirken teilweise nur stockend voran. Die bedauernswerten Menschen kampieren jetzt noch auf den Straßen. Mehrere Großbrände der vergangenen Nacht sind noch immer nicht erloschen. Überall trifft man auf Schilder und Tafeln, die vor Blindgängern warnen. In sämtlichen vom Angriff betroffenen Teilen der Stadt werden Aufräumungsarbeiten geleistet. Hier schleppt ein Lastzug die Reste eines ausgebrannten Omnibusses durch die Straßen, dort reißen Räumkommandos noch qualmende Mauerfragmente ein, die den Verkehr wegen Einsturzgefahr behindern könnten. Ganze Straßenzüge müssen von herabgefallenen Leitungen, Glas, Trümmerstücken und verschmorten Teilen geräumt werden.

Jetzt und auch nach den weiteren Angriffen richten Presse und Rundfunk erneute und eindringlichere Aufrufe an die Berliner Bevölkerung, die Stadt zu verlassen.

Vierundzwanzig Stunden später kommen nochmals fünf Mosquito nach Berlin. Dann folgt in der Nacht vom 31. August zum 1. September der zweite britische Großangriff. Dieser Einsatz ist mit dem ersten Vernichtungsschlag bei weitem nicht zu vergleichen. Er stellt sich nach britischen Aussagen als ein vollkommenes Fehlunternehmen heraus. Schon vor dem eigentlichen Angriff büßen die Engländer eine Anzahl ihrer Maschinen ein, denn auf dem Anflugweg stellt sich ihnen das NJG 1 entgegen. Das Geschwader erzielt in dieser Nacht mehrere Abschüsse, wobei allein Leutnant Grimm von der IV. Gruppe drei viermotorige Bomber vernichten kann.

Je zwei Abschüsse melden der Kommodore des NJG 3, Major Lent, und Major Herget, der die I. Gruppe des NJG 4 führt. Über dem Raum Berlin ist dann auch das NJG 5 wieder am Gegner. Hauptmann Meurer, der schon während des vorangegangenen Augusteinsatzes der Briten erfolgreich war, holt heute nacht eine Stirling brennend vom Himmel. Eine Halifax geht auf das Konto von Leutnant Strüning.

Die Markierungen der englischen Pfadfinder liegen sehr ungenau. Der größte Teil der rund 1300 Tonnen Bomben, welche die nachfolgenden 512 Kampfflugzeuge abwerfen, geht mehr als 15 Kilometer vor der Stadt nieder. Die ersten Einheiten der Engländer haben so gut wie keine Berührung mit den Nachtjägern über Berlin, und erst mit den folgenden Angriffswellen treffen auch die Deutschen über der Hauptstadt ein, wo sie dann die Bomber in anhaltende Luftkämpfe verwickeln. Die Attacken der deutschen Piloten erscheinen heute noch intensiver durchgeführt als in der Nacht zum 24. August.

Verzweifelt wehren sich die Viermotorigen, versuchen, ihre Verfolger abzuschütteln. Sie machen rasche und daher ungenaue Zielanflüge, um so schnell wie möglich die Stadt hinter sich lassen zu können. Dadurch steigt die Gefahr eines Zusammenstoßes mit Nachbarmaschinen, doch die Engländer nehmen das in Kauf. Wichtiger ist ihnen die möglichst kurze Verweilzeit über Berlin.

Flak und Nachtjäger schießen 47 gegnerische Kampfflugzeuge ab und beschädigen eine Anzahl weiterer Maschinen. Wieder gehen 9,1 Prozent der angreifenden Formationen verloren.

Für eine der eingesetzten Pfadfindermaschinen findet das Unternehmen schon auf dem Anflug über Holland ein Ende. Es ist dies die Halifax »J for Jenny« des Flight Officers Surtees. Kurz vor Zwolle, um 20.15 Uhr, erhält die Maschine noch über der Zuidersee mehrere tödliche Treffer durch einen deutschen Nachtjäger. Drei Mann der Besatzung, darunter auch Surtees, gelingt der Absprung aus der brennenden Halifax, die dann kurz darauf in der See verschwindet. Während Surtees und sein Bombenschütze in deutsche Gefangenschaft geraten und den Rest des Krieges im STALAG Luft 23 in Oberursel bei Frankfurt am Main verbringen, kann sich das dritte Besatzungsmitglied mit der Hilfe holländischer, belgischer und französischer Widerstandskämpfer nach Gibraltar durchschlagen, um von dort aus nach England zurückzukehren. Als die Holländer nach dem Kriege in dem großen Polder Oostflevoland die See trockenlegen, stößt man auf die Überreste etlicher Flugzeuge, darunter auch auf die Halifax von Surtees. Verbindungen mit der RAF werden hergestellt, und so treffen sich etwa zwanzig Jahre nach dem Absturz die drei überlebenden englischen Flieger in Holland wieder, um gemeinsam die Bergung ihres Bombers mitzuerleben.

Obwohl das Bomber Command drei Tage später, in der Nacht zum 4. September, die Reichshauptstadt mit nur 295 Maschinen angreift, steht dieser Einsatz in bezug auf seine Auswirkung dem ersten Unternehmen im August in nichts nach. Diesmal richtet sich der Angriff vorwiegend gegen den Osten der Stadt, wo große Schäden entstehen. Abgesteckte Gebiete sind der Zentralviehhof und Umgebung, der ganze Friedrichshain, Frankfurter- und Landsberger Allee. Hier wüten die Luftminen besonders schlimm.

Die Flakaktivität ist stärker als gewohnt. Dafür operieren die Nachtjäger nicht mehr so effektvoll wie in den beiden Angriffsnächten zuvor. Sie treten erst wieder wirkungsvoller in Erscheinung, als sich die Briten bereits auf dem Rückflug befinden.

Mosquito, die den Bombern weit vorausfliegen, werfen Lockmarkierungen ab, um die Nachtjäger von dem eigentlichen Zielgebiet abzulenken. Aber die Deutschen lassen sich dadurch ebensowenig täuschen wie die britischen Flieger, die während vorangegangener Einsätze durch falsche Markierungen der Nachtjäger irregeführt werden sollten.

Der Lehrter Bahnhof wird schwer getroffen. Über Charlottenburg, Siemensstadt und Wilmersdorf stehen weitere bunte Leuchtmarkierungen am Himmel. Zahlreiche Brände entstehen am Hohenzollerndamm und am Fehrbelliner Platz. Im Süden gehen die Bomben in Mariendorf nieder. Die Berliner können sich kaum vorstellen, noch schlimmere Luftangriffe zu erleben, doch die eigentliche »Schlacht um Berlin«, von den späteren großen Tagesangriffen der Amerikaner im Jahr 1945 ganz zu schweigen, hat ja noch gar nicht begonnen.

Nach dem Angriff in der Nacht zum 4. September fliegen die Engländer über Schweden zurück, was als eine grobe Verletzung neutralen Gebietes angesehen wird. Man nimmt an, daß diese Rückflugroute, die ja unweigerlich zu Komplikationen führen mußte, von der RAF als die beste Möglichkeit gewählt wurde, um den ständig an den Bomberströmen klebenden Nachtjägern zu entkommen und so die Verlustquote niedriger zu halten. Trotzdem kehren 22 Maschinen, alles Lancaster, nicht nach England zurück.
Im ganzen gesehen, müßten die drei »Vorbereitungsangriffe« den Engländern vor Augen geführt haben, daß ihre weiteren Operationen zur Bomberoffensive gegen Berlin kein Kinderspiel sein werden. Harris scheint dies zu wissen, denn erst am 18. November 1943 entschließt er sich, den Befehl zum Beginn seiner Schlacht zu geben. Hierbei ist natürlich nicht zu vergessen, daß der britische Luftmarschall auch auf längere Nächte wartet, die sein Vorhaben begünstigen sollen.
Im Augenblick steht jedenfalls fest, daß die britischen Verluste höher liegen als man erwartet hat, obwohl man die Gegenwehr der Deutschen als weitgehend ausgeschaltet wähnt. Die drei Angriffe kosten die Briten 126 viermotorige Bomber, das sind 8,8 Prozent der zum Abwurf gelangten Maschinen. Ferner sind 114 weitere beschädigt, mehrere davon für kommende Einsätze nicht mehr brauchbar.
Bevor das Bomber Command im November Berlin zum Hauptziel erklärt, führen seine Kampfflugzeuge in der Zwischenzeit Angriffe auf nähergelegene Städte durch. Im September sind dies Mannheim und Hannover, während Kassel und Düsseldorf im Oktober durch Schwerstangriffe dem Untergang geweiht werden.
Nach den August- und Septemberunternehmen der RAF gegen die deutsche Hauptstadt macht Major Hajo Herrmann einen interessanten Vorschlag zur Luftverteidigung Berlins. Seinen Ausführungen nach sollte die Riesenstadt ihre Verdunklung fallen lassen, damit Berlin von unten her hell erleuchtet ist. »Die Nachtjäger könnten so die britischen Bomber noch besser erkennen und bekämpfen«, meint er und weist darauf hin, daß die RAF ihre Angriffe praktisch nur mit Hilfe ihrer H2S-Geräte durchführt, oder die Bombenladungen erfahrungsgemäß planlos abwirft. »Die Aufhebung der Verdunklung wird also kaum Einfluß auf die Auswirkung eines Angriffes haben!«

Herrmanns Vorschlag wird entschieden abgelehnt. Das bleibt unverständlich, denn er wäre vielleicht einmal eines Versuches wert gewesen. Da ein derartiges Projekt nie realisiert wurde, kann man sich leider kein Urteil darüber machen, wie sich in einem solchen Falle ein Luftangriff abgespielt hätte.
Bis zum Beginn der »Schlacht um Berlin« erscheinen in 13 Nächten jeweils wenige Mosquito über Berlin. Im Oktober wird bei einem dieser Angriffe der Sportpalast an der Potsdamer Straße getroffen. Er brennt vollkommen aus. Der Wiederaufbau dieser bekannten und berühmten Stätte, die hauptsächlich durch den Radsport immer wieder Treffpunkt der Berliner war, in der das Berliner Original »Krücke« den Sportpalastwalzer durch seine »Zwei-Finger-Pfeife« populär machte, und in der Goebbels schließlich seine verhängnisvolle Rede hielt, beginnt erst im Jahre 1952. Die Wiederherstellung vollzieht sich in mehreren Etappen und der Bau bleibt zunächst ohne Dach.
Da die Aufzählung der Schäden dem Gegner unter anderem eventuell Unterlagen über Angriffsauswirkungen geben könnte, ist es ab jener Zeit der Presse strikt untersagt, den Bombenkrieg in jeder Form publizistisch zu behandeln. Nur ausgewählte Abbildungen, Texte und dokumentarisches Bildmaterial darf mit Genehmigung des Propagandaministeriums veröffentlicht werden. Und diese Ausnahmen erfahren nach der »Schlacht um Berlin« eine nochmalige und weitergehende Einschränkung.
Noch vor der britischen Bomberoffensive verlegt die im Juli 1943 aufgestellte III. Gruppe des NJG 2 unter der Führung von Hauptmann Ney zur weiteren Verstärkung des Berliner Verteidigungsgürtels nach Neuruppin. Im Januar 1944 wird der bekannte Major Prinz zu Sayn-Wittgenstein Kommodore dieses Nachtjagdgeschwaders.

NACHTJAGDABSCHÜSSE IN DER NACHT 23./24. 8. 1943

Major	Streib	Kommodore NJG 1	1 Viermot.
Hptm.	Frank	I./NJG 1	1 Viermot.
Lt.	Baake	I./NJG 1	1 Viermot.
Oblt.	Finster	I./NJG 1	2 Viermot.
Ofw.	Eikmeier	I./NJG 1	1 Viermot.
Hptm.	Rupprecht	II./NJG 1	1 Viermot.
Oblt.	Husemann	II./NJG 1	1 Viermot.
Lt.	Hager	II./NJG 1	2 Viermot.
Fw.	Bahr	II./NJG 1	1 Viermot.
Ofw.	Schellwat	II./NJG 1	1 Viermot.
Lt.	Witzke	II./NJG 1	1 Viermot.
Hptm.	Jabs	IV./NJG 1	1 Viermot.
Oblt.	Greiner	IV./NJG 1	1 Viermot.
Lt.	Grimm	IV./NJG 1	1 Viermot.
Lt.	Rolland	IV./NJG 1	2 Viermot.
Oblt.	Schnaufer	IV./NJG 1	1 Viermot.
Lt.	Rökker	I./NJG 2	1 Viermot.
Major	Lent	Kommodore NJG 3	2 Viermot.
Oblt.	Ferger	I./NJG 3	1 Viermot.
Fw.	Frank	I./NJG 3	1 Viermot.
Hptm.	Szameitat	II./NJG 3	1 Viermot.
Lt.	Böttinger	II./NJG 3	1 Viermot.
Uffz.	Oberheide	II./NJG 3	1 Viermot.
Oblt.	Rath	II./NJG 3	1 Viermot.
Oblt.	Stege	III./NJG 3	1 Viermot.
Uffz.	Kraatz	III./NJG 3	1 Viermot.
Lt.	Raum	III./NJG 3	2 Viermot.
Oblt.	Müller	IV./NJG 3	1 Viermot.
Major	Herget	I./NJG 4	1 Viermot.
Oblt.	Altendorf	I./NJG 4	1 Viermot.
Ofw.	Kollak	III./NJG 4	1 Viermot.
Uffz.	Busch	I./NJG 5	1 Viermot.
Ofw.	Scholz	I./NJG 5	1 Viermot.

Hptm.	Meurer	II./NJG 5	2 Viermot.
Oblt.	Johnen	II./NJG 5	2 Viermot.
Lt.	Spoden	II./NJG 5	1 Viermot.
Hptm.	Borchers	III./NJG 5	1 Viermot.
Oblt.	F. K. Müller	Stab JG 300	3 Viermot.
Lt.	Hirschfeld	II./JG 300	1 Viermot.

In dieser Zusammenstellung sind 48 Abschüsse erfaßt. Die restlichen abgeschossenen britischen Kampfflugzeuge kommen auf das Konto der Flak und der einmotorigen Nachtjäger des JG 300, die im einzelnen nicht mehr zu ermitteln waren.

DIE BRANDNÄCHTE DES NOVEMBER 1943

Nach den drei Großangriffen im vergangenen Monat August und den sich danach wieder anschließenden Mosquitoeinsätzen im Zuge des allgemeinen strategischen Offensivplanes der Engländer beginnt die eigentliche »Schlacht um Berlin« mit aller Wucht in der Nacht zum 19. November 1943. Ab Anfang des Monats steht dem Air Marshal Harris nun eine ausreichende Bomberstreitmacht für diesen Schlag zur Verfügung. Der Chef des RAF Bomber Commands zögert keinen Augenblick mehr, seine Kampfflugzeuge gegen die Reichshauptstadt einzusetzen.
Die Engländer sind sich von vornherein im klaren, daß diese Luftschlacht sehr verlustreich auslaufen wird. Man glaubt jedoch an die vollkommene Zerstörung Berlins und daß durch diese Angriffe auch die Moral der deutschen Bevölkerung endgültig gebrochen wird. Nachrichten über die erlittenen Niederlagen und das Zurückweichen der Deutschen an allen Fronten, vor allem aber auch die verlorene Schlacht von Stalingrad werden dabei nach Ansicht der Engländer dieses Vorhaben noch erleichtern.
Hohe Verluste werden also von Anfang an von der RAF einkalkuliert. Immerhin bedeutet es das größte und weitesttragende Unternehmen, vor welchem das Bomber Command steht. Für die Angriffe selbst sollen nur mondlose Nächte ausgewählt werden,

denn die RAF hofft, dadurch die Operationen der deutschen Nachtjäger weitgehend einschränken zu können. Hoffnungen, die sich allerdings nicht erfüllen werden.
Um zu versuchen, die Verluste noch niedriger zu halten, werden die Briten wiederum tonnenweise »windows« abwerfen, jene schon bekannten Stanniolstreifen, die während des großen Angriffes gegen Hamburg im Juli das gesamte deutsche Radarsystem nutzlos werden ließen.
Doch hier kommen die Deutschen ihrem Gegner zuvor. Zur Sicherung der Reichshauptstadt steht etwa 50 Kilometer westlich vom Stadtrand ein riesiges Panoramagerät, welches den Luftraum im Umkreis von 300 Kilometern kontrolliert. Das Gerät hat eine direkte Verbindung mit dem Berliner Zoobunker, dem Gefechtsstand der 1. Flakdivision. Nordöstlich von Berlin, in Werneuchen, befindet sich ein zweites Gerät dieser Art. In verhältnismäßig kurzer Zeit gelingt es den deutschen Technikern und Funkmeßspezialisten, ein einfaches Zusatzgerät zu entwickeln, welches die angreifenden Flugzeuge auch durch den dichten Störschleier, den die »windows« auf den Radarschirmen verursachen, hindurch anzuzeigen vermag. Damit scheint die Gefahr gebannt zu sein, die Leitstellen können der Flak und den Nachtjägern nahezu korrekte Anweisungen übermitteln.
Anhand laufender Wetterbeobachtungen setzen die Engländer den ersten, für die RAF günstigen Angriffstermin für Mitte November fest. Es ist die Nacht vom 18. zum 19. Das ganze zu überfliegende Gebiet und die deutsche Hauptstadt selbst verstecken sich unter einer dichten Wolkendecke.
In den frühen Abendstunden des 18. November lassen die britischen Kampfverbände ihre Plätze in England hinter sich zurück. Das Unternehmen beginnt.
Zusammen mit dem aus 444 Viermotorigen bestehenden Berlin-Verband starten 325 weitere Maschinen zu einem schweren Ablenkungsangriff gegen Mannheim. Es ist das erstemal, daß die Briten in einer Nacht zwei Großangriffe gegen verschiedene Städte durchführen. Zusätzlich greifen 13 Lancaster mehrere Küstenverteidigungsstellen der Deutschen an, während rund 30 zweimotorige Bomber die auf der Marschroute nach Berlin liegenden Flakstellungen zu bekämpfen versuchen. Über Frankfurt am Main erscheint außerdem eine Anzahl Mosquito. All diese Schein- und

Ablenkungsoperationen sollen die deutschen Nachtjäger irreführen, was den Engländern in der kommenden Nacht auch ziemlich gelingt.
Um 20.11 Uhr verkündet die todbringende Melodie der Sirenen den Beginn des Fliegeralarmes. Etwa eine halbe Stunde später erscheinen die Mosquito-Pfadfinder über der Stadt. Sie stecken die ganze Innenstadt mit ihren bunten Magnesiumbomben ab, doch auch über den anderen Teilen Berlins zeigen sich Leuchtmarkierungen, die langsam an kleinen Fallschirmen niederschweben.
Ein kleiner Regiefehler hat zur Folge, daß eine der Lancaster-Einheiten schon vor den Markierern über Berlin eintrifft. Die schweren Bomber müssen jetzt unaufhörlich kreisen, bis die Mosquito mit ihrer Beleuchterarbeit fertig sind. Während dieser Wartezeit werden schon drei Lancaster von der Flak abgeschossen, eine andere kollidiert mit einer Nachbarmaschine in dem Augenblick, da der Hauptverband über der Stadt erscheint.
Von den gestarteten Maschinen erreichen 402 ihr Ziel und setzen nun zum Bombenwurf an. Die Markierungsbomben der Mosquito verschwinden sehr schnell im Dunst der Wolken und bewirken dadurch einen nahezu planlos erfolgenden Bombenwurf der Lancaster. Viele der RAF-Piloten werfen die tödlichen Lasten einfach dort ab, wo die schon auflodernden Brände in der Stadt ihren hellen Feuerschein an der Wolkendecke widerspiegeln lassen.
Es fallen massenweise Spreng- und Brandbomben, insgesamt fast 1600 Tonnen, auf alle Bezirke, hauptsächlich aber in der Innenstadt. Gegen die äußerst gefährlichen Flüssigkeitsbrandbomben, die in großen Mengen niederfallen, sind die Berliner praktisch machtlos. Sie haben der verheerenden Wirkung dieser Vernichtungsmittel nichts entgegenzusetzen, denn die Brandbomben sind kaum zu löschen. Beim Aufschlag spritzt der Inhalt auseinander, dabei große Flächen bedeckend. Bei Luftzutritt beginnt die Flüssigkeit sofort zu brennen.
Auf Deutschland fallen die Flüssigkeitsbrandbomben zum erstenmal in der Nacht zum 24. April 1943 und gehören seit Beginn der »Ruhrschlacht« zu den Hauptkampfmitteln der RAF. Sie bestehen aus einer raffiniert zusammengestellten Mischung von Gummi, Benzin, flüssigem Asphalt, Magnesiumpulver, Öl und Phosphor.
Die Verluste der Engländer sind nicht sehr hoch in der Nacht zum

19. November. Nur für neun viermotorige Bomber gibt es keine Rückkehr mehr zur Insel. Der Verband, welcher den Angriff gegen Mannheim durchführt, verliert dagegen 25 Maschinen.
Viele Stunden nach der um 22.22 Uhr einsetzenden Entwarnung sind noch längst nicht alle Brände erloschen. Unzählige Obdachlose, Hunderte von Toten und niedergebrannte Wohnviertel sind zusammen mit der Vernichtung unschätzbarer Werte die Bilanz des ersten Schlages der »Schlacht um Berlin«. Überall in den Straßen trifft man fassungslose Menschen vor ihren ausgebombten Häusern an. Sie können ihr Schicksal nur schwer begreifen, hauptsächlich dann, wenn sie unter den Trümmern noch die nächsten Angehörigen wissen.
Als die Brandsachverständigen nach der Bombennacht darangehen, die Schadensunterlagen zusammenzustellen und auszuwerten, machen sie die Feststellung, daß auffallend viel Verkaufs- und Geschäftsräume als zerstört und ausgebrannt registriert werden. Der Ursache dafür auf die Spur zu kommen, werden die einzelnen Brandfälle eingehend geprüft, Beamte fahren in die jeweils betroffenen Stadtteile und beginnen dort mit ihren Untersuchungen. Schon recht bald kommen sie dahinter, warum eine große Anzahl von Geschäften so rettungslos den Flammen zum Opfer gefallen sind. Die Entstehungsbrände konnten deshalb nicht rechtzeitig bekämpft werden, weil die Scherengitter an den Zugängen zu diesen Räumen nicht geöffnet waren. Sie konnten auch nicht mehr geöffnet werden, da sie sich durch Sog und Luftdruck verklemmt oder durch Hitze verbogen hatten.
Diese Tatsachen zum Anlaß nehmend, weist der Berliner Polizeipräsident sofort eindringlich auf die Gefahren hin und gibt ferner folgendes bekannt:

»Um eine rechtzeitige Brandbekämpfung zu gewährleisten, haben die Inhaber derartiger Räume dafür zu sorgen, daß bei Fliegeralarm die Gitter an den Zugängen zu den Räumen geöffnet werden. Es hat sich gezeigt, daß versperrende Gitter die Ausdehnung eines Brandes ermöglicht haben, der dann das gesamte Haus mit Hab und Gut aller Hausbewohner und wertvollem Warenbestand vernichtete!«

Die Berliner stellen sich im Verlauf des Jahres auf den sich nun in seiner wahren Gestalt präsentierenden Luftkrieg ein. Sie werden zu regelrechten Kellermenschen und stimmen mehr oder weniger notgedrungen ihren ganzen täglichen Lebensablauf darauf ab. Vielfach bereiten sie sogar die Abendmahlzeiten im Luftschutzraum zu. Bereits lange vor den üblichen Alarmzeiten machen sich viele Bewohner Berlins schon auf den Weg zu den öffentlichen Schutzeinrichtungen und Bunkern, versehen mit den stets bereitgehaltenen notwendigsten Habseligkeiten.

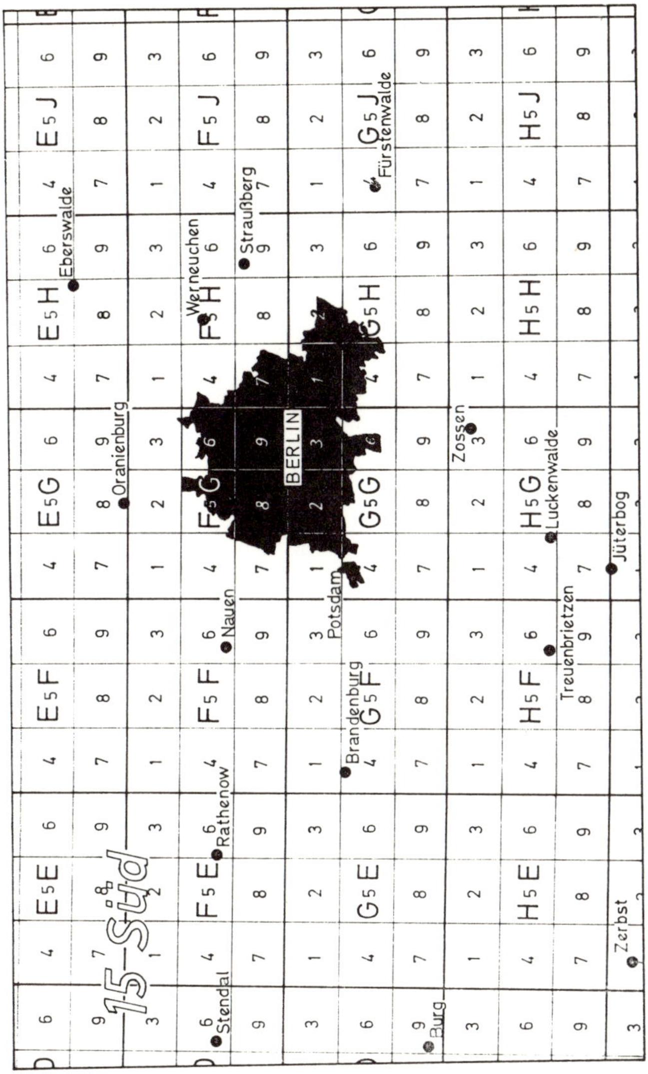

Ausschnitt einer Planquadratkarte des Raumes Berlin. Gefechtsstände übermittelten die durch Funkmeß erhaltenen Standorte eingeflogener Verbände an die Jäger und führten diese an den Gegner heran. Besitzer solcher, eigentlich nicht für die Öffentlichkeit gedachten Planquadratkarten konnten durch Abhören der Durchsagen jener Leitstellen die Bewegungen des Bomberstromes mitverfolgen und sich dann ungefähr ausrechnen, wann und wo ein Angriff stattfinden würde.

Besonders wichtig erscheint den Berlinern das Abhören der Drahtfunkdurchsagen. Zu Beginn eines jeden Abends warten Tausende auf die ersten Luftlagemeldungen. Nur wenigen bleibt es vergönnt, mittels eines zu dieser Zeit selten gewordenen UKW-Empfängers schon lange vor den Angriffen die Durchsagen der Flakleitstelle zu verfolgen und sie auf einer Planquadratkarte zu vergleichen. Diese Karten sind zwar streng geheim, doch es gibt etliche Berliner, die im Besitz eines solchen Blattes sind. Niemand weiß so recht, woher sie stammen.

Der nächste Schlag, der sich gegen die Reichshauptstadt richtet, setzt sich aus einem großangelegten Doppelangriff in den Nächten zum 23. und 24. November zusammen. Der erste Einsatz gilt allen Bezirken und richtet schwerste Schäden an. Die Zoogegend und der alte Westen verglühen.

Schon beim Start der 764 britischen Kampfmaschinen setzt Nieselregen ein, der sich nach Deutschland zu immer mehr verdichtet. Über Berlin fegen Schauer und leichte Sturmböen hinweg.

Beim Abheben von ihrem Flugplatz erleidet eine Lancaster der 467. Squadron einen Motorschaden, der Pilot verliert die Kontrolle über seine Maschine. Mit einer gewaltigen Explosion zerschellt die Viermotorige mitsamt ihrer Bombenladung an einem Steingebäude. Die Kampfformationen aber nehmen inzwischen Kurs auf Berlin. Der Abend des 22. November 1943 zieht herauf.

Kurz vor 20.00 Uhr erreichen 631 Lancaster, Halifax und Stirling nach den neun Mosquito-Pfadfindern die Außenbezirke der Stadt. Minuten zuvor bombardierten etliche Stirling der 623. Squadron die ehemalige Askanier-Residenz Brandenburg an der Havel, eine Stadt mit damals rund 65 000 Einwohnern.

Die Engländer versprechen sich von dem nun beginnenden Vernichtungsangriff sehr viel, da diesmal fast die gesamten Einsatzformationen innerhalb von 40 Minuten über Berlin sein werden. Als die ersten Markierungsbomben hinunterpendeln, wissen die Berliner noch nicht, daß die RAF zum ersten, wirklich gewaltigen Todesstoß gegen des Reiches Metropole ausholt.

Alliierte Brandexperten selbst sind es, die eine oft gestellte Frage beantworten, warum es in Berlin keine im großen Umfang verbreiteten Flächenbrände gibt, wie sie andere deutsche Städte, besonders Hamburg, erleben. Das liegt nach Ansicht dieser Fachleute zum großen Teil daran, daß die Reichshauptstadt viel weiträumiger und großzügiger gebaut ist und sich in ihrem Gesamtbild sehr der weiteren, moderneren Entwicklung anpaßt. Natürlich entstehen auch in Berlin erhebliche Brände, doch ein wirklicher Feuersturm, wie er über Hamburg, Dresden oder Potsdam hinweggeht, ist nie entstanden. Nur ein einziges Mal gelingt den Engländern der Versuch, die Hauptstadt großflächig in Brand zu setzen und damit ernsthaft die Gefahr eines Feuersturmes heraufzubeschwören. Das geschieht während des Großangriffes der RAF in der Nacht vom 22. zum 23. November 1943.

In der Händelallee im westlichen Teil des Tiergartens nehmen die Flammen Besitz von der Kaiser-Friedrich-Gedächtniskirche. Das Bauwerk brennt völlig aus, die Ruine wird nach dem Krieg abgetragen und durch einen Neubau ersetzt.

Der Tiergarten gleicht einem durch Trommelfeuer aufgewühlten Schlachtfeld des Ersten Weltkrieges in Flandern. Zerfetzte, zersplitterte und gefällte Bäume überall. Daneben Trichter und Krater, die den märkischen Boden kennzeichnen. Die über der Charlottenburger Chaussee gezogenen Tarnnetze sind zerrissen und hängen an den meisten Stellen in Fetzen herunter. Ausgebrannte Lastwagen liegen an den Straßenrändern.

Immer mehr Bomben fallen, reißen Wohnungen auseinander, setzen durch das Umherspritzen der leichtentzündbaren Mischungen große Flächen in Brand. Treffer in den unterirdischen Leitungen oder durch den Explosionsdruck gebrochene Rohre lassen an vielen Ecken das Wasser aus der Erde sprudeln und riesige Seen bilden.

Im Hansaviertel finden die prasselnden Flammen immer wieder neue Nahrung. Hell lodern sie hinter den dunklen Häuserwänden auf, züngeln durch die leeren Fensterhöhlen, gierig um sich greifend und alles niedersengend. In der nächsten Nebenstraße versucht eine Handvoll Männer, die am Rande des Bürgersteiges stehende Pumpe in Gang zu bringen. Der durch herumfliegende Trümmerstücke beschädigte Eisenkörper mit seinem verbogenen Schwengel gibt kein Wasser mehr her. Verzweifelt suchen die Männer nach einem Hydranten. Es wird ohnehin zwecklos sein, denn die Lohe scheint sich rasend schnell auszubreiten.

Frau Martha Wiczoreck hat das grausame Bild jener Nacht noch vor Augen. »*Vor dieser Feuerwand, die ganze Straßenzüge einzuschließen schien, hoben sich gespenstische Silhouetten ab. Menschen hasteten dort, wie wir, vorüber. Einzeln oder in Gruppen kamen sie, viele Hand in Hand, den anderen hinter sich herziehend. Ich stolperte über die Trümmer auf der Straße vorwärts. Ich wußte nicht einmal genau, wohin. Nur weg von der Glut, weg von den einstürzenden Häusern.«*

Auf der Flucht vor den Flammen verläßt manchen der gehetzten Berliner einfach der Mut. Nur das Bestreben, das nackte Leben zu retten, steht im Vordergrund. Vielfach kommen die Menschen gar nicht mehr dazu, an etwas anderes zu denken, als sich selbst in Sicherheit zu bringen.
Noch einmal Frau Wiczoreck: *»Ich stieß mit dem Fuß gegen einen angesengten Koffer, der auf dem Straßenpflaster lag. Dem, der ihn verloren hatte, war wohl keine Zeit mehr geblieben, ihn wieder aufzuheben. Die Angst hat uns alle vorwärtsgetrieben.«*

All diese nachträglichen Erinnerungen kann nur jemand verstehen, der eine derartige Brandnacht selbst miterlebt hat. Millionen Deutsche haben sie erlebt, haben ähnliche Erfahrungen gemacht, und sie würden gleichartige Berichte liefern können.
Inzwischen kommt es auch in der Innenstadt zu heftigen Bränden. Das Bankenviertel an der Spree erlebt eine grausige, vernichtende Illumination, hervorgerufen von Hunderten von Brandbombenbündeln. Aus einem Flügel des Berliner Schlosses schlagen lange Flammen heraus. Um den Alexanderplatz sinkt ein Haus nach dem anderen in sich zusammen.
Inmitten dieses Infernos füllen Tausende von Obdachlosen die Straßen, doch hier im Freien wird die Gefahr für sie nur noch größer. Pausenlos schlagen Bomben ein, fallen Phosphorkanister auf das Pflaster, schwirren Splitter und Steine umher. Volltreffer über Volltreffer, von der Sellerstraße in Reinickendorf bis zur Geranienstraße in Lichterfelde-West!
Luftminen machen den Stettiner Bahnhof für lange Zeit unbenutzbar. Auch der Bezirk Moabit leidet erneut und diesmal sehr schwer unter dem Bombensturm. Zerrissene Oberleitungen der Straßenbahn hängen wirr hinab und erschweren mitunter das Passieren vieler Straßen. Jeder Bürgersteig ist mit Glasscherben zersprungener Fensterscheiben übersät. Überall Flammen und dichter beißender Qualm. Der von der Lohe entfachte Wind reißt lockere Fensterrahmen von den Ruinen und hebt lose Ziegel von den beschädigten Dächern der Häuser ab.

Am Pariser Platz zeigt sich das Geschäftsgebäude der I.G.-Farben nur noch als glühender Trümmerhaufen. Schwere Beschädigungen lassen auch die beiden Eckhäuser des Brandenburger Tores, früher den Torwachen als Unterkunft dienend, erkennen. Das Brandenburger Tor selbst ist von unzähligen Splittern gezeichnet. Hinauf bis zum Zeughaus verschwinden die ganzen »Linden« hinter einer Rauchwand. Die Universität und die Nationalbibliothek erhalten nochmals schwere Treffer.

Einen besonders schlimmen Anblick bietet die Zoogegend. Mehrere Brand- und Sprengbomben reißen große Teile der Kaiser-Wilhelm-Gedächtniskirche nieder. Die von Schwechten 1891 bis 1895 im neuromanischen Stil erbaute Kirche erleidet so schwere Beschädigungen, daß von der Ruine nach dem Krieg immer wieder ein Stück nach dem anderen wegen Einsturzgefahr abgerissen werden muß. Nur noch der ausgehöhlte Hauptturm bleibt stehen.

Im benachbarten Zoologischen Garten spielen sich grauenvolle Szenen ab. Das Gelände wird praktisch vollkommen von Bomben umgepflügt. Von den vielen und seltenen Tieren bleiben nur noch 90 am Leben. Der Ausfall von Wasser für längere Zeit erschwert auch hier sämtliche Rettungsmaßnahmen.

Die entfachte Feuerlohe greift in allen Stadtteilen heftig um sich. Die Hitze steigert sich mancherorts ins Unerträgliche. Sie ist so stark, daß die Lichtkandelaber an den Bürgersteigen sich verbiegen und sich langsam neigen. Ein ganz ungewöhnliches und zugleich schauriges Bild! Immer wieder zerplatzen knallend die Scheiben der Laternen. Weißer, beißender Qualm, vermischt mit dicken, dunklen Rauchschwaden, wabert über dem Pflaster der Straßen.

Einige Frauen in Trainingshosen und dicken Mänteln stürzen aus einem von der Feuersbrunst gerade erfaßten Haus in der Kurfürstenstraße. Sie halten nasse Tücher vor den Gesichtern, ein behelfsmäßiger Schutz gegen den erstickenden Qualm. Nach wenigen Metern hat sie der dichte Rauch verschluckt. Sie rennen einem ungewissen Schicksal entgegen.

Die britischen Bomber formieren sich zum Rückflug. In den Kanzeln der Viermotorigen spiegelt sich trotz der Wolkendecke der Feuerschein wider. Zu Beginn des Angriffes versucht die Flak, die abgeworfenen Markierungsbomben abzuschießen. Doch dies bleibt ein fast hoffnungsloses Unterfangen. Die Deutschen setzen nun alles daran, um die Sichtverhältnisse über dem Angriffsziel für die

Nachtjäger zu verbessern. Scheinwerfer richten ihre Strahlen gegen die Wolkendecke und hellen sie auf. So können die Nachtjäger von oben die englischen Maschinen gut erkennen. Wie auf einem weißen Tuch heben sich die Briten als schwarze Schatten ab.

Viele Einheiten der Nachtjagdgeschwader erhalten des schlechten Wetters wegen keinen Startbefehl, doch ein Teil der Nachtjäger hängt sich hinter die englischen Formationen. Die Luftkämpfe dehnen sich bis nach Westdeutschland aus. Immerhin gelingt es unter ungünstigen Umständen, bei sechs eigenen Verlusten, 26 Maschinen abzuschießen. Der OKW-Bericht meldet am folgenden Tage die Vernichtung von 29 »Terrorbombern« durch Flak und Jäger.

Anteil an dem Abschußerfolg haben Oberleutnant Schnaufer von der 12./NJG 1, der nach heftigem Kampf zwei Lancaster zu Boden schickt, und Oberfeldwebel Vinke von der 11./NJG 1. Vinke schießt ebenfalls eine Viermotorige ab. Beide Flieger haben ihren Einsatzhafen in Leeuwarden, Holland.

Knapp zwei Stunden dauert der RAF-Angriff auf Berlin. Erst vierzig Minuten danach, als schon keiner mehr daran glaubt, gibt es endlich Entwarnung. Es ist 22.38 Uhr. Bis dahin sind 1132 Tonnen Sprengbomben und 1334 Tonnen Brandbomben gefallen.

Nur einmal übertrifft die RAF während der ganzen »Schlacht um Berlin« diese ungeheuer große Abwurfmenge. Das geschieht während des Angriffes in der Nacht zum 16. Februar 1944.

Nachdem das Bühnenhaus des Schillertheaters in der Bismarckstraße schon im September erhebliche Bombenschäden erhielt und danach fast wieder aufgebaut war, geht in jener Nacht der Zuschauerraum in Flammen auf. Doch diesmal kann der eiserne Vorhang ein Übergreifen des Brandes auf die Bühne verhindern. Trotzdem verwandelt sich das Theater in einen Schutthaufen. Unbeirrt beginnt man wiederum mit dem Aufbau, und Anfang März 1944 kann Heinrich George, damals Generalintendant, den neuen Schiller-Theater-Saal mit der Aufführung des »Urfaust« feierlich einweihen.

Bereits 24 Stunden nach dem zweiten Großeinsatz des Bomber Commands im November läßt Harris seine Geschwader erneut aufsteigen. Fliegeralarm setzt eine halbe Stunde früher als am Vorabend ein. Noch immer brennt die Stadt an vielen Stellen. Den RAF-Piloten weisen die Brände des vorangegangenen Angriffes exakt den Weg. Ganz Berlin bietet ein gutes und weithin sicht-

Eine Messerschmitt Bf 109 G-14 wird nach dem Einsatz auf ihren Abstellplatz geschoben. Die neben den Nachtjagdverbänden in die Reichsverteidigung eingereihten Tagjagdeinheiten können, wie auch die Geschwader der Frontverbände, schließlich der Übermacht der alliierten Luftwaffen nicht mehr entscheidend entgegentreten.

Kurz vor dem Einsatz. Die Besatzung einer Nachtjagdgruppe vor ihrer Bf 110 G. Den Kern der Berlinverteidigung bildet ab Anfang 1943 das NJG 5. Von Parchim in Mecklenburg aus fliegt die II. Gruppe die ersten Einsätze.

Das 8,8-cm-Geschütz einer Batterie der Heimatluftverteidigung. Bei der Abwehr gegnerischer Bomberverbände hat die Berliner Flak einen hohen Anteil an den Abschußerfolgen. In den letzten Kriegswochen werden die noch verbliebenen Batterien im Erdkampf gegen russische Panzer eingesetzt.

Mit schweren Beschädigungen kehrte diese Lancaster der 550. Squadron von dem Einsatz in der Nacht zum 31. Januar 1944 nach England zurück. Der Heckschütze und der Schütze des oberen Waffenstandes fielen über Berlin.

bares Ziel, zumal die Wolkendecke an diesem Abend nicht so stark ist.
Die Mosquito-Beleuchter haben halbe Arbeit. Es gibt kaum noch ein Gebiet abzustecken, denn von unten glosen noch genug Brandherde auf, die ein Markieren beinahe überflüssig machen.
Den Engländern fällt auf, daß die Bodenabwehr nahezu gering ist. Das kann bedeuten, daß dann die deutschen Nachtjäger wieder auf der Lauer liegen und im großen Umfang zuschlagen werden. Noch sind die Augustnächte nicht vergessen! Schon auf dem Weg nach Berlin fliegen die Briten häufig Zickzackkurs, um die Jäger im Westen des Reiches und in Belgien abzuwimmeln.
Währenddessen bereiten sich die Berliner auf die kommende Angriffsnacht vor. Noch sind die zahllosen Ausgebombten des vorherigen Vernichtungsschlages nicht alle untergebracht, als erneut das Bombardement über sie hereinbricht.
Über 300 Kampfflugzeuge bringen abermals den Tod in Gestalt von 1334 Tonnen Bomben aus England herüber. Was in der Vornacht nicht beschädigt wurde, ist nun diesmal, am 23. November, dem Untergang geweiht. Bei dem jetzigen Angriff werfen die Briten vorwiegend Sprengbomben ab, darunter viele Zeitzünder, die erst während der Aufräumungsarbeiten am nächsten Tag explodieren und nochmals ihre Opfer fordern werden.
Bombenteppiche, wie sie später die Amerikaner abwerfen, gibt es nicht, da die englischen Verbände weit auseinandergezogen fliegen. Die Bomben werden dadurch auf große Flächen verstreut.
In dieser Nacht macht die RAF rund 160 ha Stadtfläche der Bezirke Lankwitz und Südende dem Erdboden gleich. Lankwitz ist bis zum Schluß des Krieges einer der ausgebranntesten Stadtteile Berlins.
Noch einmal fegt die Vernichtungswelle über Charlottenburg hinweg. In der Kantstraße und in der Rankestraße sowie am Kurfürstendamm sieht man Dutzende brennender und einstürzender Häuser. Auch das Charlottenburger Schloß erleidet wiederum Beschädigungen, wie nun schon fast bei jedem dritten Angriff.
Die Häuser von der Budapester Straße ab bis zur Potsdamer Brücke sind verschwunden. Die Bomben lassen nur einzelne, schwer beschädigte Gebäude stehen, die wie Oasen inmitten einer Trümmerwüste anmuten.
Nahe des Lützowplatzes reißt eine Luftmine ein großes Mietshaus

auseinander. Volltreffer! Die Trümmer des mehrstöckigen Gebäudes verschütten sämtliche Notausgänge für die zahlreichen Bewohner in den Kellern. In wenigen Minuten ist das Schicksal der unglücklichen Menschen dort unten besiegelt. Es gibt keine Rettung mehr für sie.

Noch in der gleichen Nacht arbeiten sich Rettungsmannschaften, unterstützt von Angehörigen der Wehrmacht, in die Keller der Nachbarhäuser vor. Dabei machen sie schaurige Entdeckungen. Einem der Männer, einem Feldwebel der Nachrichtentruppe, hat sich das Erlebte bis heute noch unvergessen eingeprägt. *»Beim Vordringen in die Kellerräume waren wir auf alles gefaßt. Wir bereiteten uns auf das Schlimmste vor. In einem der nahezu intakten Luftschutzräume saßen die bedauernswerten Menschen, scheinbar als wenn nichts geschehen wäre, um einen Tisch. Ihre Körper waren nur etwas zusammengesunken. Auf einem doppelstöckigen Holzbett in der Ecke saß ein Mann an einem der Pfosten gelehnt. Ich hatte das Gefühl, daß er jeden Augenblick aufstehen müßte, genau wie die anderen am Tisch auch. Doch sie waren alle tot. Der Luftdruck der explodierenden Luftminen hatte ihre Lungen zerreißen lassen.«*

Inzwischen dreht die erste Welle der Briten ab. Sie befindet sich mit Westkurs über dem Oranienburger Raum. Die Beleuchter der folgenden Angriffswelle brauchen nicht mehr in Aktion zu treten. Von weitem schon sehen sie die Riesenstadt vor sich liegen, erhellt durch den Widerschein der Brände. Weit im Süden erkennen die Bomberbesatzungen ein einziges Flammenmeer. Das ist Lankwitz!

Lastwagen verstopfen die Straßen, versperren den Feuerwehren den Weg. Die Brände dehnen sich so weit aus, daß die Berliner Wehren unmöglich überall zugleich erscheinen können. Seit gestern treffen Feuerwehren aus Hamburg, Dresden und Breslau in der Reichshauptstadt ein, um zusammen mit den einheimischen Kräften zu versuchen, der Vernichtung Einhalt zu gebieten. Wehrmacht, Hitlerjugend und Kriegsgefangene helfen bei der Bekämpfung des Feuers und bei den wichtigsten Aufräumungsarbeiten, mit denen zum Teil noch während des Angriffes begonnen wird.

Reichskanzlei und etliche Ministerien bleiben ebensowenig verschont wie das Wertheim-Gebäude am Leipziger Platz und das gegenüberliegende ehemalige Palace-Hotel. Die Altmärkische Kettenwerk GmbH (Alkett) in der Breitenbachstraße in Borsigwalde wird die Produktion von Panzerketten vorübergehend einstellen müssen. Mehrere Bombenserien vernichten einen Großteil der Fabrikationsanlagen.

Nur noch von drei Orten verlassen die Fernzüge Berlin; vom Schlesischen Bahnhof, von Potsdam und Bernau.

Die deutschen Nachtjäger sind auch diesmal wieder am Gegner. Am nachtschwarzen Himmel zeichnen sich die geschossenen Erkennungssignale der einzelnen Maschinen ab. Vereinzelt können auch die britischen Piloten auf ihrer Funkwelle die Anweisungen für die Nachtjäger mithören.

Tags darauf bringen die Engländer und Deutschen fast gleichlautende Meldungen über die Bomberverluste. Während die RAF 20 Maschinen als abgeschossen und verlorengegangen verbucht, gibt der OKW-Bericht die Zahl von 19 Viermotorigen an.

Wie schon an anderer Stelle erwähnt, hatten die Engländer bereits in den Jahren 1940 und 1941 die Auswirkungen von Luftangriffen auf eigenes Gebiet ausgiebig analysiert. Dabei kamen sie folgerichtig auch zu der Überzeugung, daß vor allem die Entwicklung von Navigationssystemen und der Funkmeßtechnik auf keinen Fall vernachlässigt werden durfte. Die Engländer unternahmen ganze Versuchsreihen, bei denen neue Mittel erprobt wurden, bevor diese für einen Großeinsatz Verwendung fanden. Für die jetzt zum Zeitpunkt der »Schlacht um Berlin« angewandte Koppelnavigation ergeben sich, um sie gut und genau durchführen zu können, mehrere Voraussetzungen, von denen eine davon eine peinlich genaue Benutzung des Logbuches ist. Die Navigatoren jeder Maschine haben während des ganzen Fluges ihre Daten einzutragen, die dann später nach dem Einsatz den Abwehroffizieren natürlich auch genaue Unterlagen für die Erfolgsmeldungen liefern.

Während des Angriffes auf Berlin in der Nacht zum 23. November 1943 wird westlich von Potsdam eine Lancaster abgeschossen, in deren Trümmern man einen solchen Logzettel findet. Ein Auszug der Eintragungen ist nachstehend wiedergegeben:

17.12	Start-Steigflug-Kenn- und Navigationsgerät eingeschaltet
17.34	Abflug über Platz – 4000 m
17.43,5	Standortbestimmung mit Hyperbelgerät
17.48	Standortbestimmung mit Hyperbelgerät – 4600 m
17.49	Nach Koppelnavigation A erreicht, Kursänderung auf B
17.52	Kenngerät ausgeschaltet – Bombenanlage geprüft
17.55	Standortbestimmung mit Hyperbelgerät
18.06	Windbestimmung mit Hyperbelgerät
18.11	Voraussichtliche Ankunft in B 18.18
18.19	B erkoppelt, Kursänderung auf C
18.27,5	Flaksperre Texel
18.40	Standortbestimmung nach Koppelnavigation
18.44	Querab deutscher Nachtjäger, Ausweichbewegungen
18.49	Wieder Horizontalflug, Rückgehen auf alten Kurs
19.07	Standortbestimmung nach Koppelnavigation Flakfeuer – voraussichtliche Ankunft C 19.17
19.17	C erreicht, Kursänderung auf D – im Flakfeuer von Hannover – voraus rotes Licht, wieder Rückgehen auf alten Kurs – 5000 m
19.40,5	Standortbestimmung nach Koppelnavigation
19.55	Warngerät spricht an – 5400 m
20.01,5	D erreicht, weiße Luftmarkierungen neben uns, Kursänderung auf E (Ziel)
20.08	Vor uns Zielmarkierungen – Bombenschacht klemmt, 5200 m – Ziel völlig in Wolken
20.10	Standortbestimmung nach Flakfeuer und Koppelnavigation, 4900 m
20.15	Nach Koppelnavigation Kurs auf F

Der Absturz der Lancaster erfolgte zwischen Potsdam (letzte Logzetteleintragung) und Brandenburg (Punkt F).

Punkt A	britische Küste westlich Cromer
Punkt B	ca. 35 km westlich Texel
Punkt C	ca. 10 km westlich Nienburg
Punkt D	ca. 10 km nordöstlich Rathenow
Punkt E	Angriffsziel Berlin
Punkt F	Raum Brandenburg

Die Großangriffsserie des Bomber Commands setzt für zwei Tage aus. Das bedeutet für die Berliner jedoch keine Ruhepause, denn am Mittwoch und Donnerstag kommen dafür wieder die Mosquito. Schon am Freitag, dem 26. November, setzt Harris aber seine »Schlacht um Berlin« fort, indem er 450 Bomber zum Angriff starten läßt.
Es herrschen seit langem wieder einmal bessere Wetterverhältnisse, was allerdings von den Engländern nicht so sehr begrüßt wird, da dies die Nachtjäger auf den Plan rufen wird.
Es ist der vierte Großangriff und der letzte Einsatz der RAF gegen Berlin im November. Zunächst fliegen die Briten Hessen an, wo sich der Bomberstrom im Raum Frankfurt am Main in zwei große Formationen teilt. Während nun vorwiegend aus Halifax bestehende Einheiten Kurs auf die schwäbische Metropole Stuttgart nehmen, schwenken die übrigen Maschinen nach Nordwesten ein. Das Ziel der 407 Lancaster ist Berlin.
Über der Reichshauptstadt liegt eine aufgerissene Wolkenschicht. Sie gibt von oben den Blick frei auf die Brände, die immer noch schwelen und seit den vorangegangenen Angriffen nicht erloschen sind. Pünktlich um 21.00 Uhr, zehn Minuten nach dem Ertönen der Alarmsirenen, werfen die Pfadfinder ihre Markierungsbomben, denen sich ein nochmaliges, wuchtiges Flächenbombardement anschließen wird.
Scheinwerferbündel suchen den Himmel ab, und dazwischen platzen grellgelb die Granaten der Flak. Der englische Angriff gilt besonders den Gebieten Reinickendorf, Tegel, Spandau und Siemensstadt, also vorwiegend dem Norden Berlins. Er dauert 24 Minuten und wird in zwei Wellen geflogen.
Aber auch über dem Bezirk Mitte erhellt sich der Himmel zusehends. Die Luftminen richten hier große Schäden an. Vom Märkischen Museum bis zum Spittelmarkt wird alles vom Gluthauch berührt. Allein auf dem kleinen Friedhof an der Sebastianstraße zählt man etwa fünfzehn Bombentrichter! Nicht einmal die Toten finden ihre Ruhe.
Drohend sind die Rohre der leichten Bofor-Kanonen gegen den nachtschwarzen Himmel gerichtet. Sie gehören zur 3. Batterie der Flakabteilung 979, die mit drei Geschützen in der Nähe von Spindlersfeld liegt. Vom Westen ist über Berlin rötlicher Feuerschein zu sehen, das dumpfe Dröhnen der Bombermotoren nimmt kein Ende.

Höhenrichtkanonier Bertrams schaut hoch, als aus westlicher Richtung her ein helles Triebwerksingen zu vernehmen ist. Dann können es alle Männer des Zuges sehen: Mit eingeschalteten Positionslichtern jagt eine tieffliegende Maschine heran.
»Ist das ein Nachtjäger oder ein Engländer?«
Warum kommt der Schießbefehl nicht? Aufgeregt starren die Kanoniere nach oben. Jetzt macht das nicht zu identifizierende Flugzeug eine leichte Wendung und fliegt mit hoher Geschwindigkeit nach Osten davon. Als endlich der erwartete Befehl durchkommt, ist es bereits viel zu spät. Wenn es tatsächlich eine Mosquito gewesen sein sollte, so hat sich deren Pilot durch das Einschalten der Positionslichter einen ganz besonderen Trick einfallen lassen, um die deutsche Abwehr zu täuschen.
Auch in der ausländischen Presse spiegeln sich die Ereignisse der Luftkämpfe über Deutschland wider, wie ein Zitat aus der schwedischen »Dagens Nyheter« vom 28. November beweist, das sich mit dem letzten Nachtangriff der RAF gegen Berlin befaßt: *»Zuletzt konnten sie (die britischen Piloten) beobachten, wie sich zwei große Brandherde in einem Abstand von zwei Kilometern in verhältnismäßig kurzer Zeit zu einem einzigen Riesenfeuer entwikkelten. Schon bevor die Flieger das Gebiet von Berlin erreichten, spürten sie den starken Brandgeruch in der Nase, und auf dem Rückflug konnten sie noch aus einer Entfernung von 35 Kilometern sehen, wie die Flammen der brennenden Stadt zum Himmel aufstiegen.«*

Eine der berühmtesten Maschinen des RAF Bomber Commands nimmt an dem Einsatz vom 26. November teil. Es ist eine Lancaster B 1 der 467. Squadron mit dem Code PO.S, Registrierung R 5856. »S for Sugar« fliegt heute einen ihrer 137 Bombeneinsätze, weitaus mehr, als alle anderen britischen Kampfflugzeuge. Nur eine Lancaster der 103. Squadron steht bei Kriegsschluß mit 140 Einsätzen noch vor dieser Maschine an erster Stelle.
Hauptsächlich die Nachtjäger sind es, die in der Nacht zum 27. November zusammen mit der Flak nicht ganz 7 Prozent der über Berlin erscheinenden Flugzeuge zu Boden schicken. Aus Parchim kommend, schleusen sich die Jäger der II./NJG 5 in den Bomberstrom ein. Eine Lancaster wird von Hauptmann Fellerer in Brand geschossen. Nur wenig später erleidet eine zweite Lancaster

das gleiche Schicksal. Fellerer erwischt sie von hinten und bringt sie mit wenigen Feuerstößen zum Absturz.
Da die Engländer zunächst nach Süddeutschland einfliegen, vermuten die Nachtjäger einen Angriff auf Frankfurt am Main. Es geht kostbare Zeit verloren, bis das eigentliche Ziel erkannt wird. Nur die zweite Welle der Briten meldet daher Berührung mit Nachtjägern über Berlin.
Der gegen Stuttgart gerichtete Einsatz findet eine Stunde vor dem Berlin-Angriff statt. Auch dieser Umstand erschwert die deutsche Abwehr, weil etliche Einheiten der Jäger in das schwäbische Gebiet geleitet werden. Dadurch gelingt der britische Plan, die gegnerische Luftabwehr auseinanderzuziehen.
Aber dann kommen die Nachtjäger doch noch zum Zuge. Es werden insgesamt 28 viermotorige Maschinen abgeschossen. Zwei davon vernichtet Feldwebel Frank von der 2./NJG 3 mit seiner Besatzung. Auch Hauptmann von Bonin, der der 6. Staffel des gleichen Geschwaders angehört, schießt eine Lancaster ab. Das »Lichtenstein«-Gerät seiner Maschine zeigt ihm kurz darauf einen weiteren Bomber an. Auch diese Lancaster muß dann wenig später brennend in die Tiefe.
Als die englischen Formationen wieder auf ihren Flugplätzen landen, müssen die Briten feststellen, daß 14 ihrer Bomber so schwere Beschädigungen aufweisen, daß sie für eine weitere Einsatztätigkeit nicht mehr in Frage kommen. Durch den genannten, indirekten Verlust erhöht sich die Zahl der am 26. November verlorengegangenen Flugzeuge auf 42. Die Deutschen verlieren nur zwei ihrer Nachtjäger.
Auf der britischen Insel herrscht jedoch Zuversicht. Die englische Presse triumphiert und berichtet nach den Novembereinsätzen über eine Erklärung Harris', nach der er rund 60 000 Tonnen Bomben abwerfen wolle, um Berlin zu »hamburgisieren«. Die Engländer betreiben eine gleichartige und siegessichere Propaganda wie man es in Deutschland gewohnt ist.
Jeder Angriff gegen die deutsche Hauptstadt, so berichtet das Air Ministry, richtet sich auf ein Gebiet von sieben Quadratkilometern. »Das Unternehmen gegen Hamburg zeigte, was man in einer Industriestadt durch systematische Zerschlagung eines Bezirkes nach dem anderen erreichen kann. Dieses Problem wird jetzt konsequent für Berlin gelöst!«

Soweit die Ausführungen des britischen Luftfahrtministeriums.
In der Reichshauptstadt steigen die Zahlen der Obdachlosen in den letzten Tagen sprunghaft an. Mehr als 400 000 Menschen besitzen keine Wohnung mehr, über 68 000 Häuser sind total zerstört.
Die Versorgung und die vorübergehende Unterbringung der Ausgebombten funktioniert verhältnismäßig gut. Auch verkehrstechnische Probleme werden häufig schneller als erwartet gelöst. Drei Tage nach dem zuletzt erfolgten Angriff auf Berlin können die Knotenpunkte bewegungsfähig gemacht und der Zugverkehr wieder aufgenommen werden.
Die heftigen britischen Angriffe auf Berlin kommen für gewissenhafte Beobachter der luftkriegsgeschichtlichen Ereignisse der letzten Monate nicht zu sehr überraschend, die Masse der Bevölkerung jedoch sieht sich jetzt erst mit der grausamen Wirklichkeit konfrontiert. Und das wissen auch diejenigen Stellen, die immer wieder die Gefahren eines Bombardements zu bagatellisieren versuchten, ganz genau. Um die Berliner für die Leiden und Qualen wenigstens etwas zu entschädigen, kommen jetzt nicht selten genug Sonderzuwendungen zur Verteilung, die jeweils von der Gauleitung bekanntgegeben werden. Einmal bestehen die Sonderzuteilungen aus Bohnenkaffee, dann wieder sind es Zigaretten oder einige Gramm Fett. Blockwalter der NSV verteilen Sonderkarten, die zum Bezug von zusätzlichen Fleischwaren berechtigen, an alle Berliner Verbraucher. Das geschieht in der Reichshauptstadt öfter, als in den weniger hart bedrängten Städten Deutschlands.
Eine solche Zusatzration sieht beispielsweise so aus:

30. 11. 1943	Sonderzuteilung auf Berliner Bezugsausweis	
	Abschnitt d 56	50 g Bohnenkaffee
	Abschnitt d 57	1 Dose Fischkonserven
	Abschnitt d 58	1 Dose Kondensmilch

Im großen und ganzen verhält sich die Berliner Bevölkerung sehr tapfer und diszipliniert. Hauptsächlich nach Fliegeralarmen spielen sich jedoch mitunter grauenvolle Szenen ab. Vielfach verlieren die Menschen die Beherrschung bei der Benutzung überfüllter Verkehrsmittel, nirgends aber kommt es in Berlin zu einer wirklichen Panik.

Doch das alles kann die Zahl der 2966 Todesopfer allein im November 1943 in Berlin nicht verwischen.
Und die Stadt selbst verwandelt sich nach und nach in ein großes Ruinenfeld.

FORTSETZUNG DER FLÄCHENBOMBARDIERUNG

Der Kalender zeigt den Beginn des letzten Monats des Kriegsjahres 1943 an, und die bewaffnete Auseinandersetzung der Völker im Zweiten Weltkrieg überschreitet den Höhepunkt. An der Ostfront befinden sich die Deutschen in der Ukraine auf dem Rückzug, während russische Truppen bereits an der polnischen Ostgrenze stehen. In Italien kämpfen alliierte Armeen gegen die zurückgehende deutsche Südfront in den Abruzzen. Deutschland verliert im Dezember das zweite von vier großen Schlachtschiffen, die »Scharnhorst«, bei einem Angriff auf einen Murmansk-Geleitzug. Und auch auf dem pazifischen Kriegsschauplatz zeichnet sich die Wende immer deutlicher ab. Die Japaner verlieren eine Insel nach der anderen. Das amerikanische Marinekorps auf Neuguinea bereitet den Sprung auf die Marianen vor.
Währenddessen hält der Luftkrieg über Deutschland unvermindert an und steigert sich in zunehmendem Maße. Harris erklärt, daß die »Schlacht um Berlin« so lange fortgesetzt wird, bis die deutsche Hauptstadt ausgelöscht sein würde.
Gleich zu Anfang des Monats beginnt die RAF mit der Fortsetzung ihrer Angriffsserie gegen Berlin in der Nacht vom 2. zum 3. Dezember. Drei weitere schwere Angriffe folgen, doch das erste Unternehmen wird als das weitaus stärkste angesehen. Allerdings muß das Bomber Command dafür einen sehr hohen Preis bezahlen. Es büßt 40 Maschinen ein!
Der Würzburg-Riese des im Großen Belt stationierten Nachtjagdleitschiffs »Togo«, ein umgebautes Frachtschiff mit den verschiedensten funkmeßtechnischen Einrichtungen an Bord, erfaßt am frühen Abend des 2. Dezember einen großen Feindverband. Die Meldungen, die »Togo« sofort an die Jägerleitstellen auf dem Festland weitergibt, erfolgen so rechtzeitig, daß die Nachtjagd nicht zuletzt

aus diesem Grund in den kommenden Stunden einen hohen Abwehrerfolg erringen kann. Die gegnerischen Formationen werden bereits beim Überfliegen der Küste von den Deutschen empfangen und angegriffen.
Schon von Anfang an scheint also der englische Angriff unter einem schlechten Zeichen zu stehen. Zunächst war geplant gewesen, 650 Kampfmaschinen nach Deutschland zu schicken, doch über den britischen Basen liegt dichter Nebel, und so starten schließlich mit erheblicher Verspätung nur 458 Maschinen. Außerdem ist eine Verweilzeit von nur 20 Minuten über der Hauptstadt vorgesehen, aber auch das läßt sich später nicht verwirklichen. Der Angriff dauert über eine Stunde, da die Briten nur jeweils in kleineren Verbänden herankommen. Sie bieten den deutschen Nachtjägern dadurch noch mehr Gelegenheit, sich auf den Gegner einzustellen und bestens vorzubereiten.
Den Angreifern fliegen 16 Mosquito-Pfadfinder voraus, die etwa um 19.50 Uhr über Rathenow eintreffen. Berlin hat seit zweiundzwanzig Minuten Fliegeralarm. Häufige Winddrehungen, die auch den folgenden Kampfverband weit auseinandergezogen anfliegen lassen, treiben die abgeworfenen Markierungsbomben in ganz andere Richtungen. Sie liegen viel zu weit südlich von der Hauptstadt.
Schließlich nähern sich die Viermotorigen. Da sieht der Heckschütze einer Lancaster der 514. Squadron einen großen Schatten vor sich. Noch bevor der Schütze seine Warnung an den Piloten durchgeben kann, schlagen die ersten Leuchtspurgarben des deutschen Nachtjägers ein, zertrümmern den Heckstand und lassen im Rumpf Feuer ausbrechen.
Aber der Bomber fliegt weiter. Jetzt erfolgt ein zweiter Angriff der Deutschen. Die nächste Garbe setzt einen Motor in Brand. Dann ist der Nachtjäger wieder im Dunkeln verschwunden. Unter größten Anstrengungen gelingt es dem Piloten, Flight Officer Hughes, seine Lancaster wieder nach England zurückzubringen und notzulanden. Es ist sein sechster Einsatz über Berlin.
Aus Parchim kommend, lauern die Jäger der II./NJG 5 über und um der Reichshauptstadt. Einzelne Staffeln der Briten beginnen gerade mit dem Bombenwurf, da schießt Hauptmann Fellerer eine Lancaster ab, und im weiteren Verlauf der Nacht noch eine andere. Hauptmann Hoffmann von der I./NJG 5 aus Stendal verzeichnet ebenfalls einen Doppelabschuß.

… hinzu käme, daß die | Kairo einen „fundamentalen Mißgriff“ gemacht.

53 Abschüsse bei Terrorangriff auf Berlin / Erfolgreiche deutsche Gegenangriffe an der Ostfront / Wirkungsvoller deutscher Nachtangriff auf Bari

Aus dem Führerhauptquartier, 3. Dezbr.

Das Oberkommando der Wehrmacht gibt bekannt:

Infolge der anhaltend starken Regenfälle ließen die Kämpfe im Süden der Ostfront gestern an Heftigkeit nach. Nur in der Einbruchsstelle südwestlich Krementschug und im Raum von Tscherkassy herrschte lebhafte Kampftätigkeit. Es wurden 26 Sowjetpanzer abgeschossen.

Im Mittelabschnitt war der Druck des Feindes gegen unsere Stellungen im Raum von Gomel schwächer. In den zähen und erbitterten Abwehrkämpfen der vergangenen Tage haben hier die Main-Fränkische 4. Panzerdivision unter Generalleutnant von Saucken und die Bayerische 296. Infanteriedivision unter Generalleutnant Kullmer bei schwierigsten Kampfverhältnissen alle Durchbruchsversuche der Sowjets vereitelt.

Westlich Smolensk setzten die Sowjets ihre Angriffe fast ohne Unterbrechung fort und warfen neue Verbände in den Kampf. In harten, aber erfolgreichen Kämpfen wurden die Angriffe von 31 immer wieder anrennenden feindlichen Schützendivisionen und von starken Panzerverbän… …tig abgeschlagen.

… westlich Newel machten die … feindlichen Wider… … beson…

An der süditalienischen Front lag auf unseren Stellungen im Westabschnitt während des ganzen Tages starkes Artilleriefeuer. Im Ostabschnitt führte der Feind zahlreiche starke Angriffe, die in erbitterten Kämpfen unter Abriegelung örtlicher Einbrüche aufgefangen wurden. Ueber der gesamten Front herrschte lebhafte beiderseitige Fliegertätigkeit. Bei zahlreichen Angriffen britisch-nordamerikanischer Fliegerkräfte wurden 16 feindliche Flugzeuge abgeschossen.

In der Nacht zum 3. Dezember griffen starke deutsche Kampffliegerverbände den feindlichen Versorgungsstützpunkt Bari in Apulien an und verursachten durch Bombentreffer im Hafengebiet nachhaltige Zerstörungen. Nach bisher vorliegenden unvollständigen Meldungen wurden zwei Frachter versenkt. Zwei andere mit Treibstoff oder Munition beladene Schiffe explodierten nach Bombentreffern. Zahlreiche weitere Frachter erlitten erhebliche Beschädigungen.

Starke britische Bomberverbände unternahmen in der vergangenen Nacht einen neuen Terrorangriff auf die Reichshauptstadt. Die schlagartig einsetzende Luftverteidigung fügte dem Feind erhebliche Verluste zu. 53 der feindlichen Bomber wurden abgeschossen.

In Westdeutschland entstanden durch Bombenwürfe einzelner Störflugzeuge keine nennenswerten Schäden.

Ludwig Dobberstein … entrissen. Johanna Reschke, geb. Dobberstein; Otto Reschke. Birkenwerder, Albertallee 19-20. Beerdigung 13. 12., 14½ Uhr, Friedhof Pankow III, Bahnhofstraße.

Durch Fliegerangriff fiel am 23. November 1943 mein lieber, treusorgender Mann, Papi, lieber Sohn, Bruder u. Onkel **Erich Freese** 42 Jahre alt. In tiefer Trauer: Antonie Freese, Wwe. und Angehörige. Berlin, z. Z. Straßburger Straße 27. Die Beerdigung findet Mittwoch, den 15. Dezember 1943, 14 Uhr, vom Sophien-Friedhof, Bergstr., aus statt.

Durch Feindeinwirkung fiel für Großdeutschland in treuer Pflichterfüllung am 22. Nov. 1943 mein über alles geliebter Mann, treusorgender Vater, lieber Schwiegersohn, Schwager u. Onkel **Pg. Paul Lehmann** im Alter von 42 Jahren. Er folgte unserem heißgeliebten Jungen, Kurtchen, dessen Verlust noch unvergessen. In tiefem, unsagbarem Schmerz: Wally Lehmann, Gattin; Röschen Lehmann, Tochter; Familie Rose, Schwiegereltern; Kurt, Elli, Gefr. Rudi Schenda; Ruth Schenda; Hans und Trudchen Kroll. z. Z. Berlin N 31, Ackerstr. 83-84, bei Vogt. Trauerfeier 14. 12., 13.30 Uhr, Sophien-Friedhof, Freienwalder Straße.

Feindlichem Fliegerangriff fiel unsere liebe Mutter, Wwe. **Emilie Dotzauer, geb. Barth** 74 Jahre alt, zum Opfer. In tiefer Trauer: Max Dotzauer u. Frau; Charlotte Jakubzik, geb. Dotzauer u. Gatte sowie Enkelkinder. Berlin. Die Trauerfeier findet am Dienstag, 14. 12. 1943, 16¼ Uhr, im Krematorium Baumschulenweg statt.

Nach unendlich tapfer… schwerem und langem … schlief heute nacht … treusorgender Mann … Vater, der Gastwirt **Walter Pet…** im 52. Lebensjahre. In tiefem Schmerz: … Peters, geb. Fest, und … Berlin SW 68, den 9. D… Friedrichstr. 212. Die Trauerfeier findet a… tag, dem 16. Dezember 13¼ Uhr, auf dem … Friedhof, Blücherplatz, E… ruther Str., statt.

Am 8. Dezember 1943 … mein lieber Vater, der Handelsvertrete… **August Drav…** im 72. Lebensjahre. In tiefer Trauer … Hinterbliebenen: Erwi… Yorckstraße 54. Die Trauerfeier findet … matorium Baumschulenwe… abend, 18. 12. 1943, 9 Uh…

Am 5. 12. 1943 verstarb … gem. mit großer Geduld … schwerem Leiden meine … geliebte Ehefrau, unser … gute Mutti, Schwiegern… Omi **Berta Walt…** In tiefer Trauer: Alfr… Günter Walter, z. Z. … Horst Walter, z. Z. im … Walter, geb. Jaenicke, … kinder. Berlin W 8, Kronenstraße …

Am 26. Nov. 194…

Ausschnitte aus der »Berliner Morgenpost«. In den Erfolgsmeldungen waren die Abschußzahlen nicht immer nur aus Propagandagründen zu hoch angegeben. Sie enthielten oft die gesamten gegnerischen Verluste des Vortages. Nicht alle der durch Nachtjäger erzielten Luftsiege wurden vom Reichsluftfahrtministerium später auch anerkannt. Zeitungsmeldungen dieser Art sah man ab März 1944 immer seltener, wie auch die Todesanzeigen bald auf den notwendigsten Text beschränkt und ebenfalls nur noch sporadisch abgedruckt wurden.

Jetzt beginnt eine wahre Hasenjagd. Der Angriff des Gegners verzettelt sich, die britischen Piloten versuchen, ihre Bomben so schnell wie möglich loszuwerden, um dann sofort abdrehen zu können. So fallen 1686 Tonnen Sprengbomben, Luftminen und Brandkanister wahllos auf die Stadt herab.
Die entstehenden Schäden sind wiederum erheblich. Feuerschein erhellt die Wolkendecke und zeigt den Nachtjägern ihre Ziele noch deutlicher an. Was mag in den Männern dort oben vorgehen, wenn sie die zahllosen Brandzeichen in den deutschen Städten sehen?
Aus der Innenstadt erhebt sich eine riesige Rauchwand. Nahe der Spree geht wieder eines der schönsten Bauwerke, das Schloß Monbijou, in Flammen auf, und leider erweisen sich die Beschädigungen als so schwer, daß der Bau nach dem Kriege nicht mehr wiederhergestellt werden kann. Die Ruine muß daraufhin abgerissen werden.
Etliche Formationen treten schon den Rückflug an, und viele Piloten sind froh, Berlin hinter sich zu wissen. Aber jetzt haben die Waffen der Nachtjäger noch einmal das Wort. Die 576. Squadron verliert eine der sieben nach Berlin entsandten Lancaster.
Leitstellen führen die Nachtjäger der I./NJG 4 aus Brandis bei Leipzig in den Raum des abfliegenden Gegners. Major Herget gelingt eine Doublette, zwei schwere Bomber innerhalb weniger Minuten. Ein anderes Geschwader, das NJG 3, stellt sich den Engländern über Westdeutschland und Holland zum Kampf. Als sein Kommodore, Major Lent, wieder in Leeuwarden landet, hat sich sein Abschußkonto um eine Lancaster und eine Stirling erhöht.
Erfolgreichster Jäger der Nacht zum 3. Dezember ist Hauptmann Szameitat von der 5./NJG 3. Er vernichtet während seines Einsatzes vier Lancaster.
Die folgende Aufstellung verzeichnet 14 der insgesamt 40 durch Nachtjäger und Flak abgeschossenen englischen Flugzeuge:

Major Lent	NJG 3	1 Lancaster	1 Stirling
Hptm. Szameitat	5./NJG 3	4 Lancaster	
Hptm. Peters	9./NJG 3	1 Lancaster	1 Halifax
Major Herget	I./NJG 4	2 Viermotorige	
Hptm. Hoffmann	I./NJG 5	2 Lancaster	
Hptm. Fellerer	II./NJG 5	2 Lancaster	

Das Bomber Command der RAF bleibt nach diesem verlustreichen Schlag für einen halben Monat der Reichshauptstadt fern. Nur einmal schwirren in der Zwischenzeit die Mosquito über Berlin, allerdings schon bereits einen Tag nach dem ersten Dezembereinsatz. Dann tritt für zwölf Tage Ruhe ein.
Langsam nur überwinden die Berliner die Auswirkungen der vorangegangenen Angriffe. Die Aufräumungsarbeiten nehmen immerhin lange Zeit in Anspruch, und das Winterwetter trägt nicht gerade zur Beschleunigung dieser Arbeiten bei. Glücklicherweise aber funktioniert die Versorgung, obwohl auch hier ab und zu Störungen in Kauf genommen werden müssen.
Anfang Dezember gibt der Leiter des Berliner Hauptemährungsamtes, Abteilung A, Stabsleiter Ruppnau, einen Bericht ab, der sich mit der Organisation sofort nach den Bombennächten beschäftigt. Gleich zu Beginn der britischen Luftoffensive gegen die Hauptstadt war die unerfreuliche Meldung eingegangen, daß wichtige Umschlagplätze getroffen seien und für die Aufrechterhaltung der Versorgung teilweise ausfallen würden. Das Haupternährungsamt schaltet schnell. Noch in derselben Nacht werden die Richtlinien vorbereitet, um sicherzustellen, daß die an diesen Umschlagplätzen tätigen Betriebe die ihnen obliegenden Versorgungsaufgaben trotz aller technischen Schwierigkeiten weiter erfüllen können. Ruppnau sagt weiter aus, daß trotz der nicht unerheblichen Schwierigkeiten im Transportwesen in keinem Berliner Stadtbezirk ernste Versorgungsstörungen zu beobachten sind. Vorräte sind in verhältnismäßig ausreichendem Maße vorhanden.
Auch die nach den heftigen Luftangriffen im November entstandenen Schäden am Berliner Verkehrssystem sind jetzt weitgehend wieder behoben. Die S-Bahn, einschließlich der Ringbahn, fährt wieder auf allen Strecken. Bei der BVG sieht es noch nicht so günstig aus, wenngleich auch hier viele Straßenbahn- und Omnibuslinien sowie die U-Bahn in größerem Umfang den normalen Fahrdienst wieder aufnehmen können. Vom Dönhoffplatz zum Schlesischen Tor besteht aber immer noch Pendelverkehr durch Omnibusse.
Neue Einflüge in Richtung Berlin werden am Donnerstag, dem 16. Dezember, gemeldet, als sich ein starker Kampfverband in den Abendstunden dem Braunschweiger Raum nähert. Das bedeutet erfahrungsgemäß höchste Alarmstufe für die Reichshauptstadt.

Nachtjäger steigen auf, stoßen durch die Wolken und fliegen in einen mondhellen Himmel hinein. Nicht lange dauert es, bis die Briten erkannt sind und der Angriff auf die schwarzen Riesenkästen mit den Doppelleitwerken eröffnet werden kann.
Wieder ist es das NJG 1, das seine Gesamtabschußziffer um sechs Maschinen erhöht. Oberleutnant Prinz zur Lippe-Weißenfeld setzt sich hinter eine Lancaster und schießt sie nach wenigen Augenblicken ab. Eine heftige, grelle Detonation zeigt dem Deutschen, wo sein Gegner am Boden aufschlägt.
Von den 492 gestarteten Maschinen erreichen 450 die Hauptstadt. Sie werfen in der Zeit von 19.55 bis 20.34 Uhr 947 Tonnen Sprengbomben und 868 Tonnen Brandbomben aller Art auf Berlin.
Über Wilmersdorf steht plötzlich ein heller Feuerball am Himmel. Eine Lancaster ist direkt in eine Flaksalve hineingeflogen. Teile wirbeln durch die Luft. Weiter südlich brennt ein anderer Bomber und geht tiefer. Auch er schlägt irgendwo in der Stadt auf.
Prinz zur Lippe-Weißenfeld sichtet abermals auf dem Schirm seines »Lichtensteins« einen sich schon auf dem Rückflug befindlichen Briten. Wenig später muß die Lancaster in die Tiefe. Der zweite Abschuß des Prinzen!
Von St. Trond aus fliegt die 12./NJG 1 den Engländern entgegen. Auch diese Staffel ist erfolgreich. Wieder gelingt es einem einzelnen Flugzeugführer, in einer Nacht vier der großen Bomber abzuschießen. Es ist Oberleutnant Schnaufer, den die Engländer später das »Nachtgespenst von St. Trond« nennen. Nur zu gern hätten sie den Deutschen abgeschossen gewußt, doch die britischen Fernnachtjäger erreichen Schnaufers Bf 110 nie. Schnaufer steht noch am Anfang seiner großen Erfolge, aber sein Name wird immer öfter genannt. Nach dem Abschuß von drei Lancaster in dieser Nacht erringt der Oberleutnant mit der Vernichtung eines weiteren viermotorigen Bombers während des gleichen Einsatzes seinen 42. Nachtluftsieg.
Zu den 25 Bomberverlusten der Briten am 16. Dezember kommen wiederum 29, durch schwere Beschädigungen nicht mehr einsatzfähige Maschinen hinzu. Eine der Lancaster streift bei der Notlandung in England einen Baum und zieht noch einmal hoch. Der Pilot meldet sich kurz darauf, aber plötzlich reißt die Verbindung zur Bodenstelle ab. Sekunden später stürzt der Bomber ab.

Es wird augenscheinlich, daß die »Schlacht um Berlin« von der RAF immer mehr Verluste fordert, und auch sonst sind die Engländer mit ihrer Bomberoffensive gegen die deutsche Hauptstadt nicht mehr ganz zufrieden. Seit Beginn der Schlacht besitzen die Briten noch kein einziges Foto von der Reichshauptstadt, das die Auswirkungen ihrer Angriffe zeigt, denn das schlechte Wetter machte jede Fernaufklärung bisher einfach unmöglich. Nach rund zwanzig Versuchen kann die RAF endlich am 18. Dezember mehrere Bezirke fotografieren, und am nächsten Tag gelingt es, die ganze Stadt zu filmen. Das Ergebnis der Bildauswertung wirkt ernüchternd. »Das kann doch nicht möglich sein!« Schnell schiebt der Stabsoffizier in High Wycombe das nächste Foto unter den Stereobetrachter, vergleicht, schüttelt erneut den Kopf. *»Ist das der Erfolg von mehreren Tausend Tonnen Bomben, sind unsere Jungs umsonst drüben gewesen?«* Harris läßt sich die Luftaufnahmen anschließend vorführen. Betroffen muß er feststellen, daß die Ausmaße der Zerstörungen längst nicht seinen Erwartungen entsprechen. Nur die Bezirke Tiergarten und Mitte scheinen sehr schwere Schäden aufzuweisen.

In der Nacht zum 24. Dezember probieren die Engländer ein neues System, eine zusätzliche Navigationshilfe aus. Ein aus jeder Squadron speziell ausgesuchter Navigator wird die auf dem Flug beobachteten momentan herrschenden Windrichtungen und die allgemeinen Wetterbedingungen zum Flugplatz funken. Hier gehen nun die Meteorologen sofort an die Auswertung der erhaltenen Berichte, damit sie den Bomberbesatzungen eventuell neue Flugrichtungen oder notwendig werdende Umgehungen mitteilen können.

Trotz dieser Bemühungen bezeichnen selbst die Briten den Angriff der 332 schweren Kampfflugzeuge und sechs Mosquito als erfolglos, obwohl sie nahezu 1300 Tonnen Bomben auf Berlin werfen. Von 37 H2S-Radargeräten fallen obendrein 16 durch technische Mängel aus. Dadurch können ferner rund 75 Prozent der mitgeführten Markierungskörper nicht abgeworfen werden.

Der Hauptteil der Bomben geht im Südwesten der Reichshauptstadt nieder, wobei besonders die Einwohner von Lichterfelde und Steglitz schwer zu leiden haben. Der Angriff fällt in eine für die Berliner lange nicht mehr gewohnte Zeit. Um halb vier Uhr morgens erst heulen die Sirenen. Es ist der Morgen der fünften Kriegsweihnacht.

Für die Luftangriffe gegen Deutschland während des Winters 1943/44 gibt die RAF als Hauptziele Städte an, in denen sich vorwiegend Flugzeugindustrien befinden, jedoch bleibt die Weiterführung der »Schlacht um Berlin« vordringlich.
Der letzte sich gegen die Hauptstadt richtende Einsatz im Jahre 1943 innerhalb der britischen Bomberoffensive findet am 29. Dezember statt, diesmal wieder zur üblichen Zeit in den Abendstunden.
Den Engländern schlägt ein heftiges Abwehrfeuer der Flak entgegen, die heute stärker als bei den vorherigen Angriffen in Aktion tritt. Dagegen bleibt der Nachtjägereinsatz über dem Raum Berlin fast aus, weil die deutschen Maschinen durch einen Ablenkungsangriff der RAF gegen Leipzig wieder einmal fehlgeleitet werden.
So können also über 600 Kampfflugzeuge ohne die sonst übliche Hast ihre Bomben auf Berlin abwerfen. Auch die Pfadfinder leisten an dem Abend korrekte Vorarbeit. Die Markierungen liegen genau über den vorher bestimmten Bezirken und besiegeln den Tod vieler Menschen.
Einmal am Himmel stehend, zeigen sich die »Christbäume« als Vorboten der Vernichtung in einer manchmal die tödliche Wirklichkeit vergessen lassenden Farbenpracht. Doch dann, wenn der bunte Flimmer seine Leuchtkraft immer mehr verliert und dem Erlöschen nahe ist, steigt der hundertfache Tod hinab, pfeifend und heulend.
Am nächsten Tag meldet der OKW-Bericht nichts von den Schrekken des Angriffes, nichts von den schweren Verwüstungen. Nur die Nachricht über 23 vernichtete britische Maschinen – drei mehr als die tatsächlich erlittenen Verluste – soll den Berlinern mehr oder weniger Genugtuung bieten.
Mit Beginn des neuen Jahres zieht eine abermalige Schlechtwetterfront über Europa auf. Hauptsächlich der Januar bringt kaltes Winterwetter mit sich. Die Wolkendecke scheint nicht mehr aufreißen zu wollen. Und trotzdem fliegen die Engländer weiter gegen Berlin.
Am Sonntag, dem 2. Januar, kommen die Bomber der RAF um fünf Minuten vor drei Uhr morgens. Berlin entzieht sich den Blicken der Piloten, der Himmel ist rundum verhangen. Als die Kampfflugzeuge über der Stadt eintreffen, vermissen die Besat-

Diese Halifax ist eine von den vielen Kampfmaschinen, die nach ihrem Angriffsflug gegen Berlin nicht mehr zurückkehrten. Flak und Nachtjäger können, trotz oftmals großer Abschußerfolge, letzthin doch nicht verhindern, daß die Alliierten mit Hunderten von Flugzeugen gegen die Reichshauptstadt vordringen.

Die Reste einer in der Nacht zum 31. Januar 1944 von der Flak bei Velten abgeschossenen Lancaster. Die beiden toten Besatzungsmitglieder wurden beim Aufprall herausgeschleudert.

Eine am 6. März 1944 über Berlin von der Flak getroffene Fortress der 306. Bombardment Group. Die Maschine hat sich gerade ihrer Bombenlast entledigt.

zungen zum erstenmal das gewohnte Leuchten der Markierungsbomben. Anscheinend kommen die Viermotorigen zu spät, die Pfadfinderzeichen sind schon erloschen.
Schon über der Nordsee nehmen die deutschen Nachtjäger den Bomberstrom in Empfang. Das erleben die Engländer ebenfalls nicht oft. Bis Berlin lassen die Jäger dann nicht mehr von den Angreifern ab. Sechs Maschinen gehen noch vor Erreichen der Hauptstadt verloren.
Auch durch einen auf Hamburg geflogenen Scheinangriff lassen sich die Deutschen nicht täuschen. Im Gegenteil. Im Raum Berlin versammeln sich die dort stationierten Nachtjägereinheiten, warten auf die anfliegenden Engländer. Major Lent vom NJG 3 schießt eine Viermotorige ab, eine andere erhält durch den Angriff eines weiteren Jägers schwere Treffer. Die Lancaster entledigt sich ihrer Bomben durch Notwurf und dreht sofort ab. Ob sie englischen Boden erreichte, ist nicht gewiß.
Insgesamt verliert die RAF in der Nacht zum 2. Januar 1944 achtundzwanzig Maschinen. Ein unerwartet großer und seltener Abschußerfolg ist dem Kommodore des NJG 2, Major Prinz zu Sayn-Wittgenstein, beschieden. Er bringt in diesen Morgenstunden sechs Bomber zum Absturz. Drei Lancaster und drei Halifax!
Die Aussichten für die Maschinen des Bomber Commands, Berlin zu erreichen, verringern sich ab Januar 1944 immer mehr. Die Angriffe der Engländer steigern sich auffällig, ebenso erhöhen sich aber auch ihre Verluste. Nach dem Ruhrgebiet mit seiner gefürchteten Flak erweist sich nun auch die Reichshauptstadt als tödliche Falle für Harris' Bomberstreitmacht.
Vierundzwanzig Stunden später erleiden die Briten bei dem zweiten Januareinsatz gegen Berlin eine erneute Niederlage. Für die Besatzungen von elf Mosquito und 300 schweren Kampfmaschinen ist es ein Flug, den sie so schnell nicht vergessen werden. Macht ihnen die deutsche Abwehr schon schwer zu schaffen, so kommt heute noch dazu, daß unvorhergesehene Wetteränderungen den gesamten Angriffsflug zu einer Strapaze werden lassen. Fast an jeder Maschine treten Vereisungserscheinungen auf, und noch vor Erreichen des Zieles sehen sich viele Piloten deshalb gezwungen, Teile der Bombenladung vorzeitig abzuwerfen. Andere brechen ihren Flug ab und bombardieren auf dem Rückflug Ausweichziele.

Trotz der über 1000 Tonnen abgeworfener Bomben auf Berlin ist man nach englischen Angaben mit der Durchführung des Einsatzes vollkommen unzufrieden. Das ist nur zu verständlich, wenn diesem Unternehmen die deutschen Abwehrerfolge gegenübergestellt werden. Noch einmal verlieren die Briten 28 Maschinen, das sind neun Prozent der über Berlin gewesenen und über sieben Prozent der gestarteten Flugzeuge.

Das ist auch den Engländern zuviel. Sie wenden sich anderen Zielen zu und fliegen Berlin erst wieder siebzehn Tage später an. Harris schickt aber in der Zwischenzeit seine Mosquito.

Die erste Stadt, die einen Angriff dieser »Ausweichoffensive« hinnehmen muß, ist Stettin. Sie wird in der Nacht zum 6. Januar bombardiert. Braunschweig folgt eine Woche darauf. Schwere Beschädigungen an der Ferngasleitung nach Berlin durch Luftangriff am 11. Januar bedingen einen fünfzigprozentigen Ausfall, doch am 20. sind die Schäden so weit behoben, daß der Gasausfall nur noch zwanzig Prozent beträgt.

Lancaster und Halifax fliegen am frühen Abend des 20. Januar über Norddeutschland ein. Ein größerer Teil strebt der Hafenstadt Kiel zu, während schwächere Verbände in Richtung Düsseldorf und Hannover weiterziehen. Gleichzeitig nähern sich andere Einheiten der RAF dem Raum Braunschweig, um diese Stadt zu bombardieren.

Die anderen Bomberströme wechseln inzwischen kurz vor den genannten Städten ihren Kurs und dringen weiter nach Osten vor, Richtung Berlin. Das Vorhaben, die Deutschen durch Scheinangriffe von dem eigentlichen Ziel abzulenken, schlägt abermals fehl. Desgleichen gelingt es auch dem Verband über Magdeburg nicht, die Nachtjäger auf sich zu lenken und so den Verbänden des Bomber Commands den Weg zur Reichshauptstadt freizuhalten.

In der Gegend von Hamburg erwarten die Jäger bereits die Engländer, und auch die um Berlin liegenden Ju 88 und Bf 110 der Nachtjagdgeschwader sind auf das Herankommen des Gegners vorbereitet. Die meisten der eingesetzten Nachtjägerpiloten erringen mindestens zwei Abschüsse. Die Flak holt über Berlin mehrere Bomber vom Himmel, darunter eine Halifax der 427. und eine Lancaster der 460. Squadron.

Nach heftiger Gegenwehr der britischen MG-Schützen stürzen zwei Halifax und eine Lancaster brennend in die Tiefe. Der erfolgreiche Jäger ist Oberfeldwebel Berschwinger von der 4./NJG 2. Mit sieben Abschüssen ist auch das NJG 5 beteiligt, wovon Hauptmann Fellerer von der II. Gruppe allein vier Halifax und einer Lancaster nach langen Verfolgungsjagden den Todesstoß gibt. Dem gegenüber steht der Verlust von insgesamt sieben deutschen Nachtjägern.

Major Prinz zu Sayn-Wittgenstein, Sieger in unzähligen Nachtgefechten, vernichtet drei Bomber und bezwingt mit dem letzten Abschuß somit seinen 78. Gegner im Luftkampf. Nur einen Tag später ereilt den draufgängerischen, noch nicht 28jährigen Major das Fliegerschicksal. Nach dem Sieg über fünf englische Kampfflugzeuge über Westdeutschland wird Sayn-Wittgenstein von einem Mosquito-Fernnachtjäger selbst abgeschossen. Diese Nacht zum 22. Januar 1944 bedeutet das Ende seines kometenhaften Aufstieges. Eichenlaubträger Sayn-Wittgenstein fällt nach 83 Nachtluftsiegen. Seine Maschine zerschellt in der Nähe des Schlosses Groß-Wudicke, dem Ausweichquartier der Schweizerischen Gesandtschaft in Berlin, zwischen Rathenow und Stendal. Seinem Bordfunker und dem Heckschützen gibt der Major kurz vor dem Absturz noch den Befehl zum Aussteigen.

Einundzwanzig Kampfflugzeuge, unterstützt von zehn Mosquito, erscheinen in der Nacht zum 22. Januar zu einem nur zehn Minuten dauernden Angriff auf Berlin, während das Hauptziel eines großen Verbandes der RAF Magdeburg ist. Erst am Donnerstag, dem 27. Januar, stößt das Bomber Command wieder mit nicht ganz 500 Maschinen in Richtung Reichshauptstadt vor.

Die Engländer verfolgt das Pech. Kurz nachdem drei Lancaster über der Stadt ein Opfer der deutschen Abwehr werden, versuchen die anderen Maschinen, dem Flakriegel auszuweichen. Dabei kommt es zu mehreren Kollisionen, die den Absturz einiger Bomber zur Folge haben.

Von den bekannten Nachtjägerpiloten bleibt in dieser Nacht Oberleutnant Johnen durch die Vernichtung von drei Lancaster erfolgreichster Schütze. Oberleutnant Schnaufer erledigt mit seiner Bf 110 eine weitere Lancaster. Wieder büßen die Engländer knapp acht Prozent ihres Angriffsverbandes ein, wobei diesmal die australischen Staffeln des Bomber Commands hohe Verluste einstecken müssen. Die Nachtjägereinheiten verlieren neun Maschinen, eine davon unglücklicherweise durch die eigene Flak.

Mit Beginn der nächsten Nacht bricht wieder das Unheil über die Berliner herein. Die RAF beschließt den Monat mit einem Doppelschlag in der Nacht zum 29. und zum 31. Januar, wobei zusammen 3481 Tonnen Bomben aus den Schächten der britischen Maschinen fallen.
Zunächst erscheint etwa um die dritte Morgenstunde des 29. ein Schwarm von fünf Mosquito über Berlin. Zwischen Alarmgeben und Herannahen der Engländer vergehen nur ein paar Minuten, und die Zeitspanne ist viel zu kurz, als daß die Berliner alle rechtzeitig die Keller und Bunker erreichen können. So wird eine große Anzahl Menschen noch während ihrer zu treffenden Luftschutzmaßnahmen vom Angriff überrascht.
Die Mosquito drehen rasch ab, nachdem sie ihre Markierungen gesetzt und zum Teil auch schon einige Luftminen abgeworfen haben. In kurzem Abstand folgen ihnen die Hauptströme der Lancaster und Halifax, die heute über Dänemark anfliegen, im Raum Rostock auf Südostkurs gehen und nun über Spandau in die Hauptstadt eindringen.
Fast in allen Stadtteilen lodern wieder Brände auf, durch pausenlos niedergehende Kaskaden von Brandbomben entfacht. Die südlichen Bezirke von Lichterfelde bis Mariendorf scheinen das besondere Ziel des Bomber Commands zu sein. Die Gaswerke Neukölln und Mariendorf erhalten etliche Volltreffer. Die Neuköllner Anlagen müssen für zehn Tage den Betrieb einstellen. Dadurch fällt trotz schnellster Versuche, die beiden Werke wieder betriebsfähig zu machen, der Industriegasverbrauch in Berlin um 40 Prozent ab. Ein harter Schlag für die vielen Rüstungsfabrikationsstätten.
Der OKW-Bericht gibt 43 englische Flugzeuge als abgeschossen bekannt, während die tatsächlichen Verluste der RAF sich auf 47 Maschinen belaufen. Drei weitere, nicht an diesem Einsatz teilgenommene Bomber kommen noch dazu, so daß die Engländer in der Nacht zum 29. Januar 50 Flugzeuge auf dem Kontinent zurücklassen. Die RAF selbst schießt nur zwei Nachtjäger ab.
Oberleutnant Vinke von der 11./NJG 1 bringt drei Lancaster, Hauptmann Hoffmann von der 1./NJG 5 drei Halifax zum Absturz. Der von Parchim aus startende Hauptmann Fellerer, ein ebenfalls schon oft genannter Nachtjägerpilot, schießt zwei Halifax ab. Major Lent bleibt über eine weitere Halifax Sieger. Lent wird nach Schnaufer an zweiter Stelle der erfolgreichsten deutschen

Nachtjäger stehen. Er stürzt, vom Gegner unbesiegt, nach 110 Abschüssen am 7. Oktober 1944 mit seiner Ju 88 tödlich ab.
Der letzte Januareinsatz, zugleich der zweite Teil des Doppelangriffes, ist von einer an die Novembernächte erinnernden Heftigkeit gekennzeichnet. Man merkt, daß Harris nun über Berlin mit aller Macht eine Entscheidung herbeizuführen versucht. Schon am vorangegangenen Nachmittag löste wahrscheinlich ein Aufklärer Fliegeralarm aus. Da aber alles ruhig blieb, glaubten die Berliner an einen Übungsalarm, da ja Angriffe am Tage noch etwas ganz Seltenes sind. Erst kurz vor 20.00 Uhr beginnt für die Stadt der Reigen des Todes.
Wieder kommen die Briten vom Norden und somit zuerst in den Bereich der in Marwitz, Bötzow und Schwante bei Velten liegenden Flakabteilung 422. Die 4. Batterie des Oberleutnants Schrader trifft eine Lancaster durch direkten Beschuß. Der Bomber geht nahe des Dorfes Eichstädt nieder und zerschellt. Sechs Mann der herausgeschleuderten Besatzung liegen tot neben ihrer Maschine, während der letzte Flieger mit dem Fallschirm abspringen kann. Aber auch er ist dem Tode geweiht, denn der Schirm fängt Feuer und läßt den daran Hängenden abstürzen. Dieses letzte Besatzungsmitglied der Lancaster stirbt am nächsten Morgen.
Bomben und Luftminen reißen die Bahngleise der Grunewalder Rangieranlagen auf. Die S-Bahnstrecke von Nikolassee und Grunewald ist vollkommen unterbrochen. Durch schwere Schäden an den Verkehrsanlagen der S- und U-Bahn kommt es auch in den übrigen Stadtteilen zu lang anhaltenden Betriebsstörungen und zur Einstellung des Fahrdienstes.
Riesige Brände entstehen in der Kurfürstendammgegend. Vom Bahnhof Halensee bis zum Zoo leuchtet der rote Feuerschein gegen den nächtlichen Himmel. Zahlreiche Sprengbomben verwüsten den Wittenbergplatz. Die nächsten großen Brandherde entstehen in den Bezirken Schöneberg und Steglitz. Wieder müssen die Feuerwehren aus der ganzen Umgebung und sogar aus Dresden heraneilen, um gemeinsam mit den Berliner Brandschutzkräften einer Verbreitung des Flammenmeeres entgegenzutreten.
In den Häusern, auf Plätzen und Straßen liegen Dutzende von Blindgängern und Zeitzündern. Nicht alle können rechtzeitig entdeckt und entschärft werden, und immer wieder erfolgen noch lange nach dem Angriff heftige Detonationen.

Männer mit Stahlhelmen, Frauen und Jugendliche eilen durch die Straßen, helfen bei den ersten Aufräumungsarbeiten oder unterstützen die Feuerwehren in ihrem Kampf mit den Flammen. Auf den Fahrbahnen häuft sich der Trümmerschutt. Große Wasserlachen, Steine, Scherben und verbogenes Metall vervollständigen den Wirrwarr. In der Hardenbergstraße versuchen einige Anwohner mit blauen Stahlhelmen und Gasmasken, einen niedergegangenen Phosphorkanister unschädlich zu machen. Einer der Männer hockt mit schmerzverzerrtem Gesicht an einem Baum und wartet auf den Abtransport in ein Krankenhaus. Umherspritzende Teilchen des Kanisterinhaltes haben ihm gefährliche Brandwunden an Armen und Beinen zugefügt. In einer anderen Straße bergen ein paar Soldaten gerade die Einwohner eines zusammengestürzten Hauses.

Was geht wohl in solchen Augenblicken in den Menschen vor? Wie oft zeigt es sich in jenen Brandnächten, daß sie in den kritischen Minuten nicht die Nerven verlieren und über sich selbst hinauswachsen. Unter ihnen die Vielzahl der Männer und Frauen, die beispielsweise Brandbomben vom Boden aufheben, um sie durch das Fenster ins Freie zu werfen. Oder diejenigen, die selbstlos ihr Leben einsetzen, um in den Flammen eingeschlossene Mitbürger in Sicherheit zu bringen.

Man wird auch kaum sagen können, daß während eines Luftangriffes der eine mehr, der andere weniger Angst aussteht. In jedem Fall wird die Angst gleich groß sein und im Vordergrund stehen, denn auch die Beherzten, die schnell und entschlossen Handelnden haben Angst. Sie reagieren vielleicht nur schneller als andere. Oftmals kommt jedoch die Reaktion viel zu spät, wenn die betroffenen Menschen fassungslos vor ihrem brennenden Haus stehen. Resignation breitet sich aus, und der Wille, etwas zu unternehmen, fehlt einfach beim Anblick der zerstörten Habe.

Die Vernichtungswelle über Berlin hält 28 Minuten an, dann ertönen um 21.10 Uhr die erlösenden Entwarnungszeichen. Aber auch die Engländer kommen nicht ungeschoren davon. Die Nachtjäger haben heute das über den Wolken liegende Mondlicht zum Verbündeten. Oberleutnant Schnaufer erringt mit der Vernichtung einer Lancaster seinen 44. Luftsieg. Neun weitere Lancaster gehen auf das Konto des NJG 5, wobei Leutnant Wolf von der 3. Staffel allein drei abschießen kann. Zwei andere Lancaster werden

das Opfer von Hauptmann Peters, der mit der 9./NJG 3 an den Bomberverband herangeführt wird.
Mit zwei Toten an Bord kehrt eine Lancaster der 550. Squadron nach Waltham in Lincolnshire zurück. Die Maschine selbst ist schwer beschädigt und kann nicht mehr eingesetzt werden.

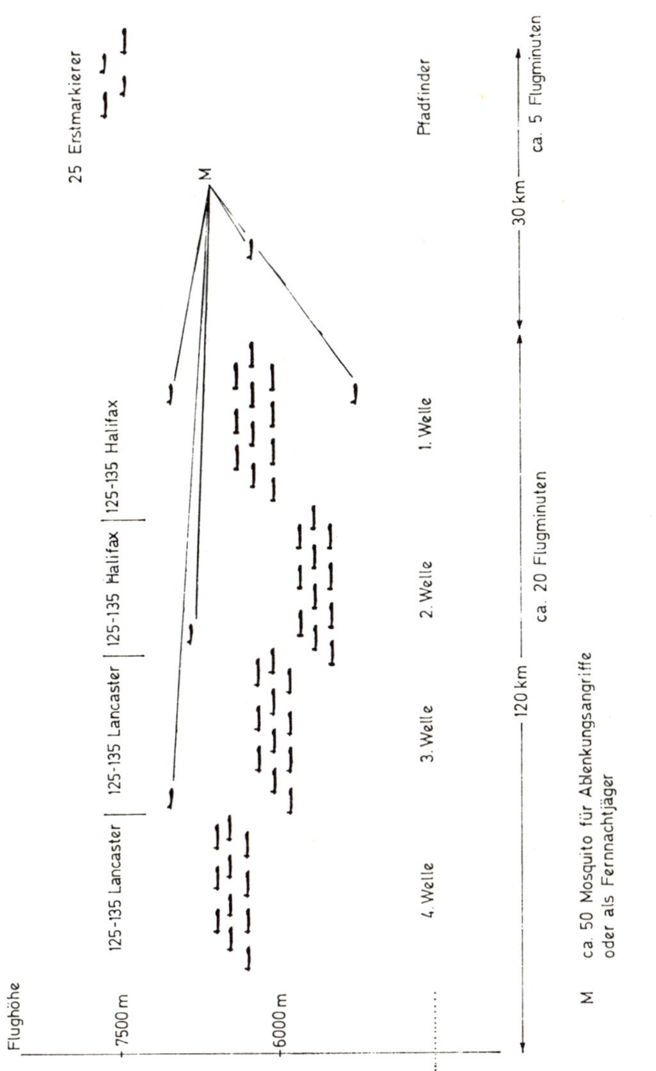

Anordnung britischer Kampfverbände bei Nachtangriffen wie sie auch während der „Schlacht um Berlin" geflogen wurden

Von den Nachtjagdgruppen kehren sechs Maschinen nicht zurück. Damit verlieren die Deutschen bei der Verteidigung Berlins seit dem 18. August 1943 insgesamt 71 Flugzeuge.
Die vorzeitige Rückkehr etlicher am 30. Januar gegen Berlin gestarteter Halifax beschäftigt sowohl die englischen Abwehrstellen, als auch zum Teil die Kriegsgerichte. Normalerweise gelten Motoren-, Hydraulikschäden, Störungen in den elektrischen Anlagen und der Eigenverständigung oder andere schwerwiegende Mängel als Ursache für einen Abbruch des Fluges. Piloten der RAF hatten ohne weiteres das Recht zur Umkehr, wenn derartige Umstände die Besatzungen und die Maschine gefährdeten. Dagegen konnte eine nicht genügende Erklärung für die vorzeitige Rückkehr vom Feindflug für die Besatzung recht unangenehme Folgen haben. Die meisten britischen Flugzeugführer zogen es sogar vor, auch bei aufgetretenen Schäden ihren Einsatz zu vollenden, ehe sie sich eventuell dem Verdacht der »Feigheit vor dem Feinde« aussetzen wollten. (Zusammenfassung des Angriffes sowie der Verluste im Januar 1944 siehe Anhang 4.)
Die ab Oktober 1943 bis Januar 1944 gegen Eisenbahnziele im Westen gerichteten Luftangriffe bringen eine steigende Verschlechterung der Rohstoffversorgung für die Reichshauptstadt mit sich. Trotzdem ist noch eine ausreichende Belieferung mit Rohstoffen und Lebensmitteln gewährleistet. Aber wie lange noch? Bis Ende Januar kennen die Berliner keine Kohlensorgen, doch von da ab schmilzt der Vorrat ständig zusammen, da die Reichsbahn immer wieder das Ziel der alliierten Bomber und Jabos ist. Ab Februar 1944 können nur noch rund 75 Prozent aller erforderlichen Güter nach Berlin herangeführt werden, und dafür stehen nicht mehr als 40 Prozent der zum Transport und zur Verteilung dieser Güter benötigten Lastkraftwagen zur Verfügung. Die Aussichten, hier Abhilfe zu schaffen, verringern sich natürlich im Laufe des Jahres noch mehr.
Aber noch ist es nicht soweit. Noch treten keine größeren und spürbaren Verzögerungen in der Bewirtschaftung der deutschen Hauptstadt auf.
Unterdessen nähert sich die »Schlacht um Berlin« ihrem Ende.

Vierzehn der insgesamt sechzehn Großangriffe liegen zurück. Von den beiden noch kommenden schweren Angriffen findet je einer im Februar und im März statt. Der in der Nacht zum 16. Februar durchgeführte Einsatz ist dabei der wuchtigste und schwerste innerhalb der ganzen »Schlacht um Berlin«.
Diesem Schlag gehen Anfang Februar drei Mosquitoangriffe voraus, wobei in der Nacht zum 2. elf Mosquito der 692. Squadron wieder ausnahmslos Luftminen abwerfen. Der deutschen Abwehr gelingt es dabei, drei der Mosquito zum Absturz zu bringen, das ist ein ganz seltener Erfolg.
Lange warten die Engländer auf die nächste mondlose Nacht, damit ihre Maschinen, vom nachtschwarzen Himmel tarnend umgeben, den heftigsten Schlag gegen die Reichshauptstadt durchführen können. Die Nacht kommt Mitte des Monats.
Dienstag, der 15. Februar 1944. Zehn Minuten vor 21.00 Uhr zerreißt das schreckliche Geheul der Luftschutzsirenen die abendliche Stille. Die Berliner, durch ausbleibende Großangriffe seit einem halben Monat dem Schrecken einer Bombennacht fast »entwöhnt«, ahnen beim Verlassen ihrer Wohnungen nichts Gutes. Auch im Polizeipräsidium in der Dircksenstraße herrscht mehr Unruhe als sonst. Von der Befehlsstelle der örtlichen Luftschutzleitung im Erdgeschoß des Hochbunkers am Bahnhof Friedrichstraße/Ecke Karlstraße aus läßt der Polizeipräsident von Berlin, Graf Helldorf, die Einsatzbereitschaft aller verfügbaren Streifenkommandos, Rettungs- und Feuerwehrkräfte überprüfen. Nicht zuletzt hängt es von seinen Anordnungen ab, ob ein sinngemäßer Einsatz der Luftschutzkräfte gewährleistet, die Feuerwehr an die Schwerpunkte herangeführt oder sogar die Gefahr einer Panik beseitigt werden kann. Gewiß keine leichte Aufgabe für Helldorf, der später als Widerstandskämpfer im Zusammenhang mit dem 20. Juli 1944 hingerichtet wird.

In den mattbeleuchteten Luftschutzkellern der Wohnungen, in den öffentlichen Schutzräumen, an allen Plätzen, wo ein Radiogerät steht, wird es plötzlich still. Die ohnehin schon flüsternd geführten Gespräche verstummen, und in die Stille hinein wächst das Ticken des Drahtfunks. In gleichbleibendem Rhythmus, wie ein Metronom. Alle Blicke sind auf das Radio gerichtet, jede Sekunde kann die Durchsage kommen. In den nächsten Augenblicken wird sich entscheiden, ob der Tod unwiderruflich naht oder ob nicht das Schicksal für die unter der Erde Sitzenden heute noch einmal eine Ausnahme macht.

Es ist eigenartig, daß in ähnlichen Situationen, bei denen die Hoffnung eben auf diese Ausnahme sehr gering erscheint, die Menschen bis zum Schluß immer noch an die Abwendung der Gefahr glauben. Vielleicht resultiert daraus auch der Mut zum Durchhalten, der Wille zum Überleben.

In den Lautsprechern knackt es. Als das Ticken aufhört, halten die Menschen den Atem an.

»Achtung, Achtung! Hier ist der Befehlsstand der 1. Flakdivision Berlin. Die gemeldeten Bomberverbände befinden sich über Mecklenburg im Anflug auf die Reichshauptstadt. Wir kommen wieder!«

Inzwischen stehen die Spitzen der englischen Formationen zwischen Wittstock und Neuruppin. Wenn jetzt der Sprecher im Zoobunker das tickende Pausenzeichen erneut unterbricht, wird der herandröhnende Kampfverband, nun kurz vor Berlin stehend und in Angriffswellen aufgeteilt, die Bombenschächte öffnen. Immer noch hoffen die in den Kellern Ausharrenden auf einen Kurswechsel der Bomber, doch die Briten fliegen weiter geradeaus. Die »Zeremonienmeister« machen ihre Markierungsbomben klar.

Über dem Norden Berlins glitzern rote und grüne Sternchen auf. Neun Lancaster und sechs Halifax als Vorhut haben die Aufgabe der Beleuchter übernommen. Genau zwei Minuten später erscheinen elf Lancaster mit Infrarot-Geräten. Die bunten Sternchen als grobe Anhaltspunkte nehmend, stecken diese Kampfflugzeuge nun das eigentliche Angriffsziel ab. Je eine Markierungsbombe im Abstand von zwei Minuten. Zu diesem Zweck fliegen sie paarweise über die Stadtgebiete und werden von dreizehn weiteren Halifax unterstützt, die aus verschiedenen Richtungen herankommen.

Nach den Beleuchtern folgen 88 Kampfmaschinen, welche tonnenweise »windows« über Berlin abwerfen. Sie sollen die Flakleitstellen außer Betrieb setzen.

Erst jetzt nähert sich der aus fünf Wellen bestehende Bomberverband mit je etwa 160 Viermotorigen. Kleinere Einheiten fliegen zu einem Ablenkungsangriff nach Frankfurt an der Oder weiter.

Die kommende Nacht sieht die bisher größte Luftstreitmacht über Berlin. Es fällt auf, daß der Bomberstrom diesmal in ungewohnter Ordnung fliegt.
Eine gleichmäßig dicke Wolkenschicht läßt die gesetzten Markierungen praktisch nutzlos werden. Der Abwurf der Bomben erfolgt ungezielt, aber die abgeworfene Gesamtmenge beträgt 2642 Tonnen. Eine bisher noch nicht erlebte Zahl!
Die Hauptlast des Angriffes tragen Siemensstadt und Charlottenburg. Bewohner der beiden Bezirke bekommen die Auswirkungen der Bombennacht am meisten zu spüren. Die Bismarckstraße in Charlottenburg steht in Flammen, und in der Umgebung des Bahnhofes Jungfernheide bietet sich ein Bild schwerer Verwüstungen.
Sowohl die Werner-Werke von Siemens-Halske als auch die Flugzeugmotoren produzierenden Daimler-Benz-Werke in Marienfelde erhalten Treffer. Ebenso verzeichnen die Lorenz-AG in Tempelhof und zwei Werke der AEG erhebliche Schäden an ihren Anlagen.
Entlang des Landwehrkanals in Kreuzberg brennen viele Häuser. In dieser Gegend gibt es kaum noch ein unbeschädigtes Gebäude. Wiederum bricht der Stadtbahn- und U-Bahnverkehr an einigen Stellen zusammen, da die Schäden an den Gleisanlagen und auch an Bahnhöfen längst nicht sofort behoben werden können.
Aufflackernder Feuerschein durchdringt leuchtend die Wolkendecke, Rauchsäulen türmen sich bis zu zehn Kilometer hoch in die Luft. Das ist alles, was die Besatzungen der letzten Angriffswelle von Berlin erkennen. Nur an der schaurigen Farbskala am Himmel ermessen die Engländer das gewaltige Ausmaß der Flächenbrände in der Stadt.
Mit der 103. Squadron des Bomber Commands fliegt die Lancaster PM.M 2 »Mike Squared« heute ihren 15. Berlineinsatz, zugleich den 98. Einsatz über Deutschland. Im Januar 1945 außer Dienst gestellt, steht diese Maschine dann mit 140 Einsatzflügen an der Spitze aller Bomber der RAF.
Das Bomber Command verliert am 15. Februar 43 seiner Langstreckenbomber, drei davon durch Oberleutnant Johnen. Der Pilot einer in der Nähe von Rostock angeschossenen Lancaster drückt den Bombennotwurfhebel, um sich der gefährlichen Last zu entledigen. Mit drei laufenden Motoren kehrt der Bomber nach England zurück. Die Besatzung der Maschine verbucht den sicheren Abschuß

einer Ju 88, möglicherweise jenes Nachtjägers, dessen Garben ihre Lancaster zersiebten.

In zunehmendem Maße setzen die Engländer seit Beginn des Jahres 1944 ihre Pfadfinderverbände ein; Markierungen für einen Angriff fallen noch vielseitiger, noch umfangreicher und präziser aus. Damit will die RAF eine wesentliche Verkürzung der gesamten Angriffszeit über einem Ziel erreichen. Dauerten die Angriffe britischer Bomberverbände in den vorangegangenen Jahren eine Stunde und mehr, so kann man jetzt bereits feststellen, daß die Angriffszeit für einen aus etwa 800 bis 900 Maschinen bestehenden Pulk auf eine halbe Stunde zusammengedrängt ist. Ein Beispiel dafür mag der britische Angriff auf Berlin in der Nacht zum 16. Februar 1944 sein, bei dem rund 800 viermotorige Bomber in fünf Wellen innerhalb von 39 Minuten über die Stadt hinwegflogen. Das sind also vier Minuten für jede Welle zu je 160 Flugzeugen! Dabei muß man noch einen gewissen zeitlichen Abstand zwischen den einzelnen Wellen berücksichtigen, obwohl im ganzen gesehen der gesamte Kampfverband natürlich einen kontinuierlichen Strom bildet.

Durch die Reduzierung der Angriffszeiten errechnen sich die Engländer eine größere Chance für ihre Kampfflugzeuge, da der deutschen Abwehr sowohl für die Jägerführung als auch für die Abwehrwaffen selbst nur noch ein ganz geringer Teil der Zeit zur Verfügung steht, die frühere Angriffe zugelassen haben. Die gleichzeitig auftretende größere Gefahr der Kollision oder des Bombenwurfes auf eigene Maschinen nehmen die Briten dabei in Kauf.

Aber die gegnerischen Bemühungen, durch Herabsetzung der Verweilzeiten über den anzugreifenden Zielen der deutschen Abwehr die Krallen zu nehmen, um dadurch die eigenen Verluste niedriger halten zu können, erweisen sich als vergeblich. Gerade in den kommenden Monaten werden der RAF durch die deutsche Nachtjagd empfindliche Schläge zugefügt; die Ausfälle an Kampfmaschinen erreichen im März 1944 einen Höchststand.

Vier Tage später erfolgt ein abermaliger Aufklärungsflug über Berlin. Die Kameras einer Mosquito bannen in den Mittagsstunden und während heftigen Flakfeuers fast die ganze Reichshauptstadt auf Film. Viermal setzt die britische Maschine an, um aus verschiedenen Richtungen Aufnahmen machen zu können.

Am Abend jenes 19. Februar fliegt die RAF mit 823 Maschinen

einen schweren Angriff auf Leipzig. Die Bomber halten sehr lange ihren Kurs in Richtung Berlin, die Nachtjäger sollen an einen erneut gegen die Hauptstadt gerichteten Einsatz glauben. Die Täuschung gelingt nicht, und die Engländer müssen einen Verlust von 78 Flugzeugen hinnehmen.
Jetzt lassen sich die Briten erst wieder Ende März mit größeren Verbänden über dem Reichsgebiet sehen. Durch ein abermaliges Täuschungsmanöver gegen Berlin versuchen sie am 22. März von einem Hauptangriff gegen Frankfurt am Main und Hannover abzulenken. Auch hier bringt die deutsche Abwehr den Bombern empfindliche Verluste bei.
Nach mehreren Mosquito-Störangriffen im März fliegen die Engländer zum Abschluß der »Schlacht um Berlin« in der Nacht vom 24. zum 25. die Hauptstadt an. Gegen 22.30 Uhr beginnt fast über dem gesamten Stadtgebiet der letzte Vernichtungssturm der britischen Bomberoffensive hinwegzufegen. Alle Bezirke werden in Mitleidenschaft gezogen, hauptsächlich aber Kreuzberg, Mitte und der Wedding. In der Danziger Straße verwandeln sich die Häuserreihen in Trümmer. Das gleiche Bild auch in der Gitschiner Straße, wo das Gaswerk ausgeschaltet wird.
Die Philharmonie in der Bernburger Straße geht in dieser Nacht endgültig in Flammen auf.
Doch die Engländer erleiden eine sehr schwere Niederlage. Im Gefechtsstand der 1. Jagddivision liegen Meldungen über 80 vernichtete Bomber vor, die Engländer geben nach dem Angriff den Verlust von 73 Maschinen zu. Deutscherseits gehen 14 Nachtjäger verloren.
Damit ist der letzte Akt der »Schlacht um Berlin« vorbei.
Air Marshal Harris bläst die Offensive ab. Später wird eine »vorläufige« Einstellung des Berlin-Unternehmens mit den zu treffenden Vorbereitungen für die geplante Invasion begründet. Der ausschlaggebende Grund für den Abbruch der »Schlacht um Berlin« dürfte aber wohl die immer höher werdenden Verluste gewesen sein. Noch die letzte Märznacht erlebt die größte Nachtluftschlacht des Krieges über Deutschland. Bei einem Angriff auf Nürnberg schießen die Deutschen von einem aus 795 Bombern bestehenden Verband 95 ab.
Zu Beginn der »Schlacht um Berlin« hatte Harris gegenüber Churchill erklärt, daß dieses Unternehmen die Engländer 400 bis

500 Bomber kosten werde, »aber die Deutschen wird es den Krieg kosten. Spätestens am 1. April 1944 werden sie kapituliert haben!« Die von Harris angegebene Zahl erweist sich als zutreffend. Die Engländer fliegen 16 Großangriffe, wobei sie je nach Quellenangabe zwischen 492 und 504 Maschinen und über 3000 Mann fliegendes Personal verlieren. Das bedeutet: 6,2 Prozent der über Berlin zum Bombenabwurf gelangten Kampfflugzeuge sind vernichtet worden.

Neben den deutschen Nachtjägern, so berichten die Engländer später, machte sich hauptsächlich das Wetter unliebsam bemerkbar. Fast jeder Angriff wurde unter ungünstigen Wetterverhältnissen durchgeführt. Kaum einmal gelang ein gezielter Bombenabwurf. Die britischen Besatzungen sahen nichts als Wolken über Berlin.

Zu den erwähnten 16 Angriffen gegen die Reichshauptstadt starten insgesamt 9111 Maschinen, wobei die Lancaster mit 7256 Stück beteiligt sind. Ihr folgen 1643 Halifax, 50 Stirling und schließlich die 162 Mosquito. Von der genannten Lancaster-Streitmacht kehren 367 nicht mehr zurück und weitere 745 werden beschädigt, darunter 69 Maschinen, die nicht mehr instandzusetzen sind. Bei den Halifax sind es 111 Totalverluste und 199 Beschädigungen, davon 25 nicht mehr verwendungsfähige Bomber.

Auf seiten der Luftwaffe betragen die Verluste rund 90 Maschinen, die hauptsächlich dem 1. Jagdkorps angehören. Bei dem Angriff in der Nacht zum 24. November werden sechs, und in der Nacht zum 24. Dezember ebenfalls sechs Nachtjagdflugzeuge abgeschossen, davon eines versehentlich durch die eigene Abwehr. Am höchsten ist die Verlustzahl in der Nacht zum 2. Januar 1944, als 15 Maschinen wegen des sehr schlechten Wetters bei Start und Landung zu Bruch gehen. Am 28. Januar wird wiederum ein Nachtjäger das Opfer der eigenen Flak. Somit erhöht sich der Verlust während dieses Angriffes auf insgesamt neun Flugzeuge. Weitere größere Totalausfälle muß die Luftwaffe am 16. und 25. Februar hinnehmen. In beiden Nächten gehen zusammen 25 Maschinen verloren.

In der Reichshauptstadt sind 9,5 Quadratkilometer Fläche zerstört, zahlreiche Industrien schwer getroffen und das Verkehrssystem stark angeschlagen. Aber erstaunt müssen dann die Alliierten feststellen, daß die deutsche Kriegsproduktion auf eine kaum zu erklärende Weise ansteigt.

Heute geben die Engländer selbst zu, daß ihre Offensive nicht nur ein Fehlschlag, sondern tatsächlich eine Niederlage war, was jedoch nicht bedeutet, daß diese RAF-Angriffe auf Berlin keine Wirkung gezeigt hätten. Davon zeugen die während der fünf Monate entstandenen Schäden. Aber sosehr die Berliner Bevölkerung auch unter den 16 Großangriffen zu leiden hat und obwohl das Inferno des Luftkrieges die Stadt hart genug zeichnet, hatte sich Harris von der »Schlacht um Berlin« viel mehr versprochen. Immer wieder vergleicht er die Offensive gegen Berlin mit den Vernichtungsangriffen auf Hamburg. Trotz des viel größeren Aufwandes bleiben die Auswirkungen hinter den bei Hamburg beobachteten mit Abstand zurück *.
Als ebenso falsch stellt sich die Theorie heraus, daß durch die pausenlosen Flächenangriffe des Bomber Commands der Widerstandswille der Bevölkerung gebrochen würde. Diese Tatsache beschränkt sich nicht nur auf die Millionenstadt Berlin. Daß die Berliner trotz der nervlichen Belastung und trotz aller Schrecken eines Bombenkrieges nicht den Mut aufgeben, der Wille zum Durchhalten sich immer mehr festigt, hätten die Briten eigentlich noch aus eigener Erfahrung wissen müssen.
Was aber die Berliner erst recht nie zu verlieren scheinen, ist ihr weitbekannter Humor. Davon zeugt ein von ihnen zu Ende des Krieges geprägter Ausspruch, der aber zugleich auch von einem gewissen Sarkasmus gekennzeichnet ist: *»Wer jetzt noch lebt, hat selbst schuld, denn Bomben sind genug gefallen!«*

Die »Schlacht um Berlin« ist praktisch erst der Anfang eines »totalen Bombenkrieges«. Befürworten viele Verantwortliche eine Weiterführung des Luftkrieges ohne Einschränkung, so ist der britische General Fuller eine der wenigen Personen, die sich gegen eine derartige Kampfesführung aussprechen: *»Städte und nicht Trümmerhaufen sind die Grundlagen der Zivilisation!«*

* In Hamburg wurden während sieben Angriffen in der Zeit vom 24. 7. bis 3. 8. 1943 9000 Tonnen Bomben abgeworfen und rund 25 km² Fläche zerstört. Es gab über 31 500 Tote.

Sämtliche von der RAF während der »Schlacht um Berlin« geflogenen Angriffe auf die Reichshauptstadt (18. 11. 1943–25. 3. 1944):

Datum	Angriffszeit	gestartete Flugzeuge	Flugzeuge über Berlin	abgeworfene Bombenmenge in Tonnen	Verluste	Bemerkungen
18./19. 11. 43	20.50—21.27	444	402	1594	9	
22./23. 11. 43	19.57—21.51	764	670	2464	26	
23./24. 11. 43	19.56—20.35	382	322	1334	20	
24./25. 11. 43	20.57—21.25		4	4		Mosquito
25./26. 11. 43			3	3		Mosquito
26./27. 11. 43	21.10—21.34	450	407	1576	28	
2./ 3. 12. 43	19.58—21.02	458	401	1686	40	
3./ 4. 12. 43	3.38— 3.46		9	7		Mosquito
16./17. 12. 43	19.55—20.34	492	450	1815	25	
23./24. 12. 43	3.56— 4.42	379	338	1288	15	
29./30. 12. 43		712	656	2315	20	
1./ 2. 1. 44	2.55— 3.32	421	386	1404	28	
2./ 3. 1. 44	2.41— 3.45	383	311	1116	28	
4./ 5. 1. 44	23.07— 2.10		8	7		Mosquito
5./ 6. 1. 44	3.22— 3.30		10	7		Mosquito
10./11. 1. 44	3.59— 4.02		8	7		Mosquito
14./15. 1. 44	19.15—19.22		5	4		Mosquito
20./21. 1. 44	19.29—20.05	769	697	2401	35	
21./22. 1. 44	22.51—23.01	39	31	78	1	
27./28. 1. 44	20.23—21.37	530	481	1761	34	
28./29. 1. 44	3.10— 3.42	680	596	1689	47	
30./31. 1. 44	20.12—20.40	540	489	1792	33	
1./ 2. 2. 44	19.55—20.14		11	9	3	Mosquito
5./ 6. 2. 44	20.15—20.48		15	13		Mosquito
10./11. 2. 44	3.56— 4.17		13	11		Mosquito
15./16. 2. 44		891	806	2642	43	
19./20. 2. 44	3.26— 3.48		15	4		Mosquito
3./ 4. 3. 44	13.23—13.24		15	15		Mosquito
4./ 5. 3. 44			10	9		Mosquito
19./20. 3. 44			9	7		Mosquito
22./23. 3. 44			11	8		Mosquito
24./25. 3. 44		810	726	2230	73	

Beim Anflug auf die Reichshauptstadt am 8. März 1944 wird diese Liberator über holländischem Gebiet von einem deutschen Jäger frontal angegriffen und abgeschossen. Im Hintergrund drei amerikanische Thunderbolt des Begleitschutzes.

Diese Aufnahme wurde am 6. März 1944 während des ersten schweren Tagesangriffes der Amerikaner auf Berlin gemacht. Am oberen Bildrand in der Mitte ist das Rondell des Belle-Alliance-Platzes und darunter der Urban-Hafen am Landwehrkanal zu erkennen. Ganz links ist ein Teil des Flughafens Tempelhof zu sehen. Rechts oben zeichnet sich die von der Spree umschlossene Museumsinsel deutlich ab.

Eine Fortress der 452. Bombardment Group während des Tagesangriffes am 29. April 1944 über dem Bezirk Kreuzberg.

Im Zusammenhang mit der Aufzeichnung luftkriegsgeschichtlicher Ereignisse sowie der Beschreibungen von Einsatzablauf und Angriffsauswirkungen ist es vielleicht nicht uninteressant, sich einmal die dabei verwendeten Flugzeugtypen der Alliierten etwas näher zu betrachten.
Hierzu zählen hauptsächlich sieben Kampfflugzeugmuster, die in Verbindung mit den Luftangriffen auf Berlin unbedingt genannt werden müssen, davon fünf britische und zwei amerikanische Typen. Von diesen sieben Flugzeugen sticht eines besonders hervor, weniger durch todbringende Angriffe, als durch die damit verbundene nervliche Belastung, welche diese Maschine der Berliner Bevölkerung auferlegte. Es ist die De Havilland Mosquito, die durch ihre Einsatztätigkeit über Deutschland in jeder Darstellung des Luftkrieges wohl einen besonderen Platz einnehmen wird.

Vickers Wellington II

Die Wellington trägt zu Beginn des Krieges den Hauptanteil der von der RAF durchgeführten Nachtoperationen. Sie ist das erste mit einem serienmäßigen Heckstand ausgestattete Kampfflugzeug. Als eines der wenigen britischen Muster befindet sich die Wellington praktisch von 1939 an bis zum Kriegsende im Einsatz.
Der Rumpf der »Wimpey«, wie die Engländer ihre Wellington nennen, besteht aus einer eigenartigen selbsttragenden Gitterkonstruktion mit kreuzweise angeordneten Verstrebungen. Das zuckerhutförmige Seitenleitwerk bleibt ein weitbekanntes Erkennungsmerkmal.
Im März 1939 zu ihrem Erstflug startend, erhält die Wellington II zu Kriegsbeginn Vorrichtungen zur Aufnahme von 1800-kg-Bomben. Erst Ende 1942 rollt eine neue Variante, die Wellington III, vom Fließband und wird sogleich zum Einsatz herangezogen.
Insgesamt werden von 1936 bis 1945 11 461 Wellington-Bomber hergestellt, von denen viele noch nach dem Kriege als Schulflugzeuge Verwendung finden.

Spannweite:	26,26 m
Länge:	19,29 m
Motoren:	2 Rolls-Royce Merlin-10 zu je 1145 PS
Besatzung:	6 Mann
Bewaffnung:	6 7,7-mm-MGs
Bombenzuladung:	2025 kg
Reichweite:	2240 km
Gipfelhöhe:	5500 m
Höchstgeschwindigkeit:	407 km/h

De Havilland Mosquito B. 16

Wohl zu den gefürchtetsten Flugzeugen der RAF des letzten Krieges zählt die Mosquito. Diese Maschine ist ein vorwiegend aus Holz konstruierter Mitteldecker, der vielseitige Verwendung als Jagdflugzeug, Schnellbomber, Nachtjäger und Aufklärer findet.
Die erste Mosquito gelangt im September 1941 zum Einsatz; ihre hervorragenden Flugeigenschaften verdankt sie nicht zuletzt ihrer aerodynamisch eleganten Zellenform. Da die Schnellbomber-Version der Mosquito eine enorme Geschwindigkeit erzielt, von den weniger schnellen deutschen Jägern kaum behindert ihre Einsätze so gut wie ungefährdet ausführen kann, verzichtet man auf jegliche Bewaffnung.
Als Pfadfindermaschine bewährt sich die zweimotorige »Mossie« ausgezeichnet. Sie wird in dieser Eigenschaft hauptsächlich mit dem »Oboe«-Radargerät ausgerüstet. Die B. 16-Variante erhält eine Druckkabine sowie einen vergrößerten Bombenschacht, der die Aufnahme einer 1800-kg-Luftmine ermöglicht.

Spannweite:	16,51 m
Länge:	12,34 m
Motoren:	2 Rolls-Royce Merlin-72/73 zu je 1290 PS
Besatzung:	2 Mann
Bewaffnung:	keine
Bombenzuladung:	1810 kg
Reichweite:	3010 km
Gipfelhöhe:	11 300 m
Höchstgeschwindigkeit:	659 km/h in 7920 m Höhe

Short Stirling B. 3

Der erste Prototyp der Stirling fliegt im Mai 1939. Es gibt von diesem Flugzeugmuster fünf Varianten, von denen insgesamt 2375 Stück gebaut werden, davon allein 875 Stirling B. 3. Für die vorgesehenen Nachtoperationen kann sich die Stirling als Standardbomber jedoch nie richtig durchsetzen. In den ersten Kriegsjahren fliegt sie vorwiegend am Tage, bis die starke deutsche Abwehr Anfang 1942 die Engländer zum Einstellen der Tageseinsätze zwingt.
Am 8. September 1944 findet das letzte Bombenunternehmen mit Stirlingverbänden statt, und von da ab wird dieses Muster nicht mehr für strategische Aufgaben eingesetzt. Sie findet nunmehr hauptsächlich als Transporter Verwendung. In den Invasionstagen, Anfang Juni 1944, dienen Stirling als Schlepper für die zahlreichen Lastensegler der Luftlandestreitkräfte.
Die letzte Version, die Stirling V, geht von vornherein als Transporter in Serie. Von ihr werden nur 160 Stück hergestellt, dann läuft die Produktion der Stirling insgesamt aus.

Spannweite:	30,20 m
Länge:	26,59 m
Motoren:	4 Bristol-Hercules VI/VII zu je 1635 PS
Besatzung:	7 Mann
Bewaffnung:	8 7,7-mm-MGs
Bombenzuladung:	6350 kg
Reichweite:	3100 km
Gipfelhöhe:	3660 m
Höchstgeschwindigkeit:	435 km/h in 4410 m Höhe

Handley Page Halifax B. 5

Neben der berühmten Lancaster zählt die Halifax zu den Standardbombern des RAF Bomber Commands. Jedes vierte von zehn gebauten britischen schweren Kampfflugzeugen ist eine Halifax. Dieses Muster entsteht in etlichen Versionen, bei denen hauptsächlich Motorenänderungen, Umbauten der Kanzelpartien und der doppelten Seitenleitwerksflossen vorgenommen werden.
Die Halifax B. 5 entspricht der I A, besitzt aber einen vergrö-

ßerten Bombenschacht. Rund 6150 Halifax verlassen die Fließbänder. Die schnellste Version ist die mit Bristol-Hercules-Motoren ausgerüstete B. VI.
Während des Krieges fliegt die Halifax rund 75 000 Einsätze und findet als Bomber, Transporter, Ambulanz, Segelschlepper und Seeaufklärer weite Verwendung. Lange Zeit nach 1945 steht sie immer noch als Transporter im Dienst der RAF.

Spannweite:	31,75 m
Länge:	21,51 m
Motoren:	4 Rolls-Royce Merlin-22 zu je 1480 PS
Besatzung:	7 Mann
Bewaffnung:	5 7,7-mm-MGs
Bombenzuladung:	5850 kg
Reichweite:	ca. 3000 km
Gipfelhöhe:	7300 m
Höchstgeschwindigkeit:	450 km/h

Avro Lancaster B. 1

Aus der Avro Manchester weiterentwickelt, nimmt die Lancaster im Zweiten Weltkrieg einen vordersten Platz in der RAF als Standardbomber ein. Sie zählt zu den bekanntesten britischen Bombenflugzeugen überhaupt und gelangt während ihrer Verwendung als schwere Langstreckenkampfmaschine zu einiger Berühmtheit. Die Lancaster zeichnet sich durch eine sehr robuste Konstruktion aus.
Dieser viermotorige Bomber, von dem insgesamt 7366 Stück hergestellt werden, vermag – und das ist einmalig – eine Bombenlast von fast sieben Tonnen zu schleppen! Eine speziell umgebaute Lancaster kann sogar die 10 000 kg schwere »Grand Slam« aufnehmen, die größte im ganzen Kriege jemals transportierte Bombe.
Mit der Lancaster wird eine ganze Reihe hervorstechender Unternehmen durchgeführt. Bekannt ist der berühmte Tageseinsatz von zwölf dieser Maschinen, die am 17. April 1942 im Tiefflug die MAN-Werke in Augsburg angreifen. Noch bemerkenswerter sind die im Verlauf der »Schlacht um die Ruhr« geflogenen Einsätze gegen die deutschen Talsperren.

Auch als Pfadfinder wird die Lancaster häufig eingesetzt. Die Weiterentwicklung dieses britischen Bombers führt bei Kriegsende zu der Avro Lincoln.

Spannweite:	31,09 m
Länge:	21,11 m
Motoren:	4 Rolls-Royce Merlin-22 zu je 1280 PS
Besatzung:	7 Mann
Bewaffnung:	8 7,7-mm-MGs
Bombenzuladung:	6430 kg
Reichweite:	2640 km
Gipfelhöhe:	7500 m
Höchstgeschwindigkeit:	461 km/h

Wellington II 104. Sqdn.

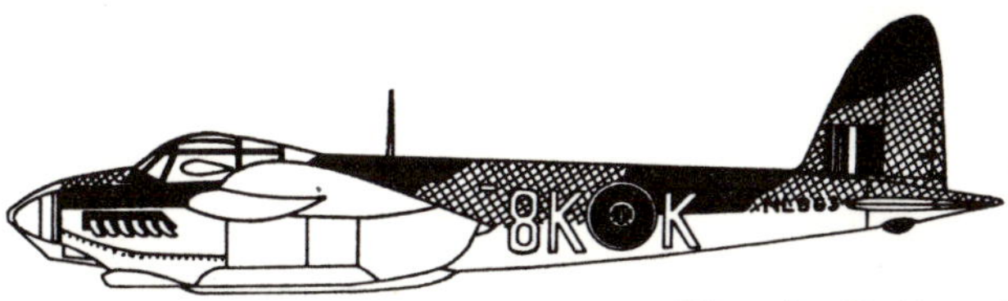

Mosquito B. 16 571. Sqdn.

Stirling B. 3 622. Sqdn.

Halifax B. 5 427. Sqdn.

Lancaster B. 1 467. Sqdn.

B-17 G »Flying Fortress« 305. BG

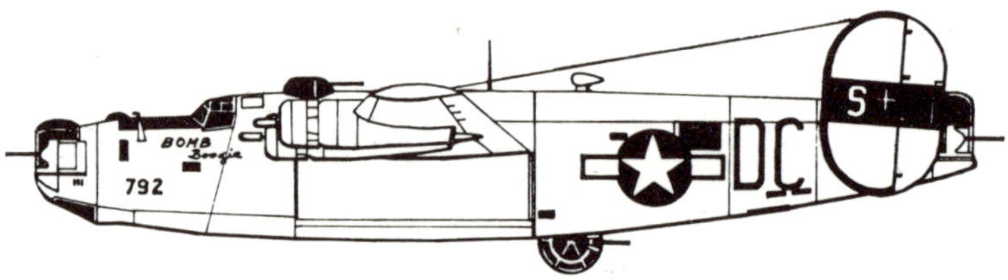

B-24 H »Liberator« 392. BG

Die amerikanischen Tagbomber fallen in erster Linie durch eine wesentlich größere Bordbewaffnung auf. Sie fliegen im Gegensatz zu den Engländern in dicht aufgeschlossenen Kampfformationen, jeweils eine Maschine die andere mit ihrem Abwehrfeuer deckend. Die deutschen Jäger müssen eine völlig neue Angriffstaktik anwenden, um in die Pulks hineinstoßen zu können. Angriffe gegen die Bomberströme werden jedoch gegen Ende des Krieges durch einen gewaltigen Jagdschutz immer mehr erschwert.

Boeing B-17 G »Flying Fortress«

Die B-17, deren Entwicklung bis in das Jahr 1934 zurückreicht, zählt zu den bekanntesten amerikanischen Langstreckenbombern des Zweiten Weltkrieges und bewährt sich auf allen Kriegsschauplätzen durch ihre hervorragenden Flugeigenschaften. Der viermotorige Bomber besitzt eine äußerst robuste und widerstandsfähige Zelle. Zusammen mit der B-24 »Liberator« bildet die Fortress das Rück-

grat der USAAF. Die erste Maschine der 8. Luftflotte, eine B-17 E, landet am 1. Juli 1942 auf europäischem Boden und ist praktisch der Anfang einer gewaltigen strategischen Bomberflotte. Der erste Einsatz im neuen Kampfraum findet am 17. August 1942 gegen Rouen-Sotteville in Nordfrankreich statt.
Zum Schutz gegen Frontalangriffe deutscher Jäger erhält die B-17 G, zugleich auch die meistgebaute Variante, Ende 1944 einen serienmäßigen Kinnturm. Sie wird wie die B-17 F von den drei Firmen Boeing, Douglas und Vega gebaut.
Eine der wenigen, aber bekannten Sonderausführungen, die YB-40, kommt Anfang 1943 zum Einsatz. Diese aus einer B-17 F entwickelte Maschine, ein sogenannter Eskort-Bomber, ist mit zusätzlicher Bewaffnung ausgerüstet, erzielt aber nur unzulängliche Erfolge.

Spannweite:	31,62 m
Länge:	22,66 m
Motoren:	4 Wright-Cyclone R-1820-97 zu je 1200 PS
Besatzung:	10 Mann
Bewaffnung:	13 12,7-mm-MGs
Bombenzuladung:	5400 kg
Reichweite:	ca. 3000 km
Gipfelhöhe:	11 000 m
Höchstgeschwindigkeit:	480 km/h

Consolidated B-24 J »Liberator«

Mit 18 800 hergestellten Maschinen ist die B-24 das meistgebaute Langstreckenflugzeug der USA. Sie hat im Verhältnis zur Fortress ein ziemlich plumpes Aussehen und besitzt mit Abstand nicht die hervorragenden Eigenschaften der B-17. Gegen Jägerangriffe und Flakbeschuß zeigt sich die Liberator leichter anfällig.
Trotzdem findet man diese Maschine ebenfalls auf allen Kriegsschauplätzen, und auch die RAF stellt zahlreiche B-24 in ihren Dienst. Bemerkenswert ist die Vielseitigkeit der Liberator, sie fliegt als strategischer Bomber, Seeaufklärer, U-Bootjäger, Transporter und Aufklärer.
Die meistgebaute Variante ist die B-24 J, und 6678 Maschinen

dieses Typs werden von den Werken Convair und Ford an die USAAF geliefert. Gegen Ende des Krieges entsteht auch eine Marineausführung, die PB 4 Y-2 »Privateer«, welche hauptsächlich im pazifischen Kampfraum eingesetzt wird.

Spannweite:	33,53 m
Länge:	20,47 m
Motoren:	4 Pratt & Whitney R-1830-65 zu je 1200 PS
Besatzung:	10 Mann
Bewaffnung:	10 12,7-mm-MGs
Bombenzuladung:	2250 kg
Reichweite:	2720 km
Gipfelhöhe:	11 000 m
Höchstgeschwindigkeit:	480 km/h

FLAK

Da die Luftoperationen der Alliierten ab 1942 von Monat zu Monat deutlich an Stärke und Umfang zunehmen und auch der Aktionsradius der gegen das Reich fliegenden Kampfverbände sich allmählich immer weiter nach Osten ausdehnt, werden die in der Reichsluftverteidigung eingesetzten Flakeinheiten jeweils für den Schutz ganz bestimmter Schwerpunkte herangezogen. Das sind beispielsweise die Häfen und Werftanlagen an der Nord- und Ostsee, die großen Industriegebiete in Mitteldeutschland, Bayern und Hessen, oder die Kugellagerfabriken in Schweinfurt, die zahlreichen Hydrierwerke sowie die Großräume Berlin und Hamburg. Hinzu kommen später noch die Hydrierwerke Schlesiens und des Wiener Raumes und auch die Flugzeugindustrien in Westpreußen.
Sind es zum Jahresende 1942 mehr als 700 schwere sowie 400 mittlere oder leichte Batterien, so besitzt die Flakartillerie im Reich zwei Jahre später über 1500 schwere und 800 mittlere oder leichte Batterien.
Neben den fliegerischen Einheiten der Reichsverteidigung führt die 1. Flakdivision den Abwehrkampf in und um Berlin. Der Gefechtsstand der Division befindet sich im großen Zoobunker in-

mitten der Stadt, und von hier aus gehen sämtliche Befehle an die beiden Flakgruppen Nord und Süd, aus denen sich die Division zusammensetzt. Der Stab der Gruppe Süd ist seit Frühjahr 1944 in Lankwitz untergebracht, während der Nord-Stab seinen Kommandostand in der Hermann-Göring-Kaserne in Schulzendorf hat.
Fast ausnahmslos kommen Kampfflugzeuge der westlichen Gegner über der Reichshauptstadt zum Einsatz, jedoch versuchen im August 1941 auch die Russen, bis in den Raum Berlin vorzudringen. Diese Unternehmen werden schnell wieder eingestellt, schließen aber die Möglichkeit einer Wiederholung nicht aus, so daß auch im östlichen Eindringbereich die Flak ausgebaut werden muß.
Schon im Herbst 1940 wurde in Berlin versuchsweise eine Großbatterie gebildet, die aus je 12 8,8-Geschützen bestand, aber erst im Sommer 1943 faßt man die meisten Flakbatterien zu Großbatterien zusammen. Eine Flakstellung hat zum genannten Zeitpunkt zwischen 16 und 24 Geschütze. Normalerweise sieht die übliche Bestückung einer einfachen Batterie etwa folgendermaßen aus: acht Rohre 8,8 cm, dazu mitunter einige 2,2-cm-Geschütze, ein Leitscheinwerfer 200 cm und das ständig Neuerungen unterworfene Funkmeßsystem. Später werden die 8,8-Geschütze größtenteils durch schwerere Kaliber ersetzt.
Etwa ein Vierteljahr darauf ist der Abwehrring in und um Berlin auf über hundert Flakbatterien mit der gleichen Anzahl »Würzburg« und deren Weiterentwicklung, den »Würzburg-Riesen«, angewachsen. Das erste deutsche Panoramagerät steht bei Tremmen im Havelland, rund 40 Kilometer von der Hauptstadt entfernt. Von hier aus tasten seine unsichtbaren, fast 300 Kilometer weit reichenden Meßimpulse ständig den Himmel ab. Damit erhält die Leitstelle der 1. Flakdivision im Zoobunker, mit der das Gerät durch ein Kabel direkt verbunden ist, eine sehr übersichtliche Luftlage und kann die jeweiligen Standorte gegnerischer Verbände schon recht früh erkennen und weiterverfolgen.
Auf Veranlassung des Flakinspekteurs der Luftwaffe, Generalleutnant Steudemann, werden zur Erweiterung und Verstärkung des Feuerbereiches etliche Hochbunker für schwere Flak gebaut, so in Berlin, Hamburg und Wien. Die Reichshauptstadt besitzt drei solcher großen Flakbunker, die zu den modernsten Luftabwehrfestungen der Welt zählen. Sie enthalten bombensichere Kommandozentralen, mehrere Geschützträger, dienen gleichzeitig als Schutz-

bunker für die Bevölkerung und beherbergen ein bestens eingerichtetes Lazarett. Der Zoobunker »Gustav« kann außer der Besatzung rund 15 000 Menschen aufnehmen. Etwa sechs 8,8-Geschütze und zwölf 2,2-cm-Kanonen stehen auf den Türmen und Terrassen. Später erhöht sich die Kampfkraft um mehrere 10,5- und sogar 12,8-Geschütze, welche die »Acht-Acht« ablösen.
Ursprünglich nur für die Luftabwehr gedacht, werden diese drei Großbunker beim Einmarsch der sowjetischen Truppen in Berlin zu Zentren der Erdverteidigung. Die Turmflak des Bunkers am Zoo hält bis zuletzt aus. Ihr Kommandeur, Oberleutnant Maschewski, fällt während der verzweifelten Kämpfe mit den vordringenden Russen.
Die Mehrzahl der Flakstellungen finden sich im Norden Berlins. Um Velten liegen eine ganze Anzahl schwerer Batterien. Die bei Marwitz stationierte Flak dient zum Schutz des Stahl- und Walzwerkes Hennigsdorf. Dieser Einheit, der 2. und 4. Batterie der Flakabteilung 422, gehört bis Ende 1944 ständig ein Zug mit vier Zwillingsgeschützen 2,2 cm an. In Hennigsdorf taucht auch öfter eine fahrbare Batterie der Eisenbahnflak auf.
Ab Mitte 1944 werden den Flakstellungen in Berlin, wie auch im übrigen Reich, Frauen zugeteilt, die als Luftwaffenhelferinnen Scheinwerfer, Horch- und andere Hilfsgeräte bedienen. Darüber hinaus nimmt auch die Zahl der Flakhelfer ständig zu.
Überhaupt die Luftwaffenhelfer: Diese damals 15- bis 17jährigen leisten in Berlin wirklich Unvorstellbares. Sie sind in allen Stellungen im Einsatz, von Düppel bis Buch. Ihre Ausbildung, oft nicht länger als vier bis sechs Wochen dauernd, erfolgt direkt am Einsatzort, gewissermaßen am scharfen Objekt. Wenn sie bei Alarmbeginn durch die Straßen der Stadt radeln oder auf anderen Wegen »ihre« Batterie zu erreichen versuchen, ahnen sie nichts von dem Widersinn ihres Einsatzes. Schließlich kennen sie es nicht anders und glauben, einer guten Sache zu dienen. Es ist ihnen nicht übelzunehmen, daß manche sogar stolz darauf sind. Denn sie tragen nicht nur ihre blaue Uniform, sondern sind ja damit zu vollwertigen Soldaten der deutschen Wehrmacht geworden.
Die Schule, die berufliche Ausbildung und sogar das Elternhaus kommen durch das Bedienen der Entfernungsmesser oder der Geschütze zu kurz. Der wenige Unterricht, der den Jungen noch zuteil wird, erfolgt praktisch während der Gefechtspausen.

Nicht nur in Berlin, sondern im ganzen Reich kommen sie zum Einsatz. Flakhelfer nennt man sie. Aber daß sie zusammen mit den »Alten« in den Batterien den schweren Abwehrkampf führen und alles daransetzen, die Heimat zu verteidigen und daß eine nicht geringe Anzahl von Luftwaffenhelfern dafür ihr junges Leben hergeben mußten, sollte unvergessen bleiben. Flakhelfer sind es auch, die auf dem Bunker »Gustav« am Berliner Zoo die 12,8-Geschütze so lange bedienen, bis die russischen Stroßtrupps unter ihnen in die ersten Stockwerke eindringen.
Der Verschiebebahnhof Wustermark bei Nauen wird ebenfalls von einigen Batterien schwerer Flak geschützt, desgleichen das ganze Industriegebiet von Spandau und Tegel. Im Spandauer Johannisstift liegt der Stab der Abteilung 422. Einige Berliner Flakbatterien verlegen im Laufe des Jahres 1944 nach Pölitz zum Schutz der wichtigen Hydrierwerke.
Im Süden der Hauptstadt sind größere Stellungen in Düppel im Bezirk Zehlendorf und in Heinersdorf bei Teltow zu finden. Letztgenannte Batterie schützt hier den großen Verschiebebahnhof Großbeeren. Etliche Geschützeinheiten werden ausschließlich von Italienern bedient, wobei nur die Führung deutschen Offizieren vorbehalten bleibt.
Neben diesen Großbatterien haben auch noch andere Flakeinheiten an der südlichen Peripherie Berlins weiträumig Stellung bezogen: Die 2. Res. Flakabteilung 902 in Drewitz und die 5. schwere Flakabteilung 211 um Stahnsdorf. Ebenfalls dorthin verlegte im Februar 1943 die vorher in Nikolassee stationierte 4. schwere Flakabteilung 126, welche bis dahin ihren Gefechtsstand im evangelischen Gemeindehaus in Nikolassee bezogen hatte.
Gegen Ende des Krieges scheint die Führung des Reiches den Schutz der Berliner Bevölkerung offensichtlich nur mehr als Nebensächlichkeit anzusehen. Die Flakartillerie bedeutet vielmehr eine willkommene Reserve, die jetzt in den Kampf geworfen wird, um dem russischen Ansturm im Osten begegnen zu können. Allein 30 der an die Ostfront geworfenen 110 schweren Batterien der Reichsverteidigung gehören zur 1. Flakdivision. Als »Sturmflak« sollen sie den sowjetischen Panzerarmeen an der Oder standhalten. Da der Kraftfahrzeugbestand längst nicht mehr ausreicht, ziehen die Einheiten mit »Bolle«-Milchwagen und mit Fahrzeugen der Feuerwehr an die Front. Aber es ist sinnlos. Nach zwei Wochen

FLAKSTELLUNGEN IN UND UM BERLIN (1942-1945)

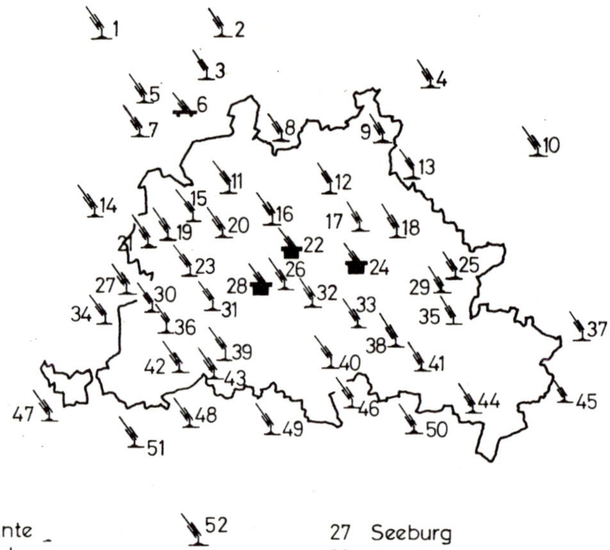

1 Schwante
2 Oranienburg
3 Pinnow
4 Bernau
5 Marwitz
6 Hennigsdorf
7 Bötzow
8 Lübars
9 Buch
10 Werneuchen
11 Tegel
12 Pankow
13 Lindenberg
14 Falkensee
15 Tiefwerder
16 Wedding
17 Weißensee
18 Hohenschönhausen
19 Johannisstift (Spandau)
20 Gartenfeld
21 Finkenkrug
22 Flakbunker Humboldthain
23 Reichssportfeld
24 Flakbunker Friedrichshain
25 Biesdorf
26 Tiergarten
27 Seeburg
28 Flakbunker Zoo (1. Flakdivision)
29 Friedrichsfelde
30 Flugplatz Gatow
31 Wilmersdorf
32 Flughafen Tempelhof
33 Treptow
34 Groß Glienicke
35 Karlshorst
36 Grunewald
37 Rüdersdorf
38 Schöneweide
39 Dahlem
40 Britz
41 Johannisthal
42 Nikolassee
43 Düppel
44 Bohnsdorf
45 Erkner
46 Groß Ziethen
47 Potsdam / Werder
48 Stahnsdorf
49 Heinersdorf
50 Schönefeld
51 Drewitz
52 Siethen

sind die 456 an der Ostfront stehenden schweren Batterien überrollt; die Russen stehen vor den Toren Berlins.
Beim Endkampf um die Reichshauptstadt zersplittern sich die wenigen, noch übriggebliebenen Abteilungen. Die Stellungen als solche werden größtenteils aufgelöst. Alles bereitet sich jetzt auf den Erdkampf vor, die Kanoniere graben ihre Geschütze an wichtigen Straßenkreuzungen ein. Von der alten Flakstellung in Düppel zum Beispiel, bleiben im April 1945 nur noch die Mulden mit den Betonfundamenten übrig. Nur von zwei Geschützen dieser Stellung ist der letzte Einsatzort bekannt. Eines steht an der Ecke Teltower Damm/Kleinmachnower Weg, um hier die über den Teltow-Kanal kommenden T-34 der Russen zu bekämpfen. Das zweite Geschütz wird in der Sachtlebenstraße, Ecke Nieritzweg eingegraben.
Ähnlich ist auch der Weg der Flakgeschütze anderer Batterien. Die 4./422 verlegt zuletzt nach dem S-Bahnhof Oberspree, wo sie dann dort von den russischen Truppen überrannt wird.
Es ist sehr schwer, exakte Angaben über die Stärke der Berliner Flak zu machen, denn während des ganzen Krieges wechselten die Einheiten der 1. Flakdivision. Während hier Verstärkung eintraf oder Batterien zusammengelegt wurden, erhielten dort andere Abteilungen ihre Verlegungsbefehle, beispielsweise nach Pölitz bei Stettin, um die Hydrierwerke zu schützen. In der letzten Kriegsphase, also vom Herbst 1944 bis Anfang Mai 1945, gilt nach den Unterlagen der WASt in Berlin für die 1. Flakdivision etwa folgende Aufstellung:

Kommandeur: Gen.-Lt. Kressmann,
ab Dezember 1944 Gen.-Maj. Sydow

Flakgruppe Süd	(Flakregiment 12 u. 22)	Lankwitz
Flakgruppe Nord	(Flakregiment 53)	Mitte
Flakregimentsstab 72	(Eisenbahnflak)	Charlottenburg
Flakregimentsstab 82	(Scheinwerfer)	
Flakregimentsstab 172		Reichssportfeld
Luftnachrichtenabt. 121		Zoo-Bunker (vorher Bernau)
Flakkampf-Trupp 105		
Flakkampf-Trupp 108		
Flakkampf-Trupp 147		

Zumindest die nachstehend aufgeführten Flakabteilungen waren in und um Berlin im Einsatz:

Flakabteilung 123 (Turmflak)
Flakabteilung 126
Flakabteilung 128 (Scheinwerfer)
Flakabteilung 155
Flakabteilung 211
Flakabteilung 224
Flakabteilung 307
Flakabteilung 321
Flakabteilung 326
Flakabteilung 347
Flakabteilung 362
Flakabteilung 422
Flakabteilung 437
Flakabteilung 513
Flakabteilung 517
Flakabteilung 528
Flakabteilung 605
Flakabteilung 662
Flakabteilung 722
Flakabteilung 733
Flakabteilung 755
Flakabteilung 902
Flakabteilung 979

Auch in bezug auf Abschußerfolge kann keine konkrete Zahl genannt werden, da oftmals mehrere Batterien an einem Abschuß beteiligt waren. Daß die Ziffer der vernichteten und beschädigten gegnerischen Flugzeuge ziemlich hoch liegt, dürfte jedoch außer Frage stehen. Die Berliner Flak hat auf alle Fälle einen enormen Anteil an den Abwehrerfolgen über der Reichshauptstadt.

Abschußmeldung einer Flakbatterie (Auszug)

Großbatterie Heinersdorf
4. u. 5./307

6. März 1944

Abschußmeldung

1. Zeit (Tag, Stunde, Minute) des Absturzes	*6. 3. 44 13.26 Uhr*
Genaue Ortsbezeichnung der Absturzstelle mit Angaben des Kartenblattes und der Koordinaten: r 4582060 h 5815460 Höhe: 6300 m	*Grunewald, Jagen 97 1 km ostwärts Halbinsel Lindwerder/Havel im Stadtforst*
2. Durch welche Einheit ist der Abschuß erfolgt?	*Großbatterie Heinersdorf*
3. Baumuster des abgeschossenen Flugzeuges	*Fortress II*
Werknummer und Kennzeichen	*unbekannt*
4. Staatsangehörigkeit des Gegners	*USA*

5. Art der Vernichtung und des Aufschlages
   a) Flammen mit dunkler Fahne, Flammen mit heller Fahne
   b) *Einzelteile weggeflogen*, abmontiert, *auseinander geplatzt*
   c) Zur Landung gezwungen (glatt bzw. mit Bruch)
   d) Senkrecht, im flachen Winkel, Aufschlagbrand usw.

6. Schicksal der Besatzung	*4 Mann tot im Jagen 97* *2 Tote nördl. Heinersdorf* *3 Mann mit Fallschirm abgesprungen*
7. Weshalb wurde Art des Aufschlages bzw. Schicksal der Besatzung nicht beobachtet?	—
8. Welche Zeugen haben	
a) den Aufschlag einwandfrei beobachtet?	*Oblt. Schulze 3./s. 347*
b) die Aufschlagstelle festgestellt?	*Feldm. Minkewitz 5./307* *Wm. Bering 3./307*

Ausführlicher Gefechtsbericht und ein Original-Zeugenbericht sind in der Anlage beigefügt.

gez. Paling
Oberleutnant u. Battr. Chef

DIE REICHSHAUPTSTADT IM BOMBENHAGEL

LUFTANGRIFFE IN RANDNOTIZEN

Zwischen der Finkensteinerallee, Prinz-Handjeri- und Mühlenstraße nahe des S-Bahnhofes Zehlendorf steigt eine dunkle Brandwolke in den Himmel. Die einst so prachtvolle und weit im Garten zurückgelegene Villa älteren Stils steht nicht mehr. Noch gestern abend verabschiedete sich hier eine fröhliche Gesellschaft von den Besitzern dieses Hauses. Der wenige Stunden später erfolgende Luftangriff läßt den gepflegten Bau in Sekunden in einen Trümmerhaufen verwandeln, als gerade hier eine Bombenserie auf kleinstem Raum mit furchtbarer Gewalt niedergeht.
Zwei der Sprengkörper bohren sich in den Garten und verlieren durch das weiche Erdreich einen Teil ihrer Wirkung. Die nächste Bombe schlägt seitlich durch die Vorderfront des Hauses und zerfetzt den Eingang, während fast gleichzeitig eine weitere direkt durch das Dach schlägt.
Im Nu steht die Villa in hellen Flammen. Die Decke in der Diele, wo noch ein vergessener Mantel von einem der Gäste hängt, stürzt krachend zusammen. Brennendes Gebälk fällt prasselnd in sich zusammen.
Das Vernichtungswerk schreitet schnell vorwärts. Es gewährt den Bewohnern nicht mehr die Zeit, sich aus ihrem in Flammen vergehenden Haus zu retten. Erst als die große Glut erlischt und der beißende Rauch die Reste der Villa langsam freigibt, findet man die Toten nach Tagen verkohlt im Keller.

Es mag vielleicht zur selben Zeit sein, als sich die Besatzung der Lancaster klar darüber wird, daß ihre Maschine verloren ist.
»Aussteigen!« brüllt der Pilot zum wiederholten Male, doch es hat keinen Zweck mehr. Mit aufgerissenen Augen starrt er nach vorn durch die Scheiben seiner Kanzel. »Aussteigen!«
Seine Rufe verhallen ungehört, längst ist die Bordverständigung

unterbrochen. Neben ihm sitzt der Co-Pilot zusammengesunken am Segment. Tot. Der Flugzeugführer weiß nicht, wieviel Mann der Besatzung tatsächlich mit dem Schirm abgesprungen sind, seit die schwere Maschine den tödlichen Flakvolltreffer erhalten hat.
»Aussteigen!«
Doch es kommt nur noch ganz schwach über seine Lippen, erkennend, daß in den nächsten Sekunden alles vorbei sein wird. Und er resigniert.
Von östlicher Richtung kommend, stürzt die Lancaster steil der Krummen Lanke entgegen. Ein unheimliches Rauschen erfüllt plötzlich die Luft, und dann ist auch die brennende Maschine über den Wipfeln der riesigen Kiefern des Grunewaldes zu sehen. Kurz darauf kracht und klatscht die Viermotorige auf das Wasser der Krummen Lanke und verschwindet nach wenigen Augenblicken im See.
Eine hohe Gischtfontäne steigt empor, sprüht nach allen Seiten, fällt schäumend wieder zusammen. Am Ufer schlagen die Wellen hoch und überspülen die bizarren Wurzeln der dunklen Kiefern. In der Mitte der Krummen Lanke steigen noch einmal blubbernde Blasen auf, dann beruhigt sich der See wieder.
Nur einige Ausrüstungsgegenstände, die man dann von der Wasseroberfläche auffischt, deuten auf die Stelle hin, an der vermutlich ein Teil der britischen Bomberbesatzung den Tod fand. (»Bomberbergung« siehe Seite 233/234.)
Die Zeiger der Armbanduhr des Batteriechefs stehen auf wenige Minuten vor 23.00 Uhr, und in diesen paar Minuten kommt der Tod für die Flakhelfer vom Jungvolk-Fähnlein »Wikinger«.
Vom E-Messer treffen die Werte ein, gleichzeitig drehen sich die Geschütze. »Feuer frei!« Donnernd verläßt eine Salve die Rohre, und schon steht einer der »Wikinger« mit der neuen Granate bereit. Der Verschluß wirft die abgeschossene Hülse aus, Pulverdampf umgibt das ganze Geschütz. Alle Handgriffe sind geübt, jeder weiß, was er zu tun hat.
Vor Wochen haben die Jungen ihren Dienst bei der schweren Flakbatterie in Düppel angetreten. Sie waren stolz darauf, die Geschütze mit Munition versorgen oder die Meßgeräte bedienen zu dürfen. Nun werden sie nie wieder mit ihren Wimpeln durch die Stadt marschieren. Ihre jungen Kehlen werden nie wieder die zackigen Lieder anstimmen, mit denen das Fähnlein durch die

Mosquito haben in der Nacht zum 15. Januar 1945 die Innenstadt mit Markierungsbomben abgesteckt. Diese Leuchtkörper und etliche Scheinwerferstrahlen, krepierende Flakgranaten und Brände lassen eigenartige Lichtreflexe entstehen. Deutlich ist die Museumsinsel zu erkennen.

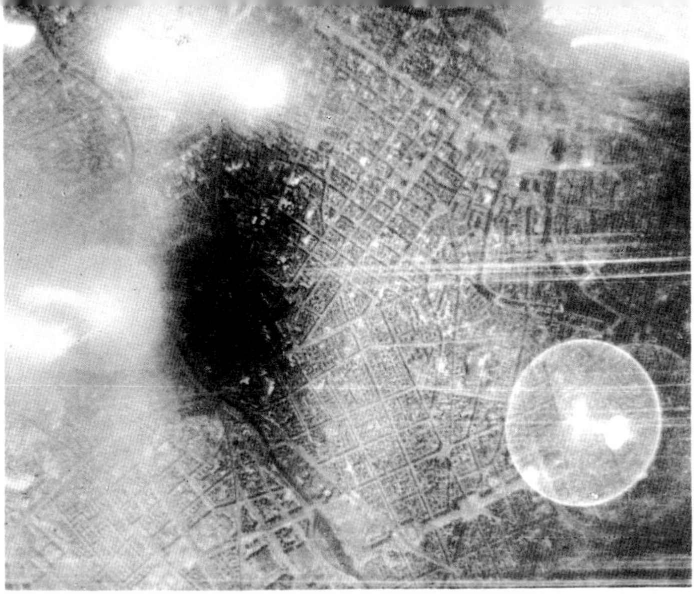

Schöneberg und Friedenau während des englischen Angriffes in der Nacht zum 16. September 1944. Eine Magnesiumbombe erhellt den ganzen Bezirk Friedenau. Links oben der Fehrbelliner Platz.

Bei dem schweren Tageseinsatz am 6. Oktober 1944 werden auch die Borsigwerke in Tegel getroffen. Die Aufnahme entstand während des Angriffes.

Straßen zog. Das Bedauerlichste aber ist, daß sie nie erleben konnten, was die Welt ohne einen Krieg noch alles zu bieten hat.
Ihr Geschütz steht in einer Mulde fast neben den Eisenbahngleisen. Eine gewaltige Explosion rafft sie alle auf einmal dahin. Sie haben kaum gemerkt, wie es geschah.

Viele Berliner verbringen die Alarmzeiten in kleinen Erdbunkern, die sie größtenteils selbst auf ihren Grundstücken errichteten. Jene Behelfsbunker, zum Teil recht stabil gebaut, im großen und ganzen aber nur einem Splitterschutzgraben ähnlich, finden sich hauptsächlich in den Berliner Vororten, wo dementsprechendes Gelände für den Bau solcher Schutzanlagen zur Verfügung steht.
Durch Reihen- und Flächenabwürfe über diesem Gebiet fallen sehr viele Erdbunker den Sprengbomben zum Opfer, wobei mitunter die Zahl der Toten sehr hoch liegt.
Ein heißer Sommertag neigt sich dem Ende zu. Aber mit dem Eintritt der Dämmerung kommt wieder die Angst. Die Angst vor den Sirenen. Während die Berliner jetzt ihre Aufmerksamkeit den Drahtfunkmeldungen widmen, dröhnen bereits die Bomberverbände über Holland heran. Richtung Deutschland. Ziel Berlin.
In der Hauptstadt ist es zu dem Zeitpunkt noch ruhig, doch der Schein trügt. Noch ertönt in den Lautsprechern das melodiöse, aber nervenaufreibende Pausenzeichen: C, E, G, C – und dann wieder abwärts, C, G, E, C. Ein unheimlicher, kontinuierlicher Gleichklang!
Das Wetter ist zu schön heute, um keinen Alarm nach sich zu ziehen, denken viele. Und leider bewahrheiten sich ihre Vermutungen. Gegen acht Uhr werden feindliche Kampfverbände im Anflug auf die Reichshauptstadt gemeldet.
»Nun aber los«, sagt die junge Frau zu ihrer vierjährigen Tochter.
»Mutti, ich finde meine Puppe nicht«, erwidert die Kleine weinerlich. Da klopft auch schon der Hauswart an die Tür. »Beeilen Sie sich, die sollen schon bei Potsdam sein, haben sie eben durchgesagt.«
Es war bisher so üblich, daß alle Bewohner des Hauses sich schon auf den Weg zu dem Bunker im Garten vorbereiteten, bevor der Alarm einsetzte. So auch diesmal.
»Deine Puppe liegt bestimmt noch im Bunker«, meint die Mutter beruhigend und nimmt das Mädchen an der Hand. Das arme Kind,

denkt sie. Wird es das alles jemals verstehen können? Als sie zur Hintertür in den Garten hinaustreten, zerreißt ohrenbetäubendes Sirenengeheul die Stille.
In dem geräumigen Splitterbunker, ziemlich weit von der Häuserfront entfernt, sitzen jetzt an die 30 Personen, warten auf das Ungewisse. Gesprochen wird kaum, doch jeder hängt seinen Gedanken nach. Diese 30 Menschen kommen in jener Nacht mit dem Schrecken davon.
Ein Teil des gegnerischen Kampfverbandes nähert sich aus Richtung Lichtenrade und fliegt über den Stadtteil Rudow im Südosten Berlins hinweg.
Es ist nur eine einzige Luftmine, die heulend in die Tiefe fährt und sich in der Nähe des Bunkers in die Erde wühlt. Wohl ist der Schutzraum mit frischer Erde fast zugeschüttet, doch keiner der 30 Insassen erhält auch nur eine Schramme.
Der Tod hat zwar angeklopft, doch noch einmal eine Ausnahne gemacht.

Den einmal fallenden Bomben ist nichts mehr entgegenzusetzen. Der verzweifelte Wunsch, die Bomben lenken oder ihre Richtung abändern zu können, hat sich noch nie erfüllen lassen. Die meisten jedoch merken es kaum, wenn sich ihnen die tödliche Last nähert, die sich allenfalls mit einem Rauschen und Pfeifen ankündigt.
Die Bomben fallen oft willkürlich. Häufig tauchen dann die Fragen auf, warum nicht fünf Meter weiter entfernt, oder warum gerade in dieses Haus.
In Zehlendorf schlägt eine Luftmine in einem Haus ein und zertrümmert es so kunstgerecht, daß eine Hälfte wie mit der Rasierklinge abgeschnitten stehenbleibt.
Eine andere Bombe, im Notwurf ausgelöst, schlägt in Neukölln genau zwischen zwei Mietshäusern ein und reißt von diesen je eine Hälfte herunter.
Genau auf den im Durchmesser etwa 80 Zentimeter großen Deckel eines Einsteigloches im Hofe eines Industriebetriebes im Süden Berlins fällt eine Sprengbombe und bringt einem hier Schutz suchenden Fremdarbeiter den Tod.

Auf den Luftbildaufnahmen, die der Aufklärer vom Norden Berlins nach dem Angriff macht, können die Auswerter nur schwer

die Auswirkungen des letzten Einsatzes erkennen. Dort, wo sie Schäden vermuten, scheinen die Abbildungen jedoch nichts zu zeigen. Die fast senkrecht gemachten Fotos täuschen. Die großen, langen Schatten, welche die Häuser werfen, lassen erzielte Treffer nicht einwandfrei erkennen.
Und doch vollbringen gerade hier die Bomben ein großes Vernichtungswerk. Zu beiden Seiten der Invalidenstraße, zwischen Berg- und Ackerstraße, bleibt nicht eines der hohen Mietshäuser verschont. Merkwürdigerweise fallen die Bomben und Luftminen zum größten Teil auf die Straße, in die Hinter- und Zwischenhöfe, so daß die Dächer verhältnismäßig wenig von der Sprengwirkung spüren.
Dafür klaffen riesige Lücken und Risse in den Fensterfronten. Mannshoch liegt der Schutt und das Gebälk auf den Höfen. Seitlich einschlagende Bomben haben etliche Häuser regelrecht geteilt, wobei nun der Blick in die verwüsteten Wohnungen freigegeben wird.
Wie von einer Riesenfaust sind Erker und Balkonvorsprünge mit einem Schlag abgetrennt. Eisenrohre, Dachrinnen und Holzsparren hängen wirr an den zerschlagenen Fassaden herunter oder stechen unförmig aus den Mauern hervor.
Hunderte von Menschen sind in wenigen Augenblicken obdachlos geworden, zahlreiche Tote unter den Trümmern begraben. Der in unmittelbarer Nähe liegende Stettiner Bahnhof, dem diese Bombenkaskade offensichtlich gelten sollte, bekommt diesmal nichts ab.

Der Anblick der Zerstörungen in der Friedrichstraße erfüllt die vorbeieilenden Berliner mit Schrecken. Ein Luftwaffenoffizier blickt auf das Straßenschild an dem von Splittern durchschlagenen Eisenkandelaber empor. Behren-Straße, Ecke Friedrichstraße. Für den Fronturlauber bleibt dieses Schild noch als einzige Orientierungsmöglichkeit übrig. Sonst hat jener kleine Teil der Großstadt nichts Straßenähnliches mehr.
Eine einzige Steinlawine bedeckt in unterschiedlichen Höhen Fahrbahn und Gehwege. Räumkolonnen bemühen sich in ununterbrochener Arbeit, wenigstens einen schmalen Durchgang zu schaffen. Frauen und Männer stolpern über den Schutt vorwärts und haben kaum Zeit, sich die Verwüstungen genauer zu betrachten. Nur ab

und zu gleitet der Blick eines Passanten flüchtig durch die schwarzen Höhlen, die noch Stunden zuvor Geschäfte und Wohnungen gewesen waren. Der Geruch nach verbranntem Holz in den noch schwelenden Trümmern ist durchdringend.
Auf der gegenüberliegenden Seite steht nur noch ein Eingangstor. Das Nachbarhaus ist bis zu Beginn des ersten Stockwerkes fast waagerecht abgetragen, und wenn nicht die Ziegelberge vor und auf dem Haus wären, könnte man annehmen, das Gebäude wäre nie höher als jetzt gewesen.
Wieviel Menschen jedoch in der Friedrichstraße, Ecke Behren-Straße nach diesem Bombenschlag den Tod finden, geht nirgends hervor.

Nur wer in jenen Bombennächten selbst vom Sog der fürchterlichen Ereignisse erfaßt wurde, vermag auch die großartige Haltung verstehen, die die Berliner Bevölkerung in den Stunden der Angriffe zeigte. In Berlin genauso wie auch in anderen Städten.
Waren es damals die Einwohner Londons, die sich durch die deutschen Luftangriffe zur Zeit der »Schlacht um England« nicht einschüchtern ließen, so gelingt es auch den Engländern nicht, jetzt den Lebenswillen der Berliner zu erschüttern.
Das Leben geht weiter. Überall wird angepackt, überall versucht, zu improvisieren, sich selbst zu helfen, den anderen zu unterstützen. Man kann verstehen, daß von vielen Gesichtern die Heiterkeit verschwunden ist, aber trotzdem verzweifelt kaum einer.
Und doch geben hier und dort einmal kleine Begebenheiten zum Schmunzeln Anlaß. Ein Mann in blauer Jacke steht auf dem Bürgersteig und fordert die Passanten auf, die gegenüberliegende Seite der Straße zu benutzen, weil aus den oberen Stockwerken eines zerstörten Hauses Schutt heruntergeworfen wird. Andauernd blickt der Mann nach oben; es scheint ihm wohl alles nicht schnell genug zu gehen. Schließlich formt er die Hände zu einem Trichter und brüllt nach oben: »Mensch, ihr schippt wohl mit'n Teelöffel, et kommt ja janischt runter!«

Der Luftkrieg über Berlin erhält Anfang März 1944, noch vor der Beendigung der eigentlichen »Schlacht um Berlin«, mit dem Erscheinen amerikanischer Kampfverbände plötzlich einen vollkommen neuen Akzent. Die 8. Luftflotte ist jetzt wesentlich stärker als im Vorjahr, in dem die Amerikaner hauptsächlich im Sommer und Herbst empfindliche Verluste einstecken mußten. Aber sie haben aus ihren in den vergangenen acht Monaten gemachten Erfahrungen gelernt. Den drei Luftdivisionen stehen nun seit Beginn des neuen Jahres die ersten Jagdmaschinen mit genügender Reichweite zur Verfügung, zwar noch nicht in großen Mengen, doch stärkenmäßig in der Lage, den Fortress- und Liberatorbesatzungen auf ihren Flügen von nun an das Gefühl der Sicherheit zu geben.

Im Flugzeugbau legte Deutschland seit Beginn des Krieges den Schwerpunkt auf Jagd- und Schlachtflieger. Die im ersten Stadium erfolgten »Blitzsiege« schienen diese Entscheidung zu rechtfertigen, aber für einen fortdauernden strategischen Luftkrieg war die Luftwaffe nicht gerüstet, und die späteren, überstürzt erfolgenden Entwicklungen zur Schließung der nun sichtbaren Lücke konnten deshalb nur Notlösungen bleiben, wie zum Beispiel die Umrüstung von Verkehrsflugzeugen auf Langstreckenbomber. In den letzten Kriegsjahren, als dann die deutsche Flugzeugindustrie vordringlich Kampfmaschinen bauen muß, fehlt es an Jägern, die zu diesem Zeitpunkt notwendiger gebraucht werden.

In Großbritannien dagegen bestand schon recht früh der Plan für eine Langstreckenbomberflotte, während die Jagdflugzeuge zunächst nur der Landesverteidigung dienten. Die RAF legte nicht viel Gewicht auf eine taktische Bomberstreitmacht, sondern bemühte sich um die Durchführung eines strategischen Luftkrieges, und bereits 1941 überwog die Herstellung viermotoriger Kampfflugzeuge die der anderen, leichteren Typen. Auch die Vereinigten Staaten bauten Langstreckenbomber, dabei die zweijährigen Luftkriegserfahrungen Deutschlands und Englands auswertend und berücksichtigend.

Als jetzt im März 1944 nach den Engländern nun auch die Amerikaner bis nach Berlin mit ihren großen Viermotorigen vorstoßen, ist es für den Aufbau von Langstreckenverbänden der deutschen

Luftwaffe schon längst zu spät. Da aber, wie erwähnt, immer noch der Bombergedanke vorherrscht, deshalb die Produktion zweimotoriger Kampfflugzeuge mehr oder weniger Vorrang besitzt, kommt aus diesem Grund die jetzt so dringend erforderliche Jagdwaffe zu kurz. Jedes Kampfflugzeug, das die Hallen verläßt, jede weitere Vorstellung, die Luftwaffe benötige für einen Gegenschlag eben Bomber, geht auf Kosten der Reichsverteidigung. Von 1944 an wird sich das immer deutlicher zeigen, obwohl die Jagdflugzeugproduktion gerade im Sommer dieses Jahres den Höhepunkt erreicht.

Die ersten amerikanischen Flugzeuge, die sich im Zweiten Weltkrieg über der Reichshauptstadt zeigen, gehören zu Lt. Col. Mark E. Hubbards 20. Fighter Group, gestartet von ihrem Einsatzhafen Kings Cliffe in England. Es sind nur wenige Maschinen vom Muster P-38 »Lightning«, die den ersten Erkundungsvorstoß der 8. Luftflotte gegen Berlin durchführen. Amerikanische Kriegstagebucheintragungen bezeichnen dies als eine »Offensivstreife«. Das Erscheinen jener Flugzeuge nun auch über der deutschen Hauptstadt verdeutlicht außerdem, daß die Amerikaner von dem Zeitpunkt an praktisch jeden Teil des Reiches anzufliegen in der Lage sind.

Dem Erkundungseinsatz des 3. März folgt einen Tag später schon ein weiterer. Diesmal schickt Doolittle etwa 30 »Fliegende Festungen«, von mehreren Mustang-Staffeln begleitet. Noch sind den Berlinern die berüchtigten Bombenteppiche der Amerikaner unbekannt, und noch bietet sich ihnen der unvergessen bleibende Anblick endlos erscheinender Bomberpulks nicht.

Bei strahlendem Sonnenschein kommen die Kampfverbände am Montag, dem 6. März, wieder. Als um 12.47 Uhr die Sirenen ertönen, bedeutet das die Einleitung des ersten schwereren Tagesangriffes auf Berlin. Gleichzeitig aber werden auch die Amerikaner erkennen, daß die Ausdehnung ihrer Zielgebiete bis in den Raum Berlin mit erheblichen Verlusten verbunden sein kann.

Von den über 1200 Tonnen abgeworfener Sprengbomben fällt der Großteil auf die Industrien der südwestlichen und südöstlichen Stadtgebiete nieder. Ein gesonderter, innerhalb des eigentlichen Angriffes durchgeführter Einsatz richtet sich gegen die Sendeanlagen von Königswusterhausen.

Die Tagesangriffe ergeben im Gegensatz zu den bisherigen Nacht-

operationen ein völlig anderes Bild. Über den betroffenen Gebieten zeigen sich den Berlinern nun deutlich aufsteigende schwarze Brandwolken, angreifende Flugzeuge heben sich silbern vom klaren Himmel ab, weiße Kondensstreifen lassen die gestaffelten »combat boxes«, die Kampfformationen, gut erkennen. Ein ungewohntes Schauspiel, fast wie auf einem friedensmäßigen Flugtage. Doch die aus den Schächten der großen Bomber fallenden Reihen schwarzer Pünktchen lassen keinen Zweifel über den wirklichen Zweck der »Vorstellung« aufkommen.
Um die 609 über Berlin hinwegziehenden Viermotorigen herum tummeln sich die Jäger des Begleitschutzes. Zu ihnen gehört auch die 4. Fighter Group. Zwei Piloten dieser Einheit, den späteren Jägerassen Capt. Gentile und Capt. Godfrey, gelingt es durch ihre immer mehr berühmt werdende Angriffstaktik, über dem Raum Berlin in kurzer Zeit einige deutsche Jäger abzuschießen. Beide Flieger bilden, da sie ihre Aktionen nur gemeinsam durchführen, zusammen ein wahres Team.
An diesem Montag stehen den Amerikanern etwa 200 Jagdmaschinen der Reichsverteidigung und der Frontverbände gegenüber. Schon auf dem Hinflug suchen sich die Deutschen ihre Opfer aus den Kampfverbänden heraus. Die von Hauptmann Borris geführte I./JG 26 startet von Florennes in Belgien aus und fliegt den Viermotorigen entgegen. Kurz hintereinander schießt einer der »Schlageter«-Piloten gleich zwei der olivgrünen B-17 ab, während auch die ebenfalls angreifende III. Gruppe des ZG 26 durch sieben aus dem Verband geholte Fortress ihr Abschußkonto erhöht. Major Kogler, Kommandeur der Zerstörereinheit, führt mit seinen Maschinen die gesamte zum Angriff gestartete 1. Jagddivision an.
Schon vor Erreichen der Hauptstadt schlägt den amerikanischen Bombern schweres Flakfeuer entgegen. Plötzlich stehen über, unter und zwischen den Verbänden die braunschwarzen Wölkchen krepierender Granaten. Über den südlichen Randbezirken schert eine lichterloh brennende Fortress der 447. Bombardment Group aus dem Pulk aus. Zusehends neigt sich die Maschine nach unten, verliert jetzt eine Tragfläche, die neben der einer Fackel gleichenden B-17 hinunterwirbelt. Eine andere Viermotorige der 306. Group erhält einen schweren Flaktreffer, der den rechten Innenmotor sofort in Brand setzt. Trotzdem kann das todwunde Kampfflugzeug seinen Kurs noch beibehalten. Der Bombenschütze kann seine

Ladung noch planmäßig abwerfen, dann stürzt die B-17 in die Stadt hinab, reißt ihre Besatzung mit sich in die Tiefe.
Erschrocken ziehen die Amerikaner nach dem 6. März ihre Bilanz. Etwas über elf Prozent der angreifenden Maschinen kehren nicht zurück. Der Verlust von 72 viermotorigen Bombern sowie zwölf Jägern erinnert an die Pyrrhus-Siege des vergangenen Jahres über Ploesti, Regensburg und Schweinfurt. Sollten sich diese Ereignisse trotz Jagdschutz nun wiederholen?
Die Luftwaffe verzeichnet 18 Totalverluste, zuzüglich 39 Maschinen mit Beschädigungen unter 60 Prozent.
Was die Amerikaner offensichtlich irritiert, ist das Vorhandensein einer in dieser Stärke längst nicht mehr vermuteten Jagdabwehr. Außerdem macht sich eine auffallend intensive Flakverteidigung bemerkbar.
Von rund 170 Jagdmaschinen eskortiert, fliegen am 8. März 350 Kampfflugzeuge der 8. Luftflotte erneut ein, um die Reichshauptstadt anzugreifen. Etwa in der Mitte des großen Fortressverbandes ein Pulk dickbauchiger viermotoriger Hochdecker mit langen, schmalen Tragflächen und riesigen Doppelleitwerken – 29 B-24 Liberator der II. Air Division.
Die Amerikaner treten gegen elf Uhr zu ihrem Flug in Richtung Deutschland an, wobei sie zum erstenmal mit geradem Ostkurs von England nach Berlin durchfliegen, und sie versuchen auch nicht, die Verteidigung zu täuschen, indem sie vorher nach verschiedenen Richtungen Ablenkungsangriffe unternehmen.
Die Bomber fliegen in Höhen von 6500 bis 7500 Metern. Als die Spitze des Gegners im Raum Stendal ist, versammeln sich bei Magdeburg die deutschen Jäger in geschlossenen Formationen.
An dem abermals wolkenlosen, sonnenstrahlenden Mittwoch kündigt das Aufheulen der Sirenen den Berlinern um 13.23 Uhr den Beginn des Alarmes an. Aber nur die Liberator greifen die Stadt selbst an und werfen 64 Tonnen Sprengbomben vorwiegend auf die Außenbezirke ab. Der Hauptverband zieht über das Stadtgebiet hinweg und fliegt das eigentliche Ziel des Tages an: Die südöstlich von Berlin in Erkner gelegenen Vereinigten Kugellagerfabriken.
Erkner zählt neben Schweinfurt zu den Hauptproduktionsstätten für die so dringend benötigten Kugellager. Das unmittelbar an Berlin angrenzende und etwa 6500 Einwohner zählende Städtchen

ist zum Schutz dieser kriegswichtigen Industrie von schweren Flakbatterien umgeben, die nun den herannahenden amerikanischen Pulks einen geschlossenen Sperriegel entgegenzusetzen versuchen. Doch die Bomberströme reißen nicht ab, sie fliegen jetzt in etwa 6000 Meter Höhe exakt ihr Ziel an.

Als die Kampfverbände nach dem Angriff nach Norden abdrehen, können die Besatzungen in den Maschinen noch lange Zeit danach die über Erkner aufsteigende schwarze Rauchwand beobachten, die sich nur langsam ausbreitet. Erst kurz vor 16 Uhr können die Berliner ihre Bunker und Keller wieder verlassen. Die lange Alarmzeit von über zweieinhalb Stunden läßt sie vermuten, daß irgendwo in der Nähe ein schwerer Angriff stattgefunden haben muß, denn die Stadt selbst kommt an diesem Tage relativ glimpflich davon.

Die 8. Luftflotte verliert bei dem Unternehmen über dem Reichsgebiet durch Flak und Jagdabwehr 37 Bomber und 17 Jagdmaschinen. Eine der erfolgreichen deutschen Einheiten ist dabei das JG 11. Die Focke-Wulf der I. Gruppe des Geschwaders unter Major Hermichen schießen schon etliche Fortress auf dem Hinflug ab. Abschußerfolge erzielen auch die beiden anderen Gruppen. Während die Amerikaner Berlin entgegenfliegen, landen die deutschen Jäger, werden neu betankt und aufmunitioniert.

»Los, neue Gurte für die MG 131!« schreit ein junger Feldwebel ungeduldig. Seine Maschine war kaum ausgerollt, als ein Wart auf der Tragfläche stand und die Kabine geöffnet hat. Der Flugzeugführer bleibt jedoch sitzen und atmet die frische Luft tief ein. Am Himmel kurven die anderen Kameraden, stechen den Platz an und schweben ein. »Beeilung, Mann!« brüllt der Flugzeugführer noch einmal. Die Warte kennen das. Sie wissen, wie diese Worte gemeint sind.

Verkleidungsbleche fliegen auf, flinke Hände führen die neuen Gurte ein. Wenig später surrt der Anlasser. »Start frei!« Die Messerschmitt jagt quer über den Platz, hebt ab und steigt mit einer Linkskurve in den Himmel.

Überall das gleiche Bild. In Rotenburg bei Bremen, auf den Plätzen Rheine, auf denen die II./JG 11 liegt, und Oldenburg, dem Einsatzhafen der III. Gruppe. Wieder startbereit, warten die Deutschen jetzt auf den Rückflug der Bomberpulks, um sich ihnen erneut entgegenzuwerfen.

Kann die III./ZG 26 sieben Abschüsse ohne eigene Verluste mel-

den, so werden jedoch von den Amerikanern 21 Jagdmaschinen anderer Einheiten vernichtet.
Nach den Engländern, die außer ihren Mosquito kaum noch einen starken Kampfverband gegen die Hauptstadt ansetzen, sind es die amerikanischen Bomber, welche von nun an das Herz des Reiches anfliegen werden. Praktisch kann man es als eine Weiterführung der »Schlacht um Berlin« ansehen, obwohl von den Amerikanern zu dem Zeitpunkt jede Art von reinen »Terrorangriffen« strikt abgelehnt wird.
Hauptziel der 8. Luftflotte bleibt die Zerschlagung der kriegswichtigen Industrie. Empfindliche Störungen und nicht aufzuholender Produktionsausfall sollen das Ende des Krieges näher heranführen. Deshalb fordert das Strategische Luftflottenkommando, daß die amerikanischen Bomberstreitkräfte in erhöhtem Maße ihren Schwerpunkt der Angriffe gegen die Rüstungsindustrien des Reiches, speziell aber gegen die in und um Berlin gelegenen Werke richten, auch trotz zu erwartender hoher Verluste.
Aus dem Grund setzen die Amerikaner zunächst die erste Serie von Tagesangriffen gegen »Big B« (Berlin) fort, jeder Einsatz wird dabei von mehreren Hundert Flugzeugen ausgeführt. General Doolittle, der im Januar 1944 als Nachfolger General Eakers zum Oberbefehlshaber der 8. Luftflotte ernannt wird, läßt sich wirklich nicht durch die bisherigen Einbußen beirren.
Pausenlos treffen neue Jagdflugzeuge in England ein, die den Begleitschutz der Bomber übernehmen, immer mehr Jägereinheiten werden aufgestellt. Bis Mitte des Jahres gehören zu jeder der drei Divisionen der 8. Luftflotte 15 Fighter Groups, die hauptsächlich mit den schnellen P-51 Mustang ausgerüstet sind.
Aber auch die deutsche Luftwaffe richtet sich auf die neue Phase des Luftkrieges gegen die Reichshauptstadt ein. Die ganze 1. Jagddivision unter Major Hajo Herrmann steht auf etlichen Plätzen zur Abwehr und zur Verteidigung Berlins bereit. Herrmann ist kein Unbekannter mehr, denn er gründete im Sommer des Jahres 1943 die einmotorige Nachtjagd und erhielt daraufhin den Befehl zur Aufstellung des JG 300 »Wilde Sau«. Wieder als Tagverband eingesetzt, werden die Gruppen des Geschwaders, dann unter der Führung von Major Dahl, ab Mitte 1944 in den südlichen Raum der Reichshauptstadt stationiert.
Neben dem schon in Mecklenburg und im sächsischen Raum be-

reitstehenden Nachtjagdgeschwader 5, dessen Stab sich in Döberitz befindet, verlegen Ende 1943 die I. und II. Gruppe des JG 302 nach Jüterbog und Ludwigslust, während die III./JG 301 im März 1944 nach Zerbst kommt. Für einige Monate liegen auch zwei Gruppen des JG 3 »Udet« in Magdeburg und Burg.

Schon einen Tag nach dem letzten amerikanischen Lufteinsatz gegen Berlin – es ist der 9. März – werden wiederum Einflüge schwerer Kampfverbände über dem holländischen Raum gemeldet. In »combat boxes« gestaffelt, fliegen sie in das Reichsgebiet ein und erreichen kurz vor Mittag die Hauptstadt, in der um 12.46 Uhr Alarm gegeben wird. Nur neun Viermotorige bleiben an diesem Tage auf dem Festland zurück. Alle neun werden von der Flak abgeschossen. Wieder werfen die Amerikaner über 700 Tonnen Bomben auf Berlin.

Die Wetterverhältnisse sind sehr ungünstig, da die Wolken ziemlich tief hängen und schlechte Sicht bieten, so daß die deutschen Jäger kaum starten können. Daher ist die Abwehr vorwiegend der Flak vorbehalten.

Nach einer über 20 Tage anhaltenden Pause erfolgt am 22. März der letzte Angriff des Monats, zugleich der sechste Lufteinsatz der USAAF seit der Einbeziehung Berlins in ihre strategischen Pläne.

Erneut ist der Himmel über Berlin zu 9/10 bedeckt. Bei zeitweisem, mit Regen vermischtem Schneefall beträgt die Sicht nicht mehr als 2 bis 4 Kilometer. Gegen 11.25 Uhr stehen die amerikanischen Verbände, von starkem Jagdschutz begleitet, über Schleswig-Holstein zwischen Husum und Heide. Kurz vor Rendsburg gehen sie auf Südostkurs, um über Lübeck, Schwerin, Parchim und Neuruppin sich der Reichshauptstadt zu nähern.

Diesmal sind es drei große Angriffswellen. Die eine fliegt über Strausberg von Osten her an, während die zweite von Oranienburg in südlicher Richtung und die dritte Welle von Spandau her über Berlin hinwegziehen werden.

Wegen der schlechten Witterung sind nur drei deutsche Jagdflugzeuge in der Luft. Sie starten zur selben Zeit in Anklam, als in Berlin Alarm gegeben wird. Zur Feindberührung kommt es nicht. Auch die jeweils vier von den Horsten Salzwedel, Gardelegen und Burg bei Magdeburg zur Platzsperre aufgestiegenen Messerschmitt greifen nicht ein. Die Viermotorigen befinden sich über den Wolken, deren Untergrenze bei 2700 Metern liegt. Sie merken kaum etwas von der Schlechtwetterfront und können daher ungehindert manövrieren, während es für die Deutschen bei diesen äußerst ungünstigen Sichtverhältnissen und im Schneetreiben Selbstmord gewesen wäre, aufzusteigen. So beschränken sie ihren Einsatz nur auf den erwähnten Platzschutz.

Währenddessen paradieren die Amerikaner über Berlin hinweg. Dieses Unternehmen, an dem 178 B-24 und 511 B-17 teilnehmen, ist von einer bisher noch nicht erlebten Heftigkeit gekennzeichnet. Innerhalb von 37 Minuten fallen 1277 Tonnen Bomben. Zum erstenmal erfolgt der Abwurf eines größeren Bombenteppichs, der über dem Bezirk Weißensee niedergeht. Am Mirbachplatz schlagen die ersten Bomben ein, die folgenden Serien liegen immer weiter nördlich. Beiderseits der Berliner Alle, die zunächst um den Weißen See in einem großen Bogen verläuft, erstrecken sich die weiträumigen Industrieanlagen des Bezirks. Ihnen soll wohl der Bombenteppich gelten. Neben den Ziehl-Abegg-Werken, Hersteller von Elektromotoren, befinden sich dort unter anderem chemische Fabriken und Werkzeugmaschinenfirmen. In Richtung Heinersdorf stehen außerdem Fahrzeugdepots der Wehrmacht.

Rings um die genannten Anlagen breiten sich Felder und Kleingartenkolonien aus, auf die ein Großteil der Bombenserien wirkungslos hinabregnet, aber die Gärten dabei völlig planiert.

Wie schon einmal über Erkner beobachtet, steigt nun auch aus dem nordöstlichen Stadtrand eine dunkelgefärbte Rauchwand empor und zeugt von den Auswirkungen des amerikanischen Angriffes. Doch die Industrie wird nicht in dem Maße getroffen, wie die USAAF zunächst vermutet. Vielmehr liegt der Teppich einige Kilometer zu weit südlich, so daß eine große Anzahl Wohnblocks zertrümmert wird.

Da die Jagdwaffe am 22. März nicht zum Einsatz gelangt, gehen die Verluste der 8. amerikanischen Luftflotte an diesem Tag sämtlich auf das Konto der Flak. Von den 689 Kampfmaschinen werden 13 abgeschossen, einige davon höchstwahrscheinlich durch die in der Nähe liegenden Flakbatterien auf der Weißenseer »Rennbahn« und in Hohenschönhausen. Der Jagdschutz der Amerikaner büßt neun Mustang ein.

Nachdem weitere starke Jägereskorte die Berlin-Formation im Raum Gardelegen in Empfang nimmt, vollzieht sich der Abflug

der Amerikaner in breiter Front über dem Raum Oldenburg. Um 15.15 Uhr ist das Reichsgebiet wieder feindfrei.
Nach den ersten Erfahrungen über Berlin und angesichts der bereits erlittenen Verluste, erklärt US-Rüstungsminister Nelson in einer Rede: »Wenn 60 Bomber abgeschossen werden, müssen 1000 Arbeiter ein Jahr lang an ihrem Ersatz tätig sein!«
Ende März 1944 besitzen in Berlin rund eineinhalb Millionen Menschen keine Wohnung mehr. Die meisten wurden in den vergangenen Wintermonaten ausgebombt. Britische Optimisten wollen zu dem Zeitpunkt ausgerechnet haben, daß der Luftkrieg gegen das Reich überhaupt in etwa zwei Monaten abgeschlossen sein werde. Das wäre Ende Mai, aber erst ein Jahr später erfolgt der Höhepunkt.
Zwischen den amerikanischen und britischen Lufteinsätzen ergeben sich noch andere auffallende Unterschiede. Tagesalarme erfolgen im Durchschnitt meist gegen 12 Uhr und halten etwa zwei bis drei Stunden an, während die Alarmzeiten in der Nacht kaum eine Dreiviertelstunde überschreiten. Auch die amerikanische Angriffstaktik ist völlig von der der RAF verschieden. Werfen die Briten ihre Bomben schnell und ziellos ab, so lassen sich die Piloten der »Achten« viel mehr Zeit und fliegen ihr Ziel zweimal oder sogar noch öfter an, ehe sie die Auslösehebel drücken. Es ist nicht anzunehmen, daß die Amerikaner diese Manöver aus Zeitvertreib durchführen, sondern es wäre vielleicht ein Beweis, daß sie ihre anzugreifenden Objekte so exakt wie möglich zu treffen versuchen. Jedenfalls vorerst noch.
Im kommenden April fliegt die 8. Luftflotte Berlin nur zweimal an. Der erste Angriff findet am frühen Nachmittag des 18. April statt und dauert 26 Minuten. Der nur aus Fortress bestehende Verband erleidet wiederum hohe Verluste. Dennoch können 280 Maschinen, über Berlin fast ungehindert, rund 500 Tonnen Bomben abwerfen.
Eine größere Kampfformation sondert sich kurz vor dem Stadtrand vom Hauptverband ab und geht plötzlich auf nördlichen Kurs. Ihr Ziel sind die Heinkelwerke in Oranienburg, wie alle weiteren Flugzeugherstellerwerke ein Dorn im Auge der Alliierten. Sie stehen auf den amerikanischen Angriffslisten an erster Stelle.
Die in Marwitz bei Velten liegende und Ende des Monats nach Finkenkrug verlegende 4. Batterie der Flakabteilung 422 schießt

eine der B-17 des Oranienburg-Verbandes lahm, die Bordwaffen deutscher Jagdflugzeuge besiegeln dann das endgültige Schicksal der Fortress.
In den Jägerleitstellen überschlagen sich die Durchsagen. Abschuß auf Abschuß wird gemeldet, doch die Zahlen müssen wenig später wieder korrigiert werden. Es ist nicht so einfach, eine B-17 aus dem Verband herauszuschießen, und viele der getroffenen Viermotorigen, als wahrscheinliche Luftsiege gebucht, können doch noch zu ihren englischen Basen zurückgelangen. Die tatsächlichen Verluste der Amerikaner am 18. April betragen 19 Bomber, drei davon durch Flakbeschuß vernichtet. Der vom JG 3 zusammengestellte und von den Plätzen im Brandenburger Raum aufsteigende Gefechtsverband Müller hat einen wesentlichen Anteil an dem Erfolg des Tages. Aber auch die Luftwaffe bekommt das starke Abwehrfeuer der amerikanischen Bordkanonen zu spüren. Sie verliert sechs Maschinen.
Durch die starke deutsche Gegenwehr abgeschreckt, lassen die Amerikaner abermals elf Tage verstreichen, ehe sie erneut einen Bomberstrom nach Berlin senden. Am Sonnabend, dem 29. April, erfolgt dann trotz schlechten Wetters ein größerer Tagesangriff mit insgesamt 618 Maschinen. Über der Stadt selbst liegt eine nur teilweise aufgerissene Wolkendecke, die noch eine verhältnismäßig gute Sicht nach unten ermöglicht. Alle drei Luftdivisionen nehmen an dem etwa 40 Minuten andauernden Angriff teil. Diesmal gibt es um 11.12 Uhr Alarm.
B-17 der 452. Bombardment Group erscheinen über dem Tempelhofer Feld und beginnen ihre Bomben abzuwerfen. Explosionswolken auch am Halleschen Tor und in der Stresemannstraße, jedoch die zu treffende Hochbahn bleibt intakt. Liberator der 392. Gruppe folgen als zweite Welle, aber auch sie treffen ihre Ziele nicht exakt, denn inzwischen hat sich die Wolkendecke wieder verdichtet.
Hunderte von Tonnen Bomben gehen auf die weitverzweigten Industriewerke im Norden der Stadt nieder, bevor endlich als letzte Einheit die Maschinen der 379. Bombardment Group das Stadtgebiet etwa zehn Minuten vor 12 Uhr verlassen und nach Nordwesten abdrehen.
Über das erste Grün der vielen Anlagen Berlins senkt sich ein Ascheregen nieder. Am Belle-Alliance-Platz fahren die gelben Wa-

gen der Hochbahn an den schmutziggrauen, noch rauchenden Ruinen vorbei. Brandgeruch, der immer noch über den Trümmern liegt, dringt durch die geschlossenen Fenster der nicht zerstörten Häuser.

Für das in Norddeutschland aufsteigende JG 11 verläuft der Einsatz zur Abwehr der eingeflogenen Viermot.-Verbände besonders erfolgreich, nachdem Oberleutnant Hans-Heinz König von der I. Gruppe allein vier B-17 zu Absturz bringt. Ein seltener Erfolg!

Langsam bereiten sich die Alliierten so unauffällig wie möglich auf den geplanten Sprung auf das Festland vor, der im Juni 1944 stattfinden soll. Die Luftstreitkräfte sowohl der RAF als auch der USAAF werden dabei während des Invasionszeitraumes die Landungstruppen taktisch unterstützen und zu diesem Zweck ebenfalls dem direkten Kommando General Eisenhowers unterstellt.

Die Angriffe gegen das Reich lassen deshalb ab Ende April nach, die Briten stellen ihre Einsätze, von den weitergeführten Mosquito-Störangriffen abgesehen, fast völlig ein. Das bedeutet auch für die deutsche Hauptstadt eine spürbare Entlastungspause. Daß sich die alliierten Flugzeuge auf ihre neue Rolle, die taktischen Operationen, einstellen, scheinen mehrere Meldungen aus dem Mecklenburgischen Raum zu bestätigen, in denen von Tieffliegerangriffen auf Eisenbahnzüge und andere »sich bewegende Objekte« berichtet wird.

Berlin ist im nächsten Monat viermal das Ziel amerikanischer Bomberströme. Sie beginnen die Angriffe mit einem Doppelschlag am 7. und 8. Mai. An beiden Tagen liegt eine Schlechtwetterfront über der Stadt. Der erste Einsatz erfolgt zu einem früheren Zeitpunkt als sonst, die Sirenen geben schon um 10.35 Uhr Alarm. Wieder mit über 600 Maschinen anfliegend, bombardiert die 8. Luftflotte an diesem Sonntag administrative Zentren der Innenstadt und das Regierungsviertel, doch dabei liegen etliche Serien zu weit östlich und gehen in der näheren Umgebung des Gendarmenmarktes nieder. Der Französische Dom erhält einen Volltreffer. Aus dem runden Kuppelbau schlagen helle Flammen empor, die sich in dichte, dunkle Brandwolken verwandeln und fast senkrecht in den grauverhangenen Himmel aufsteigen. Der obere Teil des Domes brennt vollkommen aus, doch die unteren Turmgeschosse bleiben dank einer im Jahre 1930 gegen Brandgefahr eingezogenen Betondecke erhalten. Leider wurde seit Kriegsende mit dem

Wiederaufbau dieses schönen alten Bauwerkes noch immer nicht begonnen.
Nach einer halben Stunde lassen die Amerikaner eine rauchende Stadt zurück, weitere dreißig Minuten später folgt Entwarnung. Langsam begreifen auch die letzten Berliner, was an jenem Februartag 1943, damals im Sportpalast, mit dem »totalen Krieg« gemeint war.
Fast genau 24 Stunden darauf erneut das durchdringende Heulen der Sirenen. Ein 40 Minuten dauernder Luftangriff auf die Hauptstadt wird durch den Abwurf von mehreren Bombenteppichen zwischen Tiergarten und Großem Stern eingeleitet. Gleichzeitig fliegen die Amerikaner mit etwa 800 Maschinen einen Einsatz gegen die Flugzeugwerke in Braunschweig. Der auf Berlin angesetzte Verband besteht dagegen aus »nur« 386 Fortress. Nach britischen Meldungen werden die Kampfflugzeuge schon beim Anflug in heftige Luftkämpfe verwickelt. Hingegen läßt sich über Berlin keiner der deutschen Jäger blicken, und auch die Flak, durch die starke Wolkendecke behindert, kommt nicht wirkungsvoll zur Geltung. Die Amerikaner verlieren insgesamt 13 Viermotorige.
Vor der nun terminmäßig feststehenden Invasion erlebt die Reichshauptstadt nochmals zwei größere Tagesangriffe, bei denen zusammen fast 1900 Tonnen Bomben fallen. Am 19. Mai gibt es um 13.36 Uhr »Amerikaneralarm«, während fünf Tage darauf der zweite Angriff, der schwächere von beiden, wieder kurz vor 11 Uhr beginnt. Bombenteppiche rauschen im Wedding und Pankow nieder, treffen den Westhafen und den schon während der britischen Nachtangriffe erheblich beschädigten Stettiner Bahnhof.
Der im Humboldthain stehende Flakbunker, von dessen Terrassen die schweren 12,7-cm-Geschütze unaufhörlich feuern, erhält mehrere Treffer, doch der Betonklotz widersteht auch den größten Kalibern. Nicht einmal nennenswerte Risse zeigen sich. Nur ein leichtes Schwanken des riesigen Kolosses verrät den darinnen Schutz suchenden Menschen das Einschlagen der Bomben.
Über dem Raum Rangsdorf trifft der Gefechtsverband des Majors Dahl auf die am 24. Mai Berlin von Süden her anfliegenden amerikanischen Pulks, doch der starke Begleitschutz läßt die Deutschen kaum an die Bomber heran. Einer Messerschmitt gelingt es, sich unbehelligt hinter eine B-17 zu hängen und sie nach zwei geflogenen Angriffen abzuschießen. Aber auch der Heckschütze der

Aus nördlicher Richtung kommend, greifen amerikanische Kampfverbände am 6. Oktober 1944 militärische Anlagen in Spandau an. Am rechten Rand des Bildes sieht man im hellen, rechteckigen Feld die Mulden der Flakstellung auf dem Gelände des Johannisstiftes.

Schöneberg 1944. Ruinen in der Winterfeldtstraße.

schweren Viermotorigen zielt gut. Fast gleichzeitig mit der amerikanischen Maschine stürzt auch die Bf 109 brennend ab.
Bei den amerikanischen Angriffen gegen Berlin und Braunschweig am 8. und 19. Mai muß die Luftwaffe hohe Verluste einstecken. Sie verliert insgesamt über 80 Maschinen! Aber Sieg und Niederlage stehen in jener Zeit oft dicht beieinander. So hat die Flak mit 26 Abschüssen großen Anteil am Abwehrerfolg, während die Jäger allein am 24. Mai zweiundzwanzig Viermotorige vom Himmel holen.

... IM ANFLUG AUF HANNOVER–BRAUNSCHWEIG

Zwei Wochen nach der am 6. Juni erfolgten Landung alliierter Truppen auf der französischen Halbinsel Cotentin und an der Normandieküste zwischen Le Havre und Cherbourg erleidet die USAAF auf dem europäischen Kriegsschauplatz ihre größte Niederlage seit den Schweinfurt-Einsätzen.
Nachdem sich die Fronten im Invasionsgebiet etwa bis Mitte des Monats festigten, wendet sich die 8. Luftflotte nun wieder strategischen Unternehmen gegen Deutschland zu. Aus den Verhandlungen zwischen den Regierungen der Vereinigten Staaten und der Sowjetunion Ende 1943 über eine Benutzung russischer Flugplätze für die von England aus startenden Verbände resultiert die sogenannte »Operation Frantic Joe«. Es ist dabei vorgesehen, daß die Amerikaner nach erfolgtem Angriff auf das Reichsgebiet nicht nach Großbritannien zurückkehren, sondern in östlicher Richtung weiterfliegen, um dann auf Basen in der Ukraine zu landen, dort aufgetankt zu werden und neue Bombenladungen aufzunehmen. Von hier aus soll der Rückflug wieder nach England erfolgen, verbunden mit einem gleichzeitig durchgeführten zweiten Angriff gegen Ziele im Reich.
Einen solchen Pendeleinsatz bereiten die Amerikaner für den 21. Juni vor. Es ist der erste Tagesangriff auf Berlin nach der Invasion, und der eigentliche Initiator des Unternehmens ist der britische Air Marshal Harris.
Die seit dem 12. Juni 1944 gegen London eingesetzte deutsche

»Vergeltungswaffe« V-1 veranlaßt die Alliierten zu Besprechungen über zu treffende Gegenmaßnahmen. Die Engländer verlangen, daß die deutschen Städte nun so lange bombardiert werden, bis sie aufgehört haben, Städte zu sein. Auch die Einführung des Gaskrieges wird erwähnt, doch General Spaatz stellt sich all diesen »Strafaktionen« entgegen. Die Amerikaner lehnen auch deshalb ab, weil von der RAF während der Invasionskämpfe der Beweis erbracht wird, daß sie gezielte Angriffe gegen ganz bestimmte Objekte durchführen *kann.*

Von der USAAF in dieser Hinsicht keine Unterstützung erwartend, finden die Briten nun einen Ausweg durch den Vorschlag, wenigstens diejenigen Städte schwer anzugreifen, in denen wichtige Teile für die deutschen V-Waffen produziert werden. In Wirklichkeit ändert sich dann aber in der Durchführung ihrer Angriffe nichts. Die weiter durch Flächenbombardements gekennzeichneten Einsätze bedeuten den Engländern Vergeltungsangriffe, nur werden sie öffentlich nicht so bezeichnet.

Nur um die ohnehin schon gespannten Beziehungen zwischen USAAF und RAF nicht noch weiter zu gefährden, entschließt sich Luftflottenchef Doolittle nach langem Zögern, den Befehl für das Anlaufen des erwähnten Pendeleinsatzes mit einem damit verbundenen Angriff gegen Berlin zu geben.

Mittwoch, 21. Juni 1944. Von den Bomberbasen in Südostengland erheben sich gegen sechs Uhr morgens mehr als 2000 Flugzeuge und steigen einer strahlenden Sonne entgegen. Mehr als die Hälfte aller Maschinen, darunter eine große Anzahl zweimotoriger Bomber, werden durch Stör- und Ablenkungseinsätze versuchen, die Deutschen so lange wie möglich über die eigentliche Angriffsrichtung im Unklaren zu lassen. Der Versuch gelingt, die knapp 200 deutschen Jäger der 1. Jagddivision wissen nicht, wohin sie sich wenden sollen, da praktisch von überall Einflüge gemeldet werden. Es handelt sich jedesmal um größere Verbände, und die Deutschen haben keine Ahnung, welcher Stadt der Angriff gelten soll.

Der Berlin-Verband besteht aus zwei großen Formationen, die beide aus verschiedenen Richtungen in das Reich einfliegen, insgesamt 876 schwere Kampfflugzeuge, darunter 373 Liberator, und dazu ein fast gleichstarker Mustang-Begleitschutz. Die erste Formation fliegt über die Nordsee und stößt westlich von Stettin nach Mecklenburg hinein, wird dann dem Lauf der Oder folgen und endlich nach links schwenken, um die Hauptstadt vom Osten her anzugreifen. Etwa zur gleichen Zeit – es ist jetzt 9 Uhr – erreicht der zweite Teilverband den Raum Hannover-Braunschweig. Er wird aus der Gegend von Lübben im Spreewald mit Nordwestkurs gegen Berlin vordringen.

Erst kurz vor 9 Uhr läßt sich endlich das eigentliche Angriffsziel der Amerikaner erkennen. 24 Minuten später gibt Berlin Alarm.

Geraume Zeit darauf öffnen die amerikanischen Pulks ihre Schächte. Die Maschinen aller drei Luftdivisionen werfen ihre Bomben. Der Angriff bezieht das gesamte Stadtgebiet ein, Flugzeugwerke im Norden, Eisenbahnanlagen im Süden, das Regierungs- und Presseviertel in der Innenstadt. Erstmals entstehen dadurch auch in den reinen Wohngegenden schwere Schäden. Da die Amerikaner Sprengbomben mit großer Tiefenwirkung verwenden, werden ganze Häuserblocks völlig auseinandergerissen.

Die Reichskanzlei erhält Serien von Treffern, und auch in der Wilhelmstraße fallen eine ganze Anzahl Bomben. Östlich des Zeitungsviertels sinkt die alte Jerusalemskirche an der Lindenstraße, Ecke Jerusalemer Straße in sich zusammen, verwandelt sich innerhalb von Minuten in einen qualmenden Steinhaufen. Die Überreste der Ruine werden 1961 gesprengt und abgeräumt. Immer mehr verringert sich die Zahl der Kulturgüter und Denkmäler, die dem steinernen Gesicht Berlins erst einen markanten Ausdruck geben.

Nach Augenzeugenberichten ist dies der bisher schwerste Tagesangriff gegen die Reichshauptstadt, über der eine drückende dunkle Rauchwand die Sonne nicht mehr hindurchläßt. Um 11.13 Uhr endlich heulen die Sirenen Entwarnung, und jetzt erst erfahren die Berliner von dem eigentlichen Ausmaß des Angriffes. Bis zum gegenwärtigen Zeitpunkt fordert der Luftkrieg rund 6100 Tote unter der Bevölkerung, über 18 000 Menschen sind schwer verletzt.

Die 1. Jagddivision verzeichnet in ihrem Döberitzer Gefechtsstand 44 Abschüsse, doch die eigenen Ausfälle sind etwa doppelt so hoch. Jetzt aber beginnt für die Amerikaner der zweite Teil ihres Unternehmens abzulaufen. Noch während des Angriffes, der nur eine knappe halbe Stunde dauert, sondert sich ein 114 Maschinen starker Kampfverband ab und wendet sich nach Süden. Unter

dem Schutz der 4. Fighter Group, geführt von Col. Blakeslee, fliegen die Fortress das niederschlesische Hydrierwerk Ruhland an und bombardieren die Anlagen. Anschließend geht der Verband auf Ostkurs.
Verwundert registriert der deutsche Flugmeldedienst das ungewöhnliche Manöver der immer weiter nach Osten abfliegenden Amerikaner. Eine He 177 wird den Bombern nachgeschickt. Sie fliegt in angemessener Entfernung unbemerkt neben dem Fortress-Verband her und gibt laufend Standortmeldungen durch. Endlich weiß man Bescheid. Die Amerikaner werden nach Rußland fliegen. Nachmittags erreichen die 114 Fortress Poltawa in der Ukraine und setzen zur Landung an, während die Jäger der Eskorte auf den Plätzen Mirgorod und Pirjatin einfallen.
In Poltawa vollzieht sich nun der letzte, für die Amerikaner gänzlich überraschend kommende Akt des Pendeleinsatzes. In der nächsten Nacht erzielt die deutsche Luftwaffe noch einmal einen vollen Erfolg, als das IV. Fliegerkorps mit drei Kampfgeschwadern von Polen aus, darunter das KG 27 »Boelcke«, den russisch-amerikanischen Flugplatz angreift. Die Deutschen vernichten 47 der am Boden abgestellten Viermotorigen ohne eigene Verluste. Damit kostet der Pendeleinsatz des 21. Juni 1944 die USAAF insgesamt 91 schwere Maschinen, wohl die höchste bekannte Verlustquote der Amerikaner bei einem einzigen Unternehmen. Mit allein 20 Abschüssen beweist die Berliner Flak wiederum ihre Treffsicherheit.
Spaatz und Doolittle sind über den Ausgang des Junieinsatzes beunruhigt; die Anfang des nächsten Monats durch neu aufgestellte Sturmgruppen der Luftwaffe nochmals erlittenen Verluste über Mitteldeutschland führen zur Einstellung sämtlicher weit ins Reich hinein durchzuführenden Einsätze der 8. Luftflotte. Die Engländer lassen eine gewisse Schadenfreude durchblicken, da sie schon von Anfang an auf die Nachteile von Tagesangriffen hingewiesen hatten. Aber auch die RAF selbst fliegt keine schweren Angriffe mehr gegen Berlin.
Während des ganzen Juli bleiben die Amerikaner der Reichshauptstadt fern. Erst am 6. August führen sie wieder einen schwächeren und etwa 20 Minuten dauernden Tagesangriff durch, diesem folgen in den Nächten zum 11. und zum 12. August zwei britische Mosquitoangriffe mit insgesamt 60 Maschinen. Die Stadtteile Charlottenburg und Moabit werden durch Beleuchter als Zielgebie-

te gekennzeichnet und müssen die Hauptschäden der Angriffe davontragen. In der Turmstraße entstehen Brände, in der Levetzow- und Altonaer Straße gehen Luftminen nieder. Auch in der Stromstraße entfachen Dutzende von Brandbombenbündeln eine schnell um sich greifende Feuerlohe.
Am 12. August erfolgt ein erneuter, wieder schwacher amerikanischer Angriff, und dann werden bis Ende des Monats die Berliner noch siebenmal durch weitere Mosquito-Störeinsätze in die Keller gejagt. Die Engländer kommen im Durchschnitt mit 25 Maschinen, die nur für Minuten über der Stadt verweilen.
Auch der September, in dem die 8. Luftflotte keine Bomber nach Berlin schickt, ist von etlichen nächtlichen Störaktionen seitens der RAF angefüllt. Mosquito werfen in der Nacht zum 11. ausnahmslos 1800-kg-Bomben ab. Eine der »Litfaßsäulen« fällt als Blindgänger in den weichen Sandboden der Flakstellung in Berlin-Gartenfeld, nahe den Siemens-Kabelwerken.
Schöneberg und Friedenau sind wieder einmal das auserwählte Ziel der Briten in der Nacht zum 16. September. Schwere Schäden entstehen in der Umgebung der Traegerstraße zwischen Ring- und Wannseebahn. Der Innsbrucker Platz wird von Minen aufgerissen, die Gleise der Wannseebahn erhalten mehrere Treffer, die den Zugverkehr in beiden Richtungen für einige Zeit unterbrechen. Auch in Schmargendorf brennen Häuserblocks in der Wilhelmshöher Straße.
Im September erwägt man die weitgehende Reduzierung kultureller Veranstaltungen in Berlin, um das freiwerdende Personal der Rüstungsindustrie zuführen zu können. Unter anderem soll auch die Charlottenburger Oper ihre Pforten schließen, doch glücklicherweise kommt es nicht zu einer Auflösung des Theaterlebens in diesem Maße. Dagegen können die Berliner mit ansehen, wie ein Großteil der Briefkästen abmontiert wird mit der Begründung, die Reichspost müsse Benzin einsparen. Auch das sind Begleiterscheinungen des »totalen Krieges«.
Ab Herbst 1944 wird die Reichshauptstadt immer mehr in eine Ruine verwandelt. Im letzten Drittel des Jahres finden 22 Mosquito-Nachtangriffe der RAF sowie zwei schwere Tagesangriffe der USAAF statt. Außerdem ist fast täglich Alarm – meistens Voralarm – ohne einen folgenden Angriff. Trotz dieser Nervenbelastung und der zunehmenden Zerstörungen geben die Berliner

ihren Mut nicht auf. Das Leben und Treiben in der Stadt geht weiter voran, wenn ihm auch etwas Geisterhaftes und Unwirkliches anhaftet.
In den frühen Vormittagsstunden des 6. Oktober melden die Flugwachkommandos den Einflug eines starken Kampfverbandes über Holland. Durch zahlreiche Jagdgruppen geschützt, ziehen amerikanische Fortress-Ströme bei klarem Wetter in mehreren Wellen gegen Berlin. Gegen 12.45 Uhr überfliegen sie das Stadtgebiet von Nordwesten und beginnen sofort mit dem Bombenwurf. Spandau und Tegel heißen heute die Angriffsziele. Die Borsigwerke verschwinden unter den Explosionswolken des Bombenteppichs, Panzermotorenwerke und Depots der Wehrmacht in Spandau werden mit einem wahren Regen von Sprengbomben aller Kaliber überschüttet. Einige Reihenwürfe gehen völlig daneben und treffen Wohnviertel bis in die Gegend von Charlottenburg, wobei erhebliche Verluste unter der Bevölkerung zu beklagen sind.
Der Großteil der Berliner Flak hat seine Stellungen rings um die im Norden liegenden Industriewerke. Somit müssen die Amerikaner einen dichten Sperriegel durchfliegen, der dann bewirkt, daß etliche Fortress den Sturz in die Tiefe antreten müssen. Herr W. Göricke aus Klosterfelde: *»Der Bretterzaun vor unserem Haus brannte an mehreren Stellen, während die Gebäude in der Nähe nichts abbekommen zu haben schienen. Mein Vater und ich stürzten hinaus, um zu löschen. Am Himmel waren nahezu schnurgerade Kondensstreifen gezogen. Dazwischen weiße Kurven der Begleitjäger und Wölkchen zerplatzender Flakgranaten. Plötzlich sahen wir in nördlicher Richtung vor uns, entfernungsmäßig etwa hinter der S-Bahn, einen rotglühenden Ball am Himmel. Kurz darauf konnte man erkennen, wie zuerst eine Tragfläche, dann der Rest eines brennenden Bombers fast senkrecht hinuntertorkelten. Es war das erstemal, daß ich ein Flugzeug während eines Tagesangriffes so nahe habe abstürzen sehen.«*

Die 4. Batterie, Flakabteilung 422, in Finkenkrug kann innerhalb 30 Minuten drei B-17 abschießen, die alle in den Wäldern nördlich der nach Hamburg führenden Bahnlinie zerschellen. Nur dem Heckschützen einer der Fortress gelingt der rettende Fallschirmabsprung.
Knapp 30 Minuten dauert der amerikanische Angriff, aber erst

nach einer Stunde und 21 Minuten Fliegeralarm kommen die Bewohner nach 13.00 Uhr erleichtert wieder ans Tageslicht. Doch noch am selben Abend dringen 20 Mosquito gegen die Hauptstadt vor und lassen den Berlinern keine Zeit zum Verschnaufen. Noch weitere sechs Störangriffe folgen bis zum Ende des Monats.

Nachdem sich die RAF-Unternehmen im Verlauf des November etwas steigern, gibt Doolittle zum letztenmal in diesem Jahr Anweisungen für einen Einsatz seiner Luftflotte gegen Berlin. Wieder programmgemäß aus dem Raum Hannover–Braunschweig anfliegend, erscheinen am 5. Dezember 427 Fortress wenig später über Spandau, Siemensstadt, Pankow und Weißensee, während der Süden und die Innenstadt völlig verschont bleiben.

Nur fünf der Angreifer werden abgeschossen.

Das neue Jahr 1945 beginnt. Eine Beendigung des Krieges zeichnet sich nun langsam, aber doch deutlich ab. An der Westfront dringen die Amerikaner bereits auf deutschem Boden vor, nachdem ihnen schon im Oktober 1944 Aachen als erste deutsche Stadt in die Hände gefallen ist. Ende Januar stehen auch die sowjetischen Truppen an der ostdeutschen Grenze.

Nun nimmt auch die Luftaktivität der Alliierten zu. Berlin wird in den Abendstunden des 2. Januar von 169 Mosquito angegriffen, seit langem ein größerer englischer Verband, der die Stadt bombardiert. Auf die Bezirke Tempelhof, Tiergarten, den Potsdamer Platz und die Leipziger Straße gehen 126 Tonnen Brandbomben und Luftminen nieder, die zum Teil in die schon zerstörten Häuserreihen einschlagen.

Die Lage in Berlin spitzt sich immer mehr zu. Hinzu kommt eine gewisse Unruhe, die sich unter den Berlinern im Hinblick auf die Ereignisse im Osten ausbreitet. Noch gibt es keinen Volkssturm, aber in den meisten Betrieben zieht man die Belegschaften zu Wehrübungen heran.

Etwa Mitte Januar müssen die ersten kleineren Betriebe der Stadt wegen Mangel an Kohlen schließen. Auch größere Werke wie Siemens werden betroffen und stellen teilweise für zwei Wochen die Arbeit ein, weil kein Gas vorhanden ist. Seit dem 23. Januar ist die Verwendung von Gas für Haushaltszwecke verboten. Zu den wenigen Ausnahmen zählen Wohnungen, die nur mit Zentralheizung ausgestattet sind, die keine andere Kochgelegenheit besitzen, sowie Haushalte mit Kleinstkindern oder nur gasbeleuchtete Woh-

nungen. Sogar Ärzte dürfen nur mit Einschränkungen Gas verbrauchen.
Mit der Stromversorgung sieht es etwas besser aus. Innerhalb von 48 Stunden können bisher – nach BEWAG-Unterlagen – alle auftretenden Störungen behoben werden. Von den acht Kraftwerken, darunter Klingenberg, Spandau und Rummelsburg, sind sechs beschädigt, doch keines völlig außer Betrieb gesetzt. Natürlich müssen die Berliner stundenweises Abschalten des Stromes in Kauf nehmen; das Anstellen von Höhensonnen ist unter Strafe gestellt. Auch die Berliner Verkehrsbetriebe und die S-Bahn reduzieren ihren Fahrdienst.
Ebenfalls ständig sinkt die Kapazität des Kraft- und Schienenverkehrs ab November 1944 infolge zunehmender Angriffe gegen das deutsche Eisenbahn- und Transportsystem. Auffallend groß ist die Zahl von Urlaubern der Wehrmacht, die neben den Tausenden Flüchtlingen in der Stadt eintreffen. Die Bahnhöfe gleichen einem Hexenkessel.
So sieht die Situation in Berlin aus, als nun das letzte und schrecklichste Kapitel des Luftkrieges seinen Anfang nimmt.

DIE GROSSANGRIFFE DES FEBRUAR 1945

Für einen schon verhältnismäßig langen Zeitraum bleibt die Reichshauptstadt von einem größeren Luftangriff verschont. Zwar setzen die lästigen nächtlichen Mosquitoeinflüge nicht aus, doch Schäden in großem Umfang richten sie kaum an. Aber nach wie vor hält die RAF solche Störeinsätze für wirkungsvoll. So gewährt der Luftkrieg der Stadt Berlin im Augenblick eine Verschnaufpause, trotz der ununterbrochen stattfindenden Zermürbungsangriffe, die nur darauf hinauslaufen sollen, die Arbeits- und Aushaltemoral der Berliner zu untergraben.
Die jetzige Pause soll auch die letzte sein, und es sieht so aus, als wolle der Krieg vor seiner Beendigung der Stadt noch einmal Gelegenheit geben, sich auf das unwiderruflich kommende Chaos und den Untergang vorzubereiten.
Ab Februar folgt nahezu pausenlos Luftangriff auf Luftangriff

gegen die schon schwer angeschlagene Millionenstadt. Dreißig Einsätze der alliierten Luftstreitkräfte an direkt aufeinanderfolgenden Tagen und Nächten bedeuten zu dem Zeitpunkt nichts Ungewöhnliches mehr. Die Berliner kommen kaum noch aus ihren Luftschutzkellern.

Während auf den Lagekarten des Bomber Commands für den Winter immer noch das Rheinland und das Ruhrgebiet als Hauptzielraum eingezeichnet bleiben, treffen am 31. Januar 1945 die Stabschefs der beiden alliierten strategischen Luftflotten die Entscheidung, die Luftkriegsaktionen nunmehr auch auf den östlichen Teil Deutschlands voll auszudehnen. Die nach dem Osten führenden wichtigen Verkehrsadern im genannten Raum sollen jetzt ebenso nachhaltig angegriffen werden wie die Anlagen in Westdeutschland. Nicht zuletzt werden diese Angriffe auch der Unterstützung der sowjetischen Truppen dienen, denn immer noch fließt, zwar spärlich nur, deutsches Nachschubmaterial an die näherrükkende Ostfront.

Die Festlegung dieser Angriffsziele entsteht praktisch aus den Plänen zu einer neuen »Schlacht um Berlin«, für die sich der britische Luftwaffenstab im Juli 1944, also kurz nach der erfolgten Invasion, schon eingesetzt hatte. Zwar erinnerte man sich dabei, daß eine Offensive, wie sie im Herbst 1943 begonnen wurde, auch diesmal nicht den gewünschten Erfolg versprechen würde. Deshalb sollte die RAF über der Reichshauptstadt innerhalb von vier Tagen und drei Nächten rund 20 000 Tonnen Bomben abwerfen.

Ein britischer Abwehrbericht vom 25. Januar 1945 enthält weitere Details über den erneuten Versuch, Berlin massiert anzugreifen. Aber im Luftwaffenstab ist man nicht mehr ganz der Ansicht, daß eine weitgehende Zerstörung der deutschen Hauptstadt dem Reich endgültig das Rückgrat brechen wird.

Die am letzten Januartag zwischen General Eisenhower und Air Marshal Tedder abgesprochenen und aufgestellten Vereinbarungen sehen unter anderem wiederum eine Umstellung der Reihenfolge der Dringlichkeitsstufen vor. Nach wie vor stehen für alle strategischen Bomberflotten der Alliierten die Hydrierwerke an der Spitze, jedoch soll jetzt General Doolittle seine Bomberströme gegen die ostdeutschen Städte ansetzen, hauptsächlich aber die Angriffe gegen Berlin ansteigen lassen.

Für das britische Bomber Command rückt somit die Bombardie-

rung der Städte Leipzig oder Dresden sowie weitere Orte in Ostdeutschland in den Vordergrund. Die Engländer begründen die Plazierung damit, daß dadurch die Truppenbewegungen der Wehrmacht zum Erliegen kommen werden, da sie schon größtenteils durch die immer stärker auftretende Flüchtlingsevakuierung behindert werden.
Die Einbeziehung des östlichen Reichsgebietes in die strategische Bomberoffensive der Alliierten bringt es nun mit sich, daß nicht nur der gesamte Ostverkehr paralysiert wird, sondern daß dabei, da das Luftkriegsgeschehen immer krassere Formen annimmt, Unternehmen zur Durchführung kommen, die nun wirklich alles andere als strategischer Natur sein werden.
Der Chef der US Strategic Air Force, General Spaatz, immer noch an den amerikanischen Prinzipien festhaltend, keine reinen Vernichtungsangriffe gegen die Zivilbevölkerung zu richten, macht erneut auf seine Bedenken aufmerksam. Um ganz sicher zu gehen, versucht er von General Arnold, dem Befehlshaber der gesamten USAAF, eine Bestätigung für die gegen Berlin auszuführenden Flächenbombardements zu erhalten.
Doch in jenen letzten Kriegsmonaten überstürzen sich die Ereignisse. Die Bedenken General Spaatz' und seine Verbindungsaufnahme mit General Arnold kommen zu spät. Inzwischen läßt Doolittle den schweren Luftangriff des 3. Februar bereits durchführen.
Zum erstenmal gehen jetzt auch die Amerikaner dazu über, verheerende Bombenteppiche über Wohngebiete niederregnen zu lassen. Warum sich die 8. Luftflotte den Praktiken der RAF im letzten Stadium des Krieges doch noch anschließt, geht immer noch nirgends deutlich hervor, obwohl General Spaatz einen vielleicht letzten Versuch unternimmt, die amerikanischen Kampfverbände nicht für ausgesprochene Terrorangriffe einzusetzen. Offensichtlich steht aber hinter dem nun rücksichtslosen Eingreifen der amerikanischen Luftflotte doch das am 31. Januar neu festgelegte alliierte Konzept zur letzten Phase des Luftkrieges gegen Deutschland.
Gleich zu Beginn des Monats Februar holt die amerikanische Luftflotte zu einem gewaltigen und vernichtenden Schlag gegen Berlin aus. Knapp drei Wochen später folgt ein abermaliger Schwerstangriff mit der gleichen zerstörenden und zermalmenden Wucht. Diese beiden Angriffe werden heute als die schwersten des ganzen Krie-

ges bezeichnet, obwohl erst im März die 8. Luftflotte ihre größte Streitmacht nach Berlin schickt. Fest steht jedenfalls, daß die Februarangriffe alle bis dahin erfolgten Luftunternehmen in den Schatten stellen.

Der 3. Februar ist ein Sonnabend. Der Tag verspricht – im Gegensatz zu vielen anderen, an denen amerikanische Luftangriffe erfolgen – nicht klar und sonnig zu werden. Als zu Arbeitsbeginn sich morgens die Männer und Frauen in den Betrieben, Dienststellen und Büros einfinden, ist der Tod schon unterwegs.

Um 10.39 Uhr geben die Sirenen mit ihren durch Mark und Bein gehenden, todverkündenden Heultönen Vollalarm. Ein großer Teil der Bevölkerung zieht schon nach der üblichen öffentlichen Luftwarnung in Scharen zu den Großbunkern und den anderen Schutzeinrichtungen. Die stets gepackten und bereitstehenden Rucksäcke, Handtaschen, Koffer und Schachteln, notwendigste Habseligkeiten enthaltend, werden hastig in die Keller getragen. Und oft sind diese Dinge tatsächlich nur das einzige, was einer Familie nach einem Angriff noch verbleibt.

Den Bewohnern der Städte wird es schon zu einer nützlichen Gewohnheit, vor jedem Luftangriff die wenigen Fenster, die noch ihre Glasscheiben besitzen, weit zu öffnen, damit sie dem Luftdruck in der Nähe explodierender Bomben wenig Widerstand bieten und mit einiger Hoffnung wiederum nicht in Scherben gehen.

Viel Zeit bleibt nun nicht mehr, denn oft erscheinen die Kampfverbände schon unmittelbar nach dem Vollalarm. Noch ein rascher, wehmütiger Blick durch die Wohnung, ehe die Menschen einer ganzen Stadt sich vor der herannahenden Apokalypse verkriechen.

Schon längst reichen die Luftschutzeinrichtungen nicht mehr aus. Der ganze Luftschutz ist in einem bedenklichen Ausmaß desorganisiert und verfügt zum jetzigen Zeitpunkt über viel zu wenig Personal. Berlin beherbergt außerdem unzählige Flüchtlinge aus den deutschen Ostgebieten – geflohen vor den sich immer weiter westwärts heranschiebenden russischen Panzern. Auch sie wollen Schutz finden. Der Umstand nun, daß die wenigen noch intakten Bunker, Schutzräume und Splittergräben schon von den Bewohnern der Umgebung überfüllt sind, zwingt viele der Flüchtlinge, in den Straßen umherzuirren, um verzweifelt einen wenigstens behelfsmäßigen Schutz bietenden Fleck zu finden.

Dreizehn Minuten nachdem die Sirenen die Berliner in die Keller

treiben, überfliegen die amerikanischen Bomber um 11.02 Uhr das Stadtgebiet. Sie kommen in zwei starken Verbänden, insgesamt 937 »Fliegende Festungen« und Liberator. Eine gewaltige, silberne Armada, die nahezu schnurgerade in Paradeformation ihren Weg zieht. Wären die Wolken nicht, so könnte man sehen, wie Tausende von Kondensstreifen den Himmel Berlins weit und breit zeichnen. Tausende wie mit Rauhreif überzogene Drähte.
Um und zwischen den Verbänden, wie silberne Mücken, tanzen mehr als 600 Jagdmaschinen der drei Luftdivisionen. Ein enormer Begleitschutz, der im Hinblick auf die immer schwächer werdende deutsche Luftwaffe fast wie eine Groteske anmutet.
Eine der Führungseinheiten ist die 91. Bombardment Group aus Bassingbourne. Die Ruder der Fortress dieser Gruppe haben einen leuchtend roten Anstrich und tragen den Buchstaben A im schwarzen Dreieck. Die 91. Gruppe, die im Verlauf der Luftschlachten über Deutschland zu einigem Ruhm gelangte, gehört zu der Reihe der kampferprobtesten Verbände der 8. Luftflotte.
Gleichzeitig mit dem gegen Berlin durchzuführenden Einsatz fliegen etwa 400 Liberator der II. Air Division Angriffe auf die Hydrierwerke im Raum Magdeburg.
Die ersten weißen Rauchmarkierungen zischen im Zickzack pfeifend in die Tiefe. Qualmfäden, die den Angriff einleiten. Der Abwurf von Rauchzeichen aus den Maschinen der jeweiligen Staffelspitze bedeutet zugleich das Ausklinken der Bombenladungen aller übrigen Viermotorigen, die schon vorher mit geöffneten Schächten ihre Angriffsformationen gebildet hatten.
Die Amerikaner leisten sich im Gegensatz zu den Gepflogenheiten der RAF über Berlin auch diesmal wieder zwei und mehr Zielanflüge. Pulkweise dröhnen die schweren Maschinen heran. Die ersten Gruppen stehen bereits über den weitreichenden Gleisanlagen Schönebergs und Tempelhofs. Diese Verkehrsknotenpunkte sind das erste Ziel der 8. Luftflotte.
Erstaunlich, wie genau die Rauchmarkierungen liegen; sie stecken das anzugreifende Gebiet regelrecht ab, in diesem Falle vom Bahnhof Papestraße im Süden bis zum Potsdamer- und Anhalter Bahnhof im Norden, dazwischen der Hochbahnhof Gleisdreieck. Von Gleisdreieck führt die Hochbahn in östlicher Richtung zur Möckernbrücke. Ab hier verläuft die Bahn neben dem Landwehrkanal zum Halleschen Tor.

Die Amerikaner wählen das große Rondell des Belle-Alliance-Platzes hinter dem Halleschen Tor zum Zielorientierungspunkt für ihre Angriffe. Hier treffen die lange Friedrichstraße und die Stresemann-, Linden- und Wilhelmstraße zusammen. Aus der Luft dürfte der Belle-Alliance-Platz nicht zu übersehen und für die Markierungsmaschinen nicht zu verfehlen sein, da es in Berlin kaum einen ähnlichen markanten rondellförmigen Platz gibt. Er stellt an diesem 3. Februar 1945 sozusagen das Zentrum des stattfindenden Großangriffes dar.
Während nun die amerikanischen Pulks ihren Angriff auf die Umgebung des Regierungsviertels verlegen, bildet zur gleichen Zeit das ebenfalls in der Innenstadt gelegene Zeitungsviertel einen weiteren Schwerpunkt des bisher ohne Parallele bleibenden Bombardements.
In jener Gegend, deren Mittelpunkt etwa die Koch- und Zimmerstraße, zusammen mit der Jerusalemer Straße ergeben, geht gewissermaßen das Licht auch die ganze Nacht nicht aus. Bekannte Verlage wie Ullstein, Scherl und Mosse haben hier in modernen Gebäuden ihren Sitz. Viele Pläne für einen weiteren Ausbau des Viertels liegen vor, als der Ausbruch des Krieges ihrer Verwirklichung unverhofft ein Ende setzt. Nach Beendigung der Kampfhandlungen in Berlin bietet das Zeitungsviertel nur noch Trümmer und Ruinen. Die wenigen von den Bomben verschont gebliebenen Mauern gehen in den letzten Tagen im russischen Artilleriebeschuß unter.
Während in den Kellern die Berliner zitternd den Angriff über ständig wiederkehrenden Drahtfunkdurchsagen verfolgen, regnet es Kaskaden von Bomben auf das Stadtgebiet hinab. Was die Besatzungen in ihren Flugzeugen nicht hören, versetzt die Menschen dort unten in Angst und Schrecken, treibt sie an den Rand einer Panik und entfacht das Grauen. Es ist das schreckliche Pfeifen der todbringenden Stahlkörper und zugleich jenes Geräusch, das jeden mit angstverzerrtem Gesicht an die Kellerdecke blicken läßt, wartend, wann und wo die nächste Bombenserie einschlagen wird.
In solch einem Augenblick tritt der Selbsterhaltungstrieb des Menschen vielleicht am deutlichsten in Erscheinung, wenn er mit einem unsagbar erleichternden und vorübergehend die Angst verwischenden Gefühl feststellt, daß er selbst soeben noch einmal davon-

gekommen ist, während nur wenige Meter weiter entfernt die Explosion vielen anderen Menschen den Tod bringt.
In einem der großen Mietshäuser nahe der Urbanstraße im Bezirk Kreuzberg nimmt Luftschutzobmann W. Kunze seinen ständigen Platz neben der Luftschutzraumtür ein. In kurzen Abständen wagt er sich die Stufen hinauf, geht vorsichtig durch die große Treppenhaushalle zum Eingangstor, um draußen nach dem Rechten zu sehen.

»*Wir wußten ja aus Erfahrung*«, so berichtet er, »*daß die Bombe, die man hört, nicht in unmittelbarer Nähe einschlägt. Es war ein schwacher Trost, dies zu wissen, denn mit dem sich grausig anhörenden Pfeifton der etwas weiter weg herunterfallenden Bomben konnte auch die Bombe gerade ausgelöst worden sein, die wir dann nicht mehr hörten und die uns dann zerschmettern würde.*«

Vor einem brennenden Haus der erst kurz vor Kriegsbeginn fertiggestellten Siedlung entlang nördlich der Ringbahn zwischen Bahnhof Papestraße und Tempelhof steht ein älterer Mann mit einem angesengten Eisenbahnerjackett. Mit ausdruckslosem Gesicht starrt er in stummer Verzweiflung auf die rauchenden Trümmer, die noch vor wenigen Minuten seine Wohnung gewesen sind. Holzteile brennen lichterloh. Balken lassen beim Einstürzen Funken umhersprühen. Obwohl der Luftangriff immer noch anhält, sieht man aus den anliegenden Häusern Männer mit blauen Luftschutzstahlhelmen herbeieilen. Zu retten gibt es praktisch nichts mehr. Nachbarn versuchen, den Mann mit dem Eisenbahnerjackett in Sicherheit zu bringen. Es gelingt schließlich mit großer Mühe, ihn von dem zerbombten Haus wegzuführen, denn immer wieder will er sich in den beißenden Rauch und die Flammen stürzen, um nach Überlebenden zu suchen. Es gibt keine mehr.
Der verzweifelte Eisenbahner hat noch versucht, bei Alarmbeginn vom nahegelegenen S-Bahndepot nach Hause zu kommen, doch der erste Bombenteppich auf die Bahnanlagen zwang ihn, in Deckung zu gehen. Eine Sprengbombe der ersten Serie muß dann das Haus, in dem er wohnte, unmittelbar bevor er es erreichte, getroffen haben.
Die ganze Stadt hüllt sich in dunkle Brandwolken ein. Im Lustgarten brennt das Berliner Schloß vollkommen aus. Das um die Wende des 17. zum 18. Jahrhundert von Schlüter umgebaute und

ZERSTÖRUNGEN IM STADTBEZIRK MITTE

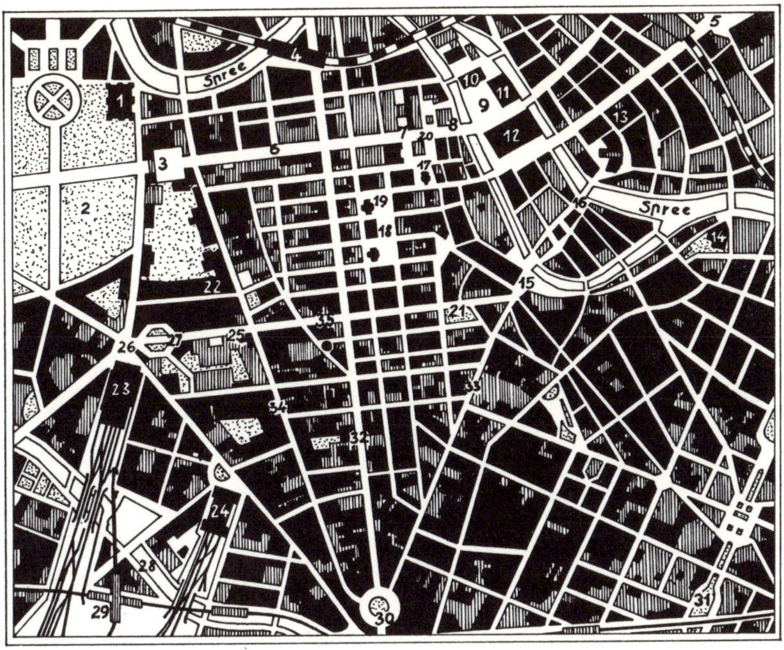

total zerstört oder schwer beschädigt

nicht oder leicht beschädigt

Grünanlagen

1 Reichstag
2 Tiergarten
3 Pariser Platz mit Brandenburger Tor
4 Bahnhof Friedrichstraße
5 Alexanderplatz
6 Unter den Linden
7 Humboldt-Universität
8 Zeughaus
9 Lustgarten
10 Altes Museum
11 Dom
12 Schloß
13 Rathaus
14 Märkisches Museum
15 Spittelmarkt
16 Köllnischer Fischmarkt
17 Hedwigskirche
18 Gendarmenmarkt
19 Französischer Dom
20 Staatsoper
21 Döhnhoffplatz
22 Reichskanzlei
23 Potsdamer Bahnhof
24 Anhalter Bahnhof
25 Reichsluftfahrtministerium
26 Potsdamer Platz
27 Leipziger Platz
28 Landwehrkanal
29 Hochbahnhof Gleisdreieck
30 Belle-Alliance-Platz
31 Wassertorplatz
32 Friedrichstraße
33 Lindenstraße
34 Wilhelmstraße
35 Leipziger Straße

erst unter Wilhelm II. die letzte Ausstattung erhaltende mächtige Bauwerk gilt schon seit der Zeit der preußischen Kurfürsten als eines der markantesten Wahrzeichen Berlins. Von Markgraf Friedrich dem Eisernen zunächst nur als Burg erbaut und Ende 1459 fertiggestellt, erfährt das Berliner Schloß später eine Renaissance durch den bekannten Baumeister Caspar Theiß. Das Portal stellt, lokalgeographisch betrachtet, den Mittelpunkt der Reichshauptstadt dar. Von der Ostberliner Verwaltung wird das Schloß 1951 gesprengt und gänzlich abgetragen.
Im Bezirk Mitte verwandelt die Feuerlohe ganze Straßenzüge in Schutt und Asche. Als im Juli 1944 Bomberchef Harris von den Amerikanern einen gewaltigen Flächenangriff auf Berlin forderte, widersprach ihm General Spaatz energisch. Er und sein Stab hätten nicht die Pulverisierung Berliner Wohnviertel und Kulturgüter zum Ziel. Entscheidend soll die Zerstörung der Flugzeugwerke, Eisenbahnknotenpunkte und Rüstungsindustrien in der Stadt bleiben. Bei Angriffen dieser Art würde durch unausbleibliche Fehlwürfe ohnehin schon ein großer Teil der Zivilbevölkerung getroffen werden.
Am 3. Februar 1945 und bei allen noch folgenden Tagesangriffen handelt es sich aber keineswegs mehr um unausbleibliche Fehlwürfe.
Schwarze, dicke Rauchwolken auch in der südlichen Umgebung der Spree. In das Gedröhn der Kampfgeschwader am Himmel mischt sich das Bersten und Krachen der einstürzenden Gebäude. Der durch die Straßenzüge ziehende rußende Qualm nimmt den Sauerstoff zum Atmen.
Wo eben noch das mehrstöckige Eckhaus mit dem Uniformladen und dem Fleischergeschäft nebenan stand, ragen nur noch Trümmer, Dachsparren und Teile des nun brennenden und zerfetzten Geländers des Treppenaufganges hervor. Nur langsam verziehen sich die Rauchschwaden, als ob sie verhindern wollten, daß den jetzt herbeieilenden Löschtrupps der Anblick dieser durch einen Volltreffer vernichteten Wohnstätte nicht erspart bleibt.
Die dezimierte Feuerwehr Berlins wird über die riesigen Brände nur noch mit Schwierigkeiten Herr. Es fehlt praktisch an allem. Feuerwehrfahrzeuge, Motorspritzen und Einsatzwagen aller Art stehen nur noch begrenzt zur Verfügung. Ein großer Teil ist das Opfer vorangegangener Luftangriffe. Als ausgebrannte und aus-

Nachdem Rauchmarkierungen das Angriffsziel gekennzeichnet haben, werfen die Fortress der 381. Bombardment Group ihre tödlichen Lasten auf die deutsche Hauptstadt.

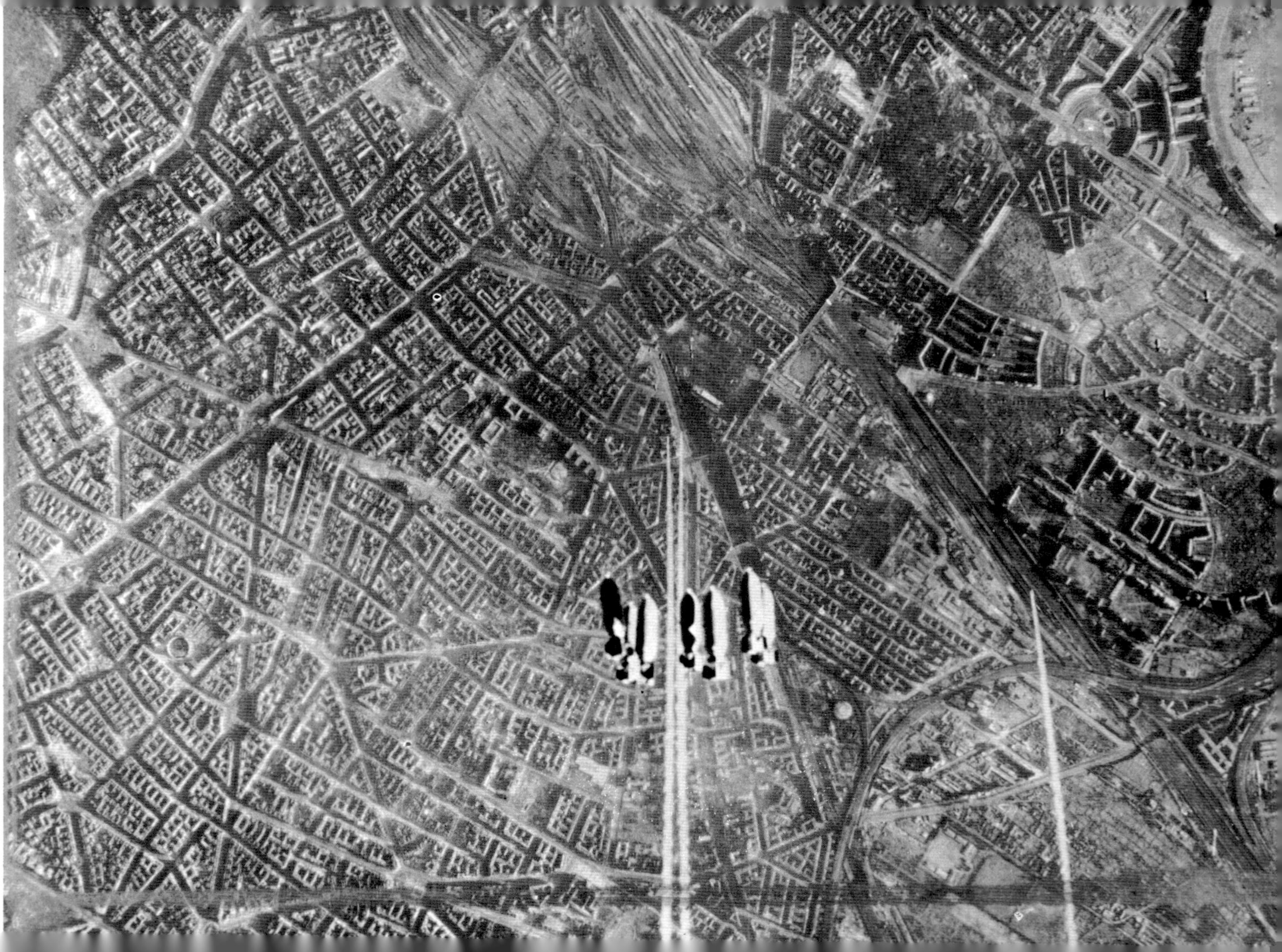

Dieses Foto wurde am 3. Februar 1945 während des schweren Angriffes der Amerikaner aufgenommen. Reihenweise fallen die Bomben auf die Stadt. Weiße Rauchstreifen bilden die Zielmarkierungen für die nächste Angriffsformation.

geglühte Stahlgerippe liegen sie mit verschmorten Reifen an den Straßenrändern. Die Personalknappheit macht sich bei jedem erneuten Angriff deutlich bemerkbar. Die im Einsatz befindlichen Löschkommandos leisten Unwahrscheinliches. Aber die noch bis zum Kriegsende stattfindenden Angriffe auf Berlin verzehren dann auch die letzten Kräfte dieser tapferen Feuerwehr.

Große Schäden entstehen in den Druckbetrieben im Zeitungsviertel zwischen Linden- und Zimmerstraße und in vielen Werken der Elektrotechnik. Ebenso trifft es die Leder- und Bekleidungsindustrie besonders hart. Hier muß man einen erheblichen Produktionsausfall hinnehmen. Das Geschäftsviertel im Südwesten und Südosten der Stadt aber leidet unter diesem Angriff am schwersten.

Von den Betrieben sind 360 total zerstört, während weitere 170 schwere Schäden aufweisen. Allein von den Maschinenfabriken zerbomben die Amerikaner am 3. Februar 16 Firmen; die rund 300 Arbeiter werden auf andere Industriezweige verteilt.

Das gesamte Geschäftsleben ist nach dem Angriff vollständig unterbrochen. Ähnliche Auswirkungen zeigen die öffentlichen Einrichtungen wie Transport- und Telefonverkehr, der ebenfalls für längere Zeit lahmgelegt wird. An vielen Stellen weist die S-Bahn so schwere Schäden auf, daß jede Verkehrsbewegung hier teilweise vollends zum Stillstand kommt. Aufgerissene Schienenstränge und Weichen, blockierte Bahnhöfe und ausgebrannte Züge auf allen Anlagen der Reichsbahn in der Stadt. Hauptsächlich die Gegenden um die Bahnhöfe Schöneberg, Kolonnenstraße, Großgörschenstraße, Papestraße, Tempelhof und Anhalter Bahnhof bieten ein Bild schwerer Verwüstungen.

Der Anhalter Bahnhof selbst ist eine einzige Feuerlohe. An jenem kalten Februartag wird das Schicksal eines der bekanntesten Berliner Verkehrsmittelpunkte besiegelt. Dort, wo einst die Fernzüge abfahrtbereit standen, wo sich zu allen Zeiten ein lebhafter Reiseverkehr entwickelte, liegen nun ausgeglühte und von der Flammenglut gebogene stählerne Gewölbekonstruktionen über den aufgerissenen Bahnsteigen. Nach dem Krieg beschließt man, die Reste der zerborstenen und geschwärzten Klinkermauern des nicht mehr wiederaufbaufähigen Anhalter Bahnhofes zu sprengen. Nie wieder kehrt das hektische Treiben an diesen Ort zurück, werden an- und abfahrende Züge und reiselustige Menschen eine derartige Atmosphäre bilden, wie sie jener Knotenpunkt repräsentierte. Es gibt keinen Anhalter-Bahnhof mehr.

Die vielen Winkel mit geschichtlicher Alltagsromantik in der Berliner Altstadt verschwinden immer mehr; die Bomben lassen die kleinen und engen Straßen zuschütten. Das Haus des Dichters Wilhelm Raabe in der Sperlingsgasse 11 bleibt nur noch eine Erinnerung.

Schuttberge und Mauerreste entlang der ganzen Friedrichsgracht, ihre Schatten auf die grauen Wasser der Spree werfend. Nur noch die goldene Kugel der Handwerksfahne über der von den Bomben ausgehöhlten Altcöllner Schankstube bleibt erhalten und ragt wie zum Trotz in den Himmel. Ein weiteres, über hundert Jahre altes Stückchen Berlin ausgelöscht in wenigen Minuten.

Von dem grauen Kloster in der Klosterstraße bleiben nur noch geborstene Mauern übrig. Das Gebäude, seit 1574 bestehend, ist zugleich die älteste Lehranstalt Berlins, an der auch Bismarck sein Abitur machte.

Als die amerikanischen Kampfverbände nach genau 50 Minuten um 11.52 Uhr über der in Rauch gehüllten Stadt sich zum Rückflug formieren und die Sirenen um 12.17 Uhr zur Entwarnung aufheulen, sind auf das Gebiet von Groß-Berlin 2267 Tonnen Bomben aller Kaliber gefallen, in den Bezirken Mitte und Kreuzberg rund 400 ha in eine Trümmerfläche verwandelt.

Die Flakabwehr erweist sich als viel zu schwach, und auch die Luftwaffe erringt nicht die erwarteten Erfolge. Nur einige kleinere Verbände, darunter die Focke-Wulf des JG 300 unter Major Hackl, werfen sich den Amerikanern verzweifelt entgegen. Jäger und Flak schießen zusammen 36 viermotorige Bomber ab, davon fünf Liberator und 31 Fortress. Von den etwa 600 Begleitjägern der 8. Luftflotte gehen nur acht Mustang und eine Thunderbolt verloren, zwei davon durch den ehemaligen Kommodore des JG 300, Oberst Dahl.

Unter den unzähligen Toten des 3. Februar – die angegebenen Zahlen schwanken zwischen 20 000 und 25 000 – befindet sich eine der meistgefürchteten Persönlichkeiten der NS-Justiz. Es ist der Präsident des Volksgerichtshofes Roland Freisler. Kein Zweifel darüber, daß die Berliner die zwar öffentlich nur kurz herausgestellte Nachricht über die Auffindung der Leiche dieses Mannes im Keller seines Amtssitzes in der Bellevuestraße mit einiger

Genugtuung zur Kenntnis nehmen. Freisler, durch seine unmenschlichen und bereits vorher schon entschiedenen Verhandlungen des Volksgerichtshofes bekannt, wird von einem herabstürzenden brennenden Balken erschlagen.
Eine andere und noch viele Wochen danach in den Berliner Zeitungen erscheinende Suchanzeige läßt, als nur eine von vielen hundert anderen gleichbedeutenden Begebenheiten, das tragische Ausmaß eines Luftangriffes, ja vielleicht sogar den Irrsinn des ganzen Krieges überhaupt, erkennen. Bis zum Schluß des Krieges sucht man die Eltern eines etwa eineinhalbjährigen Jungen, der am 3. Februar nach dem Bombardement auf einem Schutthaufen sitzend an der Kreuzung Simeon-, Wassertor- und Alexandrienenstraße im Bezirk Mitte gefunden wird. Es ist nicht bekannt, ob dieser, damals mit einem roten Hemd und einem blauen Pullover bekleidete unglückliche kleine Erdenbürger, den vielleicht nur ein Wunder den Angriff überleben ließ, seine Eltern jemals wiedergesehen hat.
Die deutsche Bevölkerung erfährt hauptsächlich nur durch Augenzeugen und Beteiligte von dem schweren Großangriff gegen Berlin. Jede Verlautbarung über Ausmaß und Auswirkungen von Luftangriffen in Presse und Rundfunk bleibt nach wie vor strengstens verboten. Der Lagebericht des OKW vom 4. Februar 1945 erwähnt zwar einen schweren Terrorangriff gegen die Reichshauptstadt und sagt darüber aus, daß der Einsatz alliierten Informationen nach den Zweck haben sollte, den Nachschub nach dem Osten zu stören.
Eine interne Verfügung des Polizeipräsidenten Kurt Goehrum sieht die Erwägung einer radikalen Einschränkung im Berliner Verkehr vor. Fahrten mit der S-Bahn und der BVG sollen demnach nur noch für kriegswichtige Zwecke gewährt werden. Schon im Januar 1945 begann das Transportproblem in der Reichshauptstadt kritisch zu werden. Es verschlechtert sich durch die weiteren Vernichtungsschläge im Februar und März zusehends, und das führt nach dem schweren Angriff am 18. März dann zum nahezu völligen Zusammenbruch des ganzen Berliner Verkehrssystems.
Einen ungewohnten Anblick bietet die Havelchaussee in der Nähe des Kaiser-Wilhelm-Turmes. In langen Reihen stehen hier die Omnibusse der BVG, doch bei näherem Hinsehen erkennt man, daß die Fahrzeuge aufgebockt sind und die Räder fehlen. Wahrscheinlich mußten die Räder als Ersatzteile an die Wehrmacht

abgegeben werden. Der einst so rege Omnibusverkehr in der deutschen Hauptstadt, in den letzten Monaten ohnehin schon erheblich reduziert, findet durch die Außerdienststellung der BVG-Fahrzeuge hier entlang der Havelchaussee ein trauriges und vorläufiges Ende.

Berlin kommt nun nicht mehr zur Ruhe. Schon knapp zwei Tage später heulen die Alarmsirenen der immer noch brennenden, schwelenden und rauchenden Stadt wieder auf. Es ist die Nacht zum 6. Februar, in der Harris 63 Mosquito der 2. und 5. Group an die Spree schickt. Die englischen Flugzeuge halten sich nicht lange auf und werfen innerhalb von nur drei Minuten 55 Tonnen Bomben planlos auf die Stadt.
Bis gegen Ende des Monats folgt noch eine ganze Serie weiterer solcher nur wenige Minuten dauernder Störangriffe seitens der RAF, doch ab 20. Februar steigern sich die Einsätze in bezug auf Angriffsdauer und -stärke wieder.
Sechs amerikanische Lightning-Aufklärer lösen gegen Mittag des 21. Februar zweimal Voralarm aus. Die Flugzeuge haben den Auftrag, das Ausmaß der Zerstörungen des ersten Großangriffes vom 3. Februar auf Film festzuhalten. Bewußt erscheinen die P-38 erst so viele Tage später über Berlin, denn erst jetzt sind die Großbrände erloschen, die Rauch- und Qualmwolken verzogen. Außerdem herrschen endlich günstige Wetterverhältnisse für derartige Filmaufnahmen. Die Lightning fliegen in nicht allzu großer Höhe und sind von unten recht gut zu erkennen. Sie sehen in der Sonne silberweiß aus und ziehen ungehindert ihre Bahn.
In der darauffolgenden Nacht kommen die Briten mit insgesamt 66 Mosquito gleich zweimal. Der erste Angriff erfolgt in den Abendstunden etwa gegen 20.50 Uhr, während der nächste Alarm die Stadt kurz vor Mitternacht aus dem Schlaf reißt. Viele aber haben sich nach dem Abendangriff gar nicht erst zur Ruhe begeben, denn ein verhältnismäßig früh erfolgender Einsatz läßt auf einen weiteren Besuch der RAF schließen. Auch in dieser Beziehung haben die geplagten Berliner ihre Erfahrungen sammeln können. Während der beiden Angriffe in jener Nacht fallen 71 Tonnen Bomben auf die Stadt und zerschlagen dabei mehrere Wohnblocks in Wilmersdorf und Schmargendorf.

Zusammenfassende Aufzeichnung des Tagesangriffes am 3. Februar 1945

Witterungsverhältnisse

Temperatur:	8° C		
Windrichtung:	südwest, leicht		
Bewölkung:	teilweise bedeckt bis bedeckt		
Sicht:	5–8 km		
Angriffsdauer:	53 Minuten		
ÖLW:	10.29	1. Bombenabwurf:	11.02
LG 15:	10.34	Abflug:	11.52
Fliegeralarm:	10.39	Entwarnung:	12.17

Stärke des Gegners (8. USAAF)

937 Kampfflugzeuge	B-17 und B-24
ca. 600 Jagdflugzeuge	P-51, P-47, P-38

Abwurfmunition

2022,2 Tonnen Sprengbomben (500- und 1000-lbs-Bomben)
244,5 Tonnen Brandbomben

2266,7 Tonnen insgesamt (viele Blindgänger)
etwa 80–100 Rauch-Zielmarkierer

Angriffstaktik

Westeinflug aus Raum Hannover–Braunschweig. Zwei Wellen von Westen und Südwesten in 4000–6000 Meter Höhe gegen Berlin.

Angriffsziel

Drei Schwerpunkte: Eisenbahnanlagen Schöneberg/Tempelhof
Zeitungsviertel
Regierungsviertel/Innenstadt

Schäden

Personenverluste zwischen 20 000 und 25 000 *.
Innenstadt, Bezirk Mitte, Umgebung Kochstraße und Kreuzberg.
Südwesten und Westen.
Eisenbahnanlagen und anliegende Wohngebiete, Maschinen-, Elektro- und Bekleidungsindustrie, Anhalter Bahnhof, Berliner Schloß.

Verluste des Gegners

36 Viermotorige	(31 B-17, 5 B-24)
9 Jagdflugzeuge	(8 P-51, 1 P-47)

* amerikanische Angaben

Turbomaschinen vom Typ Me 262 B der im Dezember 1944 in Rechlin neu aufgestellten II./NJG 11 unter dem Kommando von Oberleutnant Welter schießen während des letzten britischen Einsatzes im Raum Berlin drei Mosquito ab. Die Messerschmittjäger, ab Januar von Burg bei Magdeburg aus operierend, verlegen im April 1945 nach Reinfeld und starten hier auf der Autobahn Hamburg–Lübeck gegen die nicht mehr aufzuhaltenden Bomberströme.

Kaum daß die leidgeprüfte Bevölkerung sich von den beiden Angriffen erholen kann, nähern sich dem Raum Berlin knapp zehn Stunden später abermals Formationen, diesmal wieder die der 8. Luftflotte mit 437 Fortress. Wie schon bei Tagesangriffen zur Gewohnheit geworden, gibt es gegen Mittag Fliegeralarm. Er dauert von 12.18 bis 13.06 Uhr. Wieder erfolgen zwei Paradezielanflüge, und anschließend rauscht ein erneuter Bombenhagel vom Himmel herab. Doch noch ahnen die Berliner nichts von den Schrecken des mit noch größerem Aufwand vorbereiteten und noch katastrophaler wirkenden Lufteinsatzes gegen ihre Stadt vier Tage später.

In der Nacht vor jenem schrecklichen Angriff führen mehrere Mosquito einen Einsatz mit Eineinhalbzentnerbomben durch und treffen dabei Gebiete zwischen dem Tempelhofer Feld und Unter den Linden schwer.

Der 26. Februar 1945 ist ein Montag. Wie schon an den vorangegangenen Tagen herrscht auch heute kein »Amerikanerwetter«. Als gegen zwölf Uhr das Bombardement auf Berlin losbricht, glauben die meisten nicht mehr daran, diesen Montag zu überleben.

Die fast geschlossene Wolkendecke wird durch die von den Industriebetrieben hervorgerufene Dunstglocke noch verstärkt. Die mit H2S-Infrarotradar ausgerüsteten amerikanischen Pfadfindermaschinen müssen ihre Rauchzeichen durch eine teilweise sehr dicke Wolkenschicht werfen. Ziemlich genau jedoch liegen die Markierungen in den Zielräumen. Wieder bilden die Eisenbahnanlagen der Stadt den ersten Angriffsschwerpunkt.

Erwin Schemmel, ein Angehöriger der O.T., wird vom Fliegeralarm in der Möckernstraße nahe dem Tempelhofer Ufer überrascht. Etliche Mannschaften der genannten Organisation sind als fliegende Aufräumungstrupps in der Nähe der ausgedehnten Rangieranlagen der Reichsbahn im Herzen Berlins postiert, um alle größeren Schäden eventuell so schnell wie möglich beheben zu können.

»Mein erster Blick richtete sich immer auf den Hochbahnhof Gleisdreieck, der wie eine erhöhte Festung über den Anlagen stand. Dann sah ich plötzlich die Rauchfinger durch die Wolken stoßen. Zunächst konnte man nicht genau feststellen, wo die Angriffszeichen hinzeigten. Auf alle Fälle aber deuteten sie unmißverständlich auf einen kommenden Bombenteppich hin, der die Bahnanlagen treffen sollte. Noch keine Minute später, glaube ich, brach dann die Hölle los. Der Boden, auf dem ich Deckung gesucht hatte, schwankte unter mir, als wenn ich auf Sumpfgelände läge.«

Soweit die Erinnerungen Schemmels. Die schon während des Angriffes anlaufenden Aufräumungsarbeiten sind noch Tage danach nicht beendet.
Ebenfalls muß die ganze Umgebung der großen Bahnhöfe im Osten Berlins den Feuersturm über sich ergehen lassen. Am schlimmsten sieht es am Schlesischen Bahnhof aus. Der Schwerpunkt liegt hier zwischen der Jannowitzbrücke, Strahlauer Allee, bis fast hinauf zur Frankfurter Allee. Von den Häusern, die nicht schon völlig zerstört sind, trägt kaum eines noch einen intakten Dachstuhl.
Ein ehemaliger MG-Schütze einer Liberator der 93. Bombardment Group der 8. Luftflotte schildert seine Eindrücke von damals sehr anschaulich. *»Meine Liberator hing ziemlich am Schluß der am tiefsten fliegenden Gruppe des Verbandes. Mein Platz war der Kugelturm unter dem Rumpf. Dies erlaubte mir eine ausgezeichnete Sicht nach unten. Was sich mir hier über Berlin darbot, werde ich wohl nie im Leben vergessen und auch verstehen. Unser Pilot rief über die Eigenverständigung durch, daß wir uns über dem Bezirk Friedrichshain befänden. Ich konnte mir natürlich darunter nicht viel vorstellen, denn Berlin sah ja von oben so groß aus wie keine andere Stadt. Außerdem war es stark bewölkt. Das einzige, an was ich mich gut erinnern kann, war der Spreefluß. Alles andere war in Rauch eingehüllt, dazwischen immer wieder die weißen Explosionspilze. Ich sah einmal mehrere Schienenstränge nach Osten führen und nahm an, daß diese Anlagen das Ziel unserer Bomben gewesen sein müßten.«*

Eine andere Welle Kampfflugzeuge nimmt sich die Gegend des Bahnhofes Alexanderplatz zum Ziel. Hierbei wird eine Fortress das Opfer der Flak. *»Sie neigte sich immer mehr nach unten. Noch brannte sie nicht, aber das ganze linke Höhenleitwerk war abgerissen. Immer steiler ging sie nach unten weg. Kein Mann der Besatzung sprang ab. Kurz darauf verschwand sie in den tiefer liegenden Wolkenansammlungen.«* So berichtet ein Fortresspilot über den Absturz seiner neben ihm fliegenden Kameraden.

Über die Gegend des berühmten Alexanderplatzes rast erneut die Vernichtungswelle hinweg, die unter anderem auch das Polizeipräsidium in der Dircksenstraße schwer zerstört. Es ist hauptsächlich dieses rote Ziegelgebäude, das dem Alexanderplatz schon seit jeher Bedeutung und Farbe gab. Hier am »Alex«, wie er im Volksmund genannt wird, gründete Ernst Wolzogen um die Jahrhundertwende das Berliner literarische Kabarett.

Als drittes Eisenbahnziel gilt das Dreieck zwischen den Bahnhöfen Ostkreuz, Frankfurter Allee und Rummelsburg. Das Bestreben der Amerikaner, sämtliche Hauptpunkte des Verkehrs in Richtung Osten auszuschalten, mußte sich unweigerlich für die deutsche Kriegsführung bemerkbar machen. Zwar gelingt es durch schwierige Umleitungen, die Bewegungen nach dem Osten weiterzuführen, doch kann das nur mit erheblichen Verzögerungen und Einschränkungen bewerkstelligt werden. Ähnlich wie die Berliner Feuerwehr leisten hier die Eisenbahner Unvorstellbares.

Der 26. Februar bringt auch der Innenstadt wiederum großes Leid. Der Hackesche Markt, die Prenzlauer Allee und das Gebiet der Museumsinsel stehen in Flammen. Bei jedem Angriff fällt ein weiteres Stück Berliner Erinnerungen an die ältere Geschichte der Stadt den Brand- und Sprengbomben zum Opfer. An der Brüderstraße, Petri- und Ross-Straße steht bald kein Haus mehr, und auch entlang des Spreeufers versinken die alten historischen Gebäude im Hagel der Luftminen. Riesige Wohnblocks stürzen wie Kartenhäuser zusammen, unzählige Menschen finden in den durchschlagenen oder eingestürzten Kellern den Tod.

Der Großbunker im Friedrichshain, zugleich eine der drei Berliner Flakfestungen, ist noch nie so überfüllt wie an diesem Tage. Er bietet den sichersten Schutz gegen das Inferno, welches sich um ihn herum vollzieht. Und immer wieder drängen weitere Menschen, einzeln oder in Gruppen kommend, hinein.

Eine Frau mit zwei weinenden Kindern am Arm ist der Erschöpfung nahe, als sie die Eisentore eines der Eingänge erreicht. Sie hat wegen der Kinder bei Alarmbeginn nicht mehr viel Zeit gehabt, sich früher in den Bunker zu begeben. So läuft sie mitten in den Bombenteppich hinein, und es ist ein Wunder, daß keiner von den dreien auch nur eine Schramme abbekommt.
Der nächste, der zu der schweren Doppeltür hineinstolpert, ist ein älterer Mann. Auch ihm gelang es nicht, rechtzeitig das Schutzgebäude aufzusuchen. Der linke Arm hängt schlaff herunter, die Jacke ist am Oberarm zerrissen. Die andere Hand liegt auf einer Stelle des Armes, aus der langsam und schwer das Blut heraussickert. Sofort bemühen sich zwei Rote-Kreuz-Schwestern um den Verletzten. Wie sich herausstellt, rührt die Wunde von einem der zum Teil noch glühend umherfliegenden Flaksplitter her, der den Mann in der Werneuchener Straße, noch kurz vor Erreichen des Hochbunkers, glücklicherweise nur am Arm streift.
Um 13.19 Uhr drehen die amerikanischen Verbände über Berlin ab. Sie fliegen erst in nördlicher Richtung, ehe sie weit hinter Oranienburg auf endgültigen Westkurs gehen. Das Sammeln der einzelnen Formationen nimmt einige Zeit in Anspruch, so daß in der Stadt erst um 14.07 Uhr, fast eine Stunde später, Entwarnung ertönt, nachdem man nun mit Sicherheit nicht mehr mit einem weiteren Anflug der Amerikaner rechnet.
Abermals stellt sich ein recht geringer Abwehrerfolg der deutschen Luftverteidigung heraus. Von den 1112 Kampfflugzeugen gehen nur fünf über und um Berlin verloren, desgleichen fünf Mustang des Begleitschutzes. Daß die deutschen Jäger nicht wirkungsvoller zum Einsatz kommen, ist nicht ihre Schuld. Die Reichsverteidigung schrumpft immer mehr zusammen. Junge und unerfahrene Piloten, frisch von den Jagdfliegerschulen kommend, sehen sich der schwierigen Aufgabe einfach nicht gewachsen. Hier zeigt sich deutlich, daß die auf allen Kriegsschauplätzen verzettelte deutsche Luftwaffe trotz höchsten Opfermutes im Kampf gegen einen weit überlegenen Gegner zerbricht.
Für die Amerikaner bedeutet der Verlust von fünf Bombern noch nicht einmal ein Prozent der angreifenden Maschinen. Die 8. Luftflotte wirft am 26. Februar über Berlin 2286 Tonnen Bomben ab, über 600 Tonnen mehr als bei dem Unternehmen zu Anfang des Monats. Der letzte Einsatz der Bomberströme des Generals

Doolittle ist zugleich der 27. Großangriff auf die Reichshauptstadt.

In einem Wirtschaftslagebericht der Handelskammer Berlin kommt die Situation der internen Entwicklung der Stadt bis Februar 1945 sehr deutlich zum Ausdruck. Während der beiden Vorjahre stieg die Produktion der Berliner Industrie fast um das Doppelte, und noch hatten die Niederlagen an den verschiedenen Fronten darauf keinen Einfluß. Die Wirtschaftslage der Monate Januar und Februar wird dagegen durch die Entwicklung an der Ostfront bestimmt, als die Russen Mitte Januar ihre letzte Schlacht gegen die Hauptstadt vorbereiteten. Damit gilt Berlin nunmehr als Frontstadt. Der Verlust Oberschlesiens und anderer Gebiete Ostdeutschlands reduziert den Kohlenhaushalt der Reichshauptstadt. Das bedeutet zugleich Einschränkung der Elektrizitäts- und Wasserversorgung und des Verkehrs der stromverbrauchenden S-Bahn und BVG.

Die kritische Situation verschlechtert sich sprunghaft durch die dann stattfindenden großen Luftangriffe gegen Berlin. Während der beiden ersten Monate des Jahres 1945 werden insgesamt 29 Angriffe registriert. In den beiden letzten Monaten 1944 sind es nur zehn gewesen. Drei dieser Unternehmen gegen Berlin sind Tagesangriffe, acht erfolgen nachts, die restlichen achtzehn in den frühen Abendstunden. Darunter fällt auch ein Teil der in 13 hintereinanderliegenden Nächten durchgeführten Mosquito-Störangriffe. Darüber hinaus gibt es fünfzehnmal Vollalarm, ohne daß jedoch ein Angriff stattfindet, davon sechsmal am Tage, fünfmal während der Nachtzeit und viermal in den frühen Abend- oder Morgenstunden.

Der Bericht der Handelskammer schließt mit der Feststellung, daß die beiden Tagesangriffe vom 3. und vom 26. Februar bisher die schwersten waren, die Berlin jemals erlebte.

Das britische Bomber Command setzt schon für längere Zeit keine schweren Bomber mehr gegen Berlin ein. Dafür schicken die Engländer Nacht für Nacht ihre Mosquitoschwärme. Die Maschinen tragen zum größten Teil je eine 1800-kg-Bombe.

Am 20. Februar beginnt eine von der 139. »Jamaica«-Squadron und der 162. Squadron durchgeführte und erst am 28. März endende Serie von insgesamt 36 ununterbrochenen Nachteinsätzen der Mosquito gegen die Stadt. Nur eine einzige Nacht, die vom 6. zum 7. März, bleibt über Berlin feindfrei.

Die 36 Mosquitoangriffe 20./21. Februar – 27./28. März 1945

Datum	Angriffsdauer in Minuten	abgeworfene Bombenmenge in t	Anzahl der Maschinen
20./21. 2.		71	66
21./22. 2.	4	76	77
22./23. 2.	4	79	72
23./24. 2.	4	88	68
24./25. 2.	4	76	63
25./26. 2.	12	7	8
26./27. 2.	7	27	36
27./28. 2.	4	107	91
28. 2./1. 3.	11	91	71
1./2. 3.	14	42	55
2./3. 3.	15	16	22
3./4. 3.		60	58
4./5. 3.	3	22	30
5./6. 3.	4	35	38
7./8. 3.		71	74
8./9. 3.	4	27	39
9./10. 3.	20	95	88
10./11. 3.	8	68	57
11./12. 3.	14		89
12./13. 3.		99	80
13./14. 3.		54	47
14./15. 3.			80
15./16. 3.		2	55
16./17. 3.	4	55	50
17./18. 3.		46	36
18./19. 3.		38	30
19./20. 3.		24	32
20./21. 3.		38	35
21./22. 3.		124	101
21./22. 3.		42	34
22./23. 3.		58	54
23./24. 3.			55
24./25. 3.			60
25./26. 3.			30
26./27. 3.			70
27./28. 3.			40

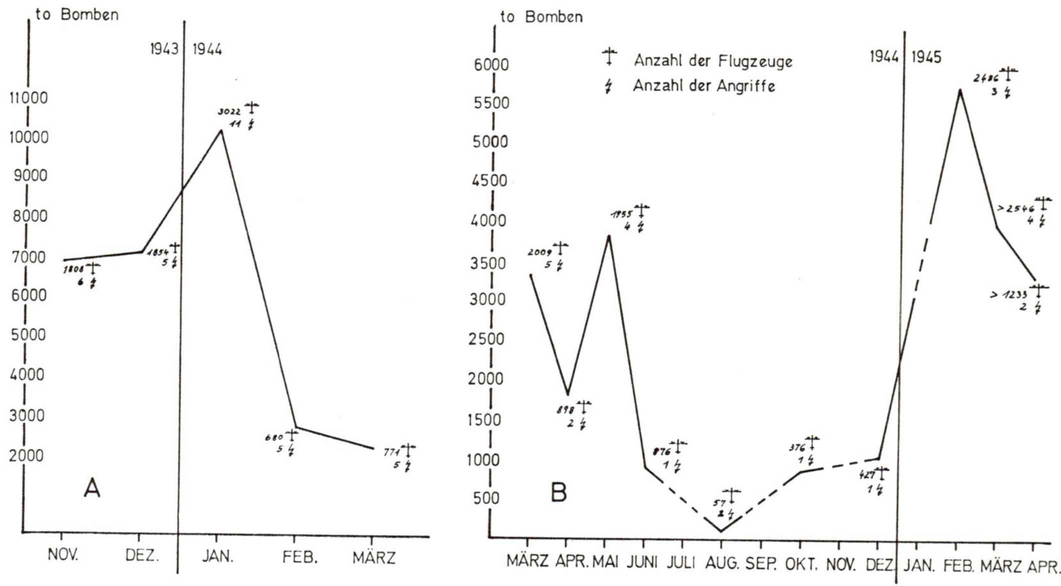

A Von der RAF während der ‚Schlacht um Berlin' abgeworfene Bombenmenge

B Von der USAAF bei Tagesangriffen auf Berlin abgeworfene Bombenmenge

BIS ZUM BITTEREN ENDE
(Zwölfhundert Bomber über Berlin)

Seit Anfang Februar vermittelt außer den regelmäßigen Drahtfunkdurchsagen jetzt auch der Polizeifunk den Berlinern unmißverständliche, doch exakte Angaben über die Angriffslage während der Alarmzeiten. Sogar die von den alliierten Verbänden jeweils überflogenen Gebiete werden detailliert bekanntgegeben. Eine weitere Luftlagemeldeeinrichtung, der Horizontsender Mio, gibt dagegen die Positionen der Angreifer nur verschlüsselt an.
Die Luftlagemeldungen bedeuten eine große Hilfe für die Berliner Bevölkerung, denn auf diese Weise erfährt sie nicht nur den augenblicklichen Standort der Bomberformationen, sondern sie kann sich aufgrund der Durchsagen auf die kommende Situation einstellen und vorbereiten. Einen absolut sicheren Schutz gegen den herannahenden Tod gewährleistet das natürlich nicht, aber es kommt häufig genug vor, daß viele Bewohner auf die eindringlichen Warnungen des Drahtfunks hin doch noch ihre Wohnungen verlassen, in denen sie sich leichtsinnigerweise nach Alarmbeginn noch aufhalten. Denn nun wissen sie, die beispielsweise in den Bezirken Zehlendorf und Lichterfelde wohnen, daß bei der Nennung der Planquadrate »Gustav-Gustav zwo und drei« sich jetzt ein Angriff gegen ihren Stadtteil richten wird.
Durch die Zerstörung vieler Geschäfte und Verkaufsläden kommt auch die Versorgung Berlins ins Stocken. Mitunter fahren oder laufen die Hausfrauen kilometerweit bis in andere Stadtteile, um begehrte und lebenswichtige Nahrungsmittel oder überhaupt ihre Rationen einzukaufen. Vor jedem Geschäft die üblichen Schlangen. Da alles streng rationiert ist, bereitet es unter Umständen Schwierigkeiten, in entfernt vom eigenen Wohnsitz liegenden Läden wirklich etwas zu bekommen. Viele scheuen auch die weiten Wege aus Angst, von einem erneuten Fliegeralarm überrascht zu werden und nicht mehr rechtzeitig nach Hause zu gelangen.
Auch eine andere Situation ist augenfällig. Während beispielsweise an den Fronten Treibstoff für die Militärfahrzeuge nicht mehr in genügenden Mengen vorhanden ist, entwickelt sich gerade in' Berlin ein umfangreicher Schwarzhandel mit dem begehrten Sprit. Ein Liter Benzin kostet rund 40 Reichsmark, und wer ein Pfund Kaffee oder ein Kilo Butter als Gegenwert bieten kann, erhält

dafür einen Kanister mit 20 Litern Benzin. Dem Großteil der Berliner freilich ist der Kaffee oder die Butter viel wichtiger.
Überhaupt gehören Tauschgeschäfte aller Art in der Stadt mit zum Tagesablauf. An Aushängetafeln und an Bäumen hängen Hunderte von Zetteln in allen Größen, die auf ein Angebot oder auf Nachfragen hinweisen. Die Mehrzahl der Inserierenden sucht jedoch ein Zimmer, da die Wohnraumnot durch die Zerbombung der Stadt immer noch an erster Stelle steht.
Auch im Monat März hält die Serie unaufhörlicher Störeinsätze der RAF an. Nacht für Nacht fliegen die wendigen Mosquito heran. Sie kommen nur in kleineren Verbänden mit einer durchschnittlichen Stärke von etwa 50 Maschinen. Ihre Einsätze über der Millionenstadt sind zur Routine geworden, und die Angriffe selbst dauern nur ein paar Minuten an. Die Wehrmachts- und Lageberichte sprechen nur noch von den »üblichen Mosquito über Berlin«.
Die am 7. März erscheinenden Berliner Zeitungen geben der Bevölkerung ein durch die häufigen Stromsperrstunden bedingtes neues Alarmwarnsystem bekannt. Neben den Sirenenzeichen werden nun am Tage auf hohen Gebäuden, Plätzen und sonstigen markanten Punkten gelb-blau-gelbe Warnflaggen gehißt, welche den Berlinern einen kommenden Alarm ankündigen. Da der größte Teil der Stadt tagsüber ohne Strom ist, erfolgt eine zweimalige Alarmgebung, und zwar zunächst in den stromversorgten Gebieten, dann in den anderen Bezirken, nachdem hier der Strom zu diesem Zweck eingeschaltet worden ist. In jedem Fall ertönen die Sirenen frühzeitig genug, so daß die Berliner ihre zu treffenden Luftschutzmaßnahmen in Ruhe und nicht überstürzt durchführen können.
Bei totalem Stromausfall wird es der Berliner Flak übertragen, neben den Warnflaggen den Alarm durch drei Salven im Abstand von etwa 20 Sekunden zu geben. Außerdem erfolgt der Einsatz von Sirenenwagen und Handsirenen.
In der Nacht zum 12. März hat der nördliche Teil Schönebergs wieder zu leiden. Es ist der 19. Mosquitoangriff in ununterbrochener Folge. Die Briten suchen hierbei auch die Umgebung des Nollendorfplatzes zum unzähligsten Male heim. Wie der schwergeprüfte Stadtbezirk Lankwitz, so kann auch das Gebiet um den Nollendorfplatz den traurigen Ruhm in Anspruch nehmen, als gefürchtete Bombengegend bekannt zu sein. Es hat den Anschein, als ob

die Engländer ihre Zielgeräte auf den aus der Luft gut auszumachenden Bahnhof Nollendorfplatz einstellen.
Eines der herrlichsten Baudenkmäler Berlins geht in der kommenden Nacht in Flammen auf, als Brand- und Sprengbomben das ehemalige Palais Prinz Ferdinands von Preußen, dann Schloß Bellevue genannt, treffen. Das Bauwerk, schon einmal im November 1943 teilweise beschädigt, stammt aus dem 18. Jahrhundert und wurde von Schinkel später im klassizistischen Stil umgebaut. Nach dem Krieg erfolgt die Wiederherstellung des Schlosses Bellevue und dient von da ab dem Bundespräsidenten als Berliner Amtssitz.
Unweit südlich Berlins, in unmittelbarer Nähe des kleinen brandenburgischen Städtchens Zossen, beherbergt ein gut getarntes Lager den Wehrmachtsführungsstab des OKW, bekannt unter dem Namen »Lager Maybach I«. Trotz der ausgezeichneten Tarnung finden die Amerikaner die Anlagen doch. Mit 675 Kampfflugzeugen und Begleitjägern nähern sie sich am 15. März der südlichen Umgebung Berlins. Um 14.30 Uhr beginnt der Angriff auf das Lager Maybach mit dem Abwurf eines Bombenteppichs. Innerhalb von einer Stunde fallen 6000 Spreng- und 365 Tonnen Brandbomben aus den Schächten der großen Viermotorigen. Daß trotz der gewaltig hohen Abwurfmenge keine größeren Schäden entstehen und das Lager nicht völlig zerstört wird, verhindern hauptsächlich das Waldgebiet um Zossen und der weiche märkische Sandboden, der einen erheblichen Teil der Wirkung verschluckt. Allerdings sind nach dem Angriff eine ganze Reihe von Gebäuden und Baracken zerschlagen oder beschädigt, was dann auch später eine Verlegung des Wehrmachtsführungsstabes bedingt.
Drei Tage danach erfolgen wiederum Einflüge der drei amerikanischen Luftdivisionen über Holland in Richtung Osten. Als einer der Verbände der 8. Luftflotte über dem Raum Hannover–Braunschweig, ein anderer im Raum Ludwigslust gemeldet wird, kann dies nur der Reichshauptstadt gelten. Vergeblich warten die Berliner an den Rundfunkgeräten auf die Meldungen der Luftlageberichter, daß die Amerikaner doch noch nach Norden oder nach Süden abschwenken würden, wie sie es oft tun, wenn ihre Flugzeuge kurz vor der Stadt abdrehen, um Stettin anzugreifen oder nach Sachsen einzufliegen.
Auf dem Spielplan des Berliner Schauspielhauses am Gendarmen-

markt stehen für Sonntag, den 18. März 1945, um 15.30 Uhr Arien und Szenen aus Oberon und Othello. Durch Presseankündigungen wird der Bevölkerung am selben Tag in fast allen Bezirken die Gelegenheit gegeben, an einem Panzerfaustschießen teilzunehmen. Im Admiralspalast am Bahnhof Friedrichstraße läuft Veit Harlans Durchhaltefilm »Kolberg«.
Doch alle diese Vorführungen werden nicht stattfinden; das Schicksal hält für die Berliner ein ganz anderes Schauspiel bereit, einen Einakter, in dem die Vernichtung und der Tod die Hauptrolle übernehmen. Heute behalten die Bomberpulks ihren Kurs bei und stehen jetzt bereits über Brandenburg und Nauen.
Die letzte vage Hoffnung der Berliner schwindet endgültig, als drei Minuten vor elf Uhr Alarm gegeben wird. Der Bevölkerung bleibt am heutigen Sonntag nicht viel Zeit, um in die Keller zu stürzen oder die Bunker aufzusuchen. Schon nach weniger als zehn Minuten überfliegt die Armada der Kampfflugzeuge den Stadtrand, 305 Fortress und 916 Liberator. Die stärkste und mächtigste Streitmacht, welche die 8. amerikanische Luftflotte bis dahin nach Berlin entsendet. Sie bringt den abertausendfachen Tod mit – die unübertroffene Menge von über 3000 Tonnen Bomben!
Zu den vielen Liberator-Einheiten, die jetzt über der Hauptstadt ihre dunklen Schächte öffnen, gehört auch die berühmte 93. Bombardment Group »Ted's Flying Circus«, so genannt nach ihrem Kommandeur Lt. Col. Edward (Ted) Timberlake.
Vierzehn Jagdgruppen begleiten die Pulks auf ihrem Vernichtungsflug. Eine Stunde lang wird der Angriff dauern. Für die Berliner ist es die längste Stunde des ganzen Luftkrieges über ihrer Stadt.
Der Tag beginnt mit Sonnenschein, doch noch während der frühen Morgenstunden ziehen Wolken auf, die sehr rasch den blauen Himmel über Berlin verdecken. Nur vereinzelt dringt die Sonne durch. Am Nachmittag haben Rauch- und Brandwolken diese letzten Sonnenstrahlen vollends ausgelöscht. Schwerpunkte des Angriffes bilden nochmals das Gebiet um den Schlesischen Bahnhof, das Regierungsviertel, die Innenstadt und der Berliner Osten.
Auch der Schlesische Bahnhof gehört zu den bedeutenden, wichtigen Fernbahnhöfen Berlins. Obwohl größtenteils während des letzten Angriffes sehr schwer zerstört, braucht er das Schicksal des Anhalter und auch des Potsdamer Bahnhofes nicht zu teilen. Ein

Eine über Siemensstadt abgeworfene englische 1800-kg-Luftmine wird als Blindgänger geborgen und entschärft.

Die nach dem großen Luftangriff vom 3. Februar 1945 übriggebliebenen Fassaden des Anhalter Bahnhofes werden zwei Monate später während des Endkampfes um Berlin nochmals in Mitleidenschaft gezogen, so daß die dann noch vorhandenen Mauerfragmente nach dem Krieg wegen Einsturzgefahr beseitigt werden müssen.

18. März 1945. Liberator der 93. Bombardment Group werfen tonnenweise Bomben auf die Reichshauptstadt. Dunkle Brandwolken, welche die Sonne immer mehr verdecken, lassen die Schwere dieses Tageseinsatzes nur ahnen.

neues, riesiges Bahnhofsgebäude entsteht nach dem Krieg und bildet, heute als Ostbahnhof bekannt, wieder den Ausgangspunkt des Eisenbahnfernverkehrs nach Osteuropa.

Am 18. März sieht es um den Schlesischen Bahnhof herum verheerend aus. Eingestürzte Häuser, alles unter sich begrabend, machen die Straßenzüge unpassierbar. Löschtrupps und Hilfsmannschaften sowie Einheiten der Wehrmacht und der HJ bahnen sich mühsam einen Weg durch die Trümmer. Menschen hasten überall durch die rauchdurchzogenen Straßen der anliegenden Gebiete. Menschen, die vor dem Verderben flüchten und noch nicht wissen, wohin die Angst sie treibt.

In der Nähe der Leipziger Straße gelingt es dem Luftschutzwart Walter Hartl, eine von Richtung Dönhoffplatz her durch die Straßen hetzende, vollkommen erschöpfte Frau aufzugreifen. Kaum ihrer Sinne noch mächtig, erklärt sie dem Wart stockend und nach Atem ringend, daß zwei Querstraßen weiter ihr Wohnhaus durch Volltreffer eingestürzt ist und sich mindestens zwanzig Personen noch in den Kellern befinden. Sie selbst sei bei einer Bekannten im Hause gegenüber gewesen.

Hartl alarmiert die Bergungstrupps. Das ist nicht leicht, denn die Männer wissen nicht, wo sie zuerst Hilfe leisten sollen. Mit ein paar zusammengesuchten Leuten eilt der Luftschutzwart die Straßen hinunter zu dem getroffenen Haus. Zweimal reißt sie der Luftdruck weiterer in der Nähe einschlagender Bomben auf das Pflaster. Als sie schließlich am Ziel sind, haben sich die durch den Einsturz verursachten Schuttschwaden noch nicht verzogen. Die Mauern sind regelrecht pulverisiert.

»Mein Gott«, entfährt es dem Wart. »Das ist ja entsetzlich!«

Glücklicherweise brennt das Haus oder das, was noch davon übrig ist, nicht. Nur eine noch stehende Säule läßt den ehemaligen Eingang erkennen, aber der Weg ist durch meterhohe Steinmassen versperrt. Hier kann Hartl mit seinen Männern nichts unternehmen. Wie sich dann herausstellt, gelingt es einigen der Verschütteten, sich durch die vorgesehenen Mauerdurchbrüche in die Keller der Nachbarhäuser hinüberzuretten. Auf diese Weise entrinnen sieben Menschen dem sicheren Tod.

Als sich die Männer des Bergungstrupps, darunter nun auch etliche Wehrmachtsangehörige, nach sechs Stunden doch noch mühevoll zu den Kellern durchgearbeitet haben, trotzdem sie keinerlei Lebenszeichen oder Klopfsignale feststellen, stoßen sie auf die ersten Leichen. Die Kellerräume sind noch ziemlich intakt, die Decke zeigt nur große Risse. Doch der durch alle Ritzen dringende Staub und Qualm läßt die Menschen dort unten ersticken, ehe sie die Mauerdurchbrüche erweitern können. Noch zwölf andere Hausbewohner werden geborgen, fünf bleiben unter den Trümmern unauffindbar.

»Hat denn der Wahnsinn immer noch kein Ende!« brüllt einer der Männer des Rettungstrupps. *»Wie lange will denn das die braune Bande in der Reichskanzlei noch weitertreiben!«* Ein anderer schaut sich vorsichtig um und legt dann demjenigen, der sich so unmißverständlich Luft machte, seine Hand auf die Schulter. *»Vorsichtig, Mann. Sei froh, daß kein ›Goldfasan‹ in der Nähe ist.«*

Unermüdlich jagen die Bergungskolonnen von Straße zu Straße. Vielen Menschen kommt die Rettung zu spät, aber noch mehr können geborgen werden.

Bomben schlagen auch in das Berliner Rathaus ein und beschädigen das schöne rote Ziegel- und Sandsteinbauwerk in der Königstraße zu über 50 Prozent. Das Gebäude kann in den Jahren zwischen 1950 und 1955 glücklicherweise wiederaufgebaut werden und bleibt dadurch der Stadt als Wahrzeichen erhalten.

Die Verkehrswege der S- und U-Bahn erleiden abermals starke Beschädigungen. Um die Anlagen so schnell wie möglich wieder in Betrieb bringen zu können, bildete man in Berlin schon ab Jahresanfang Spezialtrupps, die sogenannten »Fliegenden Kolonnen«. Mit einer Einsatzstärke von 15 Bauwagen, dazu je etwa 80 Mann, schickt die Reichsbahndirektion Berlin solche Einheiten nach schweren Angriffen zu den Stellen mit den jeweils am dringendsten zu behebenen Schäden.

Jetzt, im März 1945, droht der Verkehr vollends zusammenzubrechen. War zum Beispiel die BVG noch im Dezember 1944 in der Lage, etwa 80 Straßenbahn-Ersatzwagen zur Aufrechterhaltung und Weiterführung des Verkehrs in der Stadt zur Verfügung zu stellen, so kann sie nach dem 18. März keinen einzigen Wagen mehr herbeischaffen. Nach dem jetzigen Großangriff ergibt sich für das rollende Material der S-Bahn und der BVG folgende Bilanz: 144 zerstörte und 150 schwerbeschädigte S-Bahnwagen, desgleichen 280 zerstörte und 125 beschädigte Straßenbahnwagen. Die U-Bahn verzeichnet einen Verlust von 70 Wagen. Sieben Omni-

busse werden vernichtet und 76 schwer beschädigt. Zu allem kommt noch die große Zahl der leichtbeschädigten Wagen.
Kurz vor 13 Uhr, am 18. März, ertönen die Entwarnungssignale. Es kommt vor, daß manche Einwohner Berlins Stunden danach noch immer nicht wagen, in ihre Wohnungen zurückzukehren. Zu tief noch sitzt der Schrecken in den Gliedern dieser gepeinigten Menschen.
Auch die heute wieder etwas ermutigenderen deutschen Abwehrergebnisse können über das Ausmaß des amerikanischen Vernichtungsschlages nicht hinwegtäuschen. Eine der im Februar neu aufgestellten Jagdgruppen des JG 7 tritt erstmals wirkungsvoll in Erscheinung. Die zur Reichsverteidigung gehörende III. Gruppe unter der Führung von Major Sinner startet vom Flugplatz Brandenburg-Briest und stellt sich den Amerikanern entgegen. Jedoch treffen die 38 Me 262 erst über der Hauptstadt ein, als die Viermotorigen schon zum Rückflug abdrehen.
Alle Turbos sind mit R4M-Raketen ausgerüstet. Die 5,5-cm-Projektile hängen zu je 12 Stück an Holzrosten unter den Tragflächen. Noch einmal entbrennt über dem Raum Berlin eine Luftschlacht. Sinners Maschinen werden von den Jägern des Begleitschutzes in Empfang genommen. Aber es gelingt den Deutschen leicht, durchzubrechen, da die Me 262 den gegnerischen Jagdmaschinen in der Luft immer noch weit überlegen sind. Nachdem in rascher Folge acht der schweren Bomber und fünf Mustang aus dem Pulk herausgeschossen sind und brennend abstürzen, verdichtet sich der Abwehrring der Amerikaner, so daß das JG 7 dann kaum noch an die Bomber herankommt, zumal auch in den meisten Maschinen die rote Warnlampe aufleuchtet. Die deutschen Piloten müssen bald darauf den Kampf abbrechen, damit sie mit dem noch verbleibenden Treibstoff ihre Einsatzhäfen erreichen können.
Daß die Düsenjäger der Luftwaffe nach wie vor gefürchtet sind, zeigt sich, als einige Bomberbesatzungen mitunter die Nerven verlieren und beim bloßen Erscheinen der Turbos aus ihren Maschinen abspringen. Angesichts des nahen Kriegsendes hat die 8. Luftflotte vor den Me 262 immer noch einen gewaltigen Respekt. Allein in der letzten Woche des Februar gehen 45 Bomber- und 15 Jägerabschüsse auf das Konto der III./JG 7.
Die Flak verbucht am 18. März einen weiteren Erfolg, obwohl in der letzten Zeit immer mehr Batterien von dem Flakgürtel um

Berlin an die Ostfront verlegen müssen und dadurch die Flakverteidigung erheblich zusammenschmilzt. Es gelingt den Berliner Batterien, 16 viermotorige Bomber so zu beschädigen, daß sie den Rückflug nach England nicht mehr wagen können. Sie drehen nach Osten ab und erreichen mit Mühe die nahen sowjetischen Stellungen an der Oder, hinter denen alle sechzehn notlanden müssen.
Der Verlust von 24 Bombern und fünf Jagdmaschinen kann den Amerikanern nicht mehr schaden. Vierundzwanzig Kampfflugzeuge von eintausendzweihundertundeinundzwanzig, die den Angriff ausführen, das sind zwei Prozent. Bei einer solch zahlenmäßigen Übermacht empfinden das die Amerikaner nur als Mückenstiche.
Die Reichshauptstadt erholt sich von diesem Großangriff des 18. März 1945 nur schwer. Wann sollte das alles ein Ende haben, wann hörte endlich die Qual auf? Der Krieg steht in seiner letzten Phase, das wissen die meisten. Aber es scheint den Berlinern, als ob der Luftkrieg über ihrer Stadt noch immer nicht den Höhepunkt erreicht hätte. Heute weiß man, daß der Angriff des 18. März der Höhepunkt war, obwohl der 3. Februar weitaus mehr Todesopfer forderte. Auf alle Fälle aber stehen diese beiden Großeinsätze in bezug auf Auswirkung und Durchführung an der Spitze der gesamten Luftkriegsunternehmen gegen des Reiches Hauptstadt.
Nur ganz selten bleibt es den Berlinern vergönnt, bei Sterbefällen einen schwarzen Flor zum Ausdruck der Trauer zu tragen. Sogar das ist nun nicht mehr möglich. Durch die angespannte Spinnstofflage können die nächsten Angehörigen eines Verstorbenen nur noch einen Bezugschein für einen Trauerflor beantragen. Wörtlich heißt es in einem Stadtbeschluß: »Die Textilvorräte, aus denen zunächst die Rückgeführten und Fliegergeschädigten bedacht werden müssen, erlauben es nicht mehr, einzelnen Volksgenossen auch bei solchen Sonderfällen wie dem Tod eines nahen Angehörigen den Einkauf zusätzlicher Kleidungsstücke zu ermöglichen.«
Ab Ende des Monats nimmt nun auch die sowjetische Luftwaffe an den Angriffen gegen Berlin teil. Ihre Einsätze stehen bei weitem nicht mit denen der RAF und der USAAF im Verhältnis. Einen stärkeren russischen Luftangriff erleben die Berliner am 20. März. Das dumpfe Gedröhn der zweimotorigen Kampfflugzeuge vom Typ Pe-2 und Tu-2 bedeutet etwas Ungewohntes und Neues zugleich. Doch wer von den Berlinern achtet auf solche Unter-

schiede noch. Für sie bleibt ein Fliegeralarm wie der andere zuvor auch, und daß jetzt russische Piloten ihre Flugzeuge über ihre Stadt hinwegziehen lassen, hat kaum Einfluß auf die Bevölkerung. Der immer heftiger geführte Luftkrieg unterdrückt weitgehend jedes Interesse an Einzelheiten, die sich auf die Einsätze der Alliierten beziehen. Vielmehr bewirkt er, daß sich dafür eine gewisse Gleichgültigkeit ausbreitet. Nur der Gedanke an das reine Überleben gilt in jenen Tagen noch.

Das Erscheinen der Sowjets über der deutschen Hauptstadt interessiert die Berliner vielleicht nur insoweit, als daß sie jetzt das Ende des Krieges deutlich und spürbar immer näher gerückt wissen.

Einen ganz seltenen Anblick bedeutet das Auftauchen einiger La-9-Jäger am 20. März über Berlin. Dieser Jagdflugzeugtyp, überhaupt erst Anfang März an die Front gelangt, ist die direkte Nachfolgevariante der berühmten La-7. Der russische Angriff richtet sich gegen den Bezirk Mitte, doch die entstehenden Schäden erweisen sich als verhältnismäßig geringfügig. Tatsache bleibt, daß Berlin nun auch vom Osten her angeflogen wird. Nur vier Tage später schließt sich dann der Ring, als nach einem stärkeren Nachtangriff der RAF am darauffolgenden 24. März die 15. Luftflotte der Amerikaner die Stadt von Süden her angreift.

Die Verbände der »Fünfzehnten« kommen von Italien herauf. Eine ihrer Hauptbasen ist der große Flugplatz Foggia. Gegen Mittag erreichen die Liberator den Raum Berlin, zahlreiche Pulks mit insgesamt 150 Maschinen, die von den P-51 der 31. Fighter Group eskortiert werden. Noch auf dem Hinflug greifen etliche Messerschmitt-Turbinenjäger an. Eine der Me 262 wird von Col. W. A. Daniel, dem Gruppenkommandeur der 31. Fighter Group, abgeschossen, vier weitere werden später von den Amerikanern ebenfalls als vernichtet gemeldet.

Neben dem von Italien aus durchgeführten Einsatz, der die Amerikaner über Berlin nur zwei Liberator kostet und der zugleich das einzige Unternehmen der 15. Luftflotte gegen die Hauptstadt bleibt, finden am 24. März ganze Serien weiterer Angriffe der Amerikaner über Deutschland statt. Rund 1400 Maschinen der 8. Luftflotte bombardieren 16 Flugplätze der Luftwaffe im westlichen Raum und werden dabei von etwa 1250 Jagdflugzeugen und Jabos, darunter 900 Jäger der britischen 2. Tactical Air

Force, unterstützt. Insgesamt fliegen die Alliierten nicht viel weniger als 8000 Einsätze an diesem Tag, die Luftwaffe dagegen nur rund 200. Ein erschreckendes Verhältnis, welches deutlich die Überlegenheit der Gegenseite zum Ausdruck bringt.

Der Reichsverteidigung bleibt kaum noch eine Chance, entscheidend einzugreifen, um den Alliierten spürbare Verluste zufügen zu können. Längst ist die Luftherrschaft verlorengegangen, wenige deutsche Einzelaktionen fallen nicht mehr ins Gewicht.

Ein weiterer russischer Luftangriff am 26. März erfolgt praktisch aus heiterem Himmel. Die Menschen, die überall in den verschiedenen Stadtteilen vor den Geschäften Schlange stehen, hören plötzlich, wie starker Flakbeschuß einsetzt. Dann erst heulen die Sirenen, und ehe die Berliner richtig begreifen, jagen Schwärme russischer Einmotoriger über das Stadtgebiet hinweg. Sie fliegen unheimlich tief, ein Kugelhagel aus ihren Bordwaffen geht in den Straßen nieder. Die Fla-Geschützbedienungen auf den Flakbunkern kurbeln die Rohre fast bis auf Höhe der Häuserdächer hinunter, um die niedrigfliegenden Russen treffen zu können. Dabei bedeckt ein wahrer Regen glühender Splitter weite Flächen des Stadtinnern, und somit müssen die hohen Verluste unter der Bevölkerung am 26. März leider zu einem Großteil dieser ungewöhnlichen Abwehrreaktion zugeschrieben werden. Nach nicht ganz 20 Minuten ist der Spuk vorbei, die russischen Jäger sind rasch wieder verschwunden.

Nach 22 weiteren Fliegeralarmen, gerechnet vom 24. März – darunter am 26. der russische Luftangriff – erfolgt am 10. April erneut ein schwerer Tagesangriff, den Doolittle abermals mit 1232 Viermotorigen gegen Berlin durchführen läßt. Der Alarm setzt um 14.30 Uhr ein, später als bei bisherigen Angriffen der Amerikaner. Noch einmal sinken die Wohnstätten zusammen. Das ganze Stadtgebiet wird betroffen, und wieder stehen riesige dunkle Wolken über dem Häusermeer. Schon nach 25 Minuten gibt es Entwarnung; noch nie zuvor flogen die Amerikaner in so kurzer Zeit wieder ab. Auch die Angriffstärke, trotz der über zwölfhundert Maschinen, ist auffallend schwächer als sonst.

Neben dem JG 7 des Majors Sinner werfen sich auch die Focke-Wulf der ehemaligen II./ZG 26, nun II./JG 6, aus Welzow bei Cottbus den Pulks entgegen. Auch die III./JG 6, aus einer Gruppe des Eismeergeschwaders JG 5 entstanden, nimmt mit ihren Bf 109 den aussichtslosen Kampf auf. Immerhin kann die Luftwaffe von

den amerikanischen Berlin-Formationen zehn Maschinen abschießen, das ist aber wiederum nicht einmal ein Prozent der angreifenden Armada.
Am 14. April versinkt Potsdam, die Stadt der Preußenkönige, in Trümmern. Nichts von der ehemaligen herrlichen Pracht, von den Denkmälern und historischen Bauwerken in der Stadt bleibt erhalten. Das Neue Palais, das Nauener Tor, die Garnisonkirche, die Neue Königsstraße, alles verglüht während des nächtlichen Angriffes der Engländer. Wenigstens die 1830 von Schinkel erbaute Nikolaikirche, eines der schönsten Bauwerke Potsdams, kann nach dem Kriege wiederhergestellt werden.
Die alte Residenzstadt verwandelt sich in ein einziges Flammenmeer, der Feuerschein über Potsdam ist bis nach Berlin hin deutlich sichtbar. Der Himmel färbt sich abwechselnd vom hellsten Orange bis zum dunkelsten Rot. Als der Tag heranbricht, ist Potsdam eine Stadt gewesen.
Montag, der 16. April 1945. In den frühen Morgenstunden setzt sich die sowjetische Dampfwalze an der Oder in Bewegung. Mit einem gewaltigen Artillerieüberfall eingeleitet, beginnt die schon lange erwartete russische Offensive. Sie gilt der letzten großen Bastion des Großdeutschen Reiches – Berlin. Am Nachmittag des gleichen Tages begegnen sich die Mustang der 611. West Lancashire-Squadron der RAF und russische Schlachtflieger über dem Stadtgebiet. Sowohl die englischen Mustang als auch die sowjetischen Il-2 wackeln mit den Flächen und umfliegen sich zur Begrüßung.
Noch einmal, bevor die Rote Armee Berlin erreicht, starten Verbände der 8. Luftflotte von England aus. Sie fliegen ihren letzten strategischen Einsatz gegen die Reichshauptstadt. Es ist der 20. April. An diesem Tage zeichnet sich nun das Bild der ohnmächtigen, einst so erfolgreichen Luftwaffe am deutlichsten ab. Während die P-51 der 20. Fighter Group fünf deutsche Jäger abschießen, verlieren die Amerikaner keine einzige Maschine!
Berlin bereitet sich auf seine letzte schwere Zeit vor. Die westlichen Alliierten stellen ihre Luftangriffe gegen die Stadt am Sonnabend, dem 21. April 1945, ein. Der britische Flight Officer A. E. Austin, mit einem Mosquito-Verband über dem rauchgeschwärzten Häusermeer drehend, wirft die letzten Bomben der RAF auf Berlin um 2.14 Uhr. Seine Maschine, eine Mosquito B. 16

mit der Seriennummer MM 929, gehört zur 109. Squadron aus Little Staughton. Neunundzwanzig Minuten später ertönt das letzte Entwarnungszeichen; acht Stunden später liegt die Stadt bereits unter russischem Artilleriebeschuß.
Noch einen Tag zuvor traf im Westhafen der letzte Güterzug mit Kohlen ein, ehe sich der Ring der sowjetischen Armeen unter Schukow und Konjew südlich von Nauen dann endgültig um Berlin schließt.

Von der USAAF geflogene Angriffe gegen Berlin

Datum	Angriffszeit in Minuten	Anzahl der Maschinen über Berlin	abgeworfene Bombenmenge in t	Verluste Bomber	Verluste Jäger
4. 3. 44		31	62	5	23
6. 3. 44	31	609	1221	72	12
8. 3. 44		349		37	17
9. 3. 44		331	757	9	
22. 3. 44	37	689	1277	13	9
18. 4. 44	26	280	523	19	
29. 4. 44	38	618	1271	42	
7. 5. 44	30	610	1127		
8. 5. 44	40	386	813	13	
19. 5. 44	40	495	903	8+	
24. 5. 44	64	464	986	33	
21. 6. 44	28	876	932	44	
6. 8. 44	19	45	97		
12. 8. 44	51	12	30		
6. 10. 44	73	376	850	11	
5. 12. 44	28	427	1089	5	
3. 2. 45	50	937	2267	36	9
22. 2. 45		437	1169		
26. 2. 45	25	1112	2286	5	5
15. 3. 45		675			
18. 3. 45	119	1221	3092	24	5
24. 3. 45		150		2	
28. 3. 45		500			
10. 4. 45		1232		10	
20. 4. 45				—	—

Ein ungewöhnliches Ereignis über Berlin. Unmittelbar nach Auslösen der Bomben gerät eine Fortress der niedriger fliegenden 94. Bombardment Group unter die abwerfende Maschine. Von eigenen Bomben getroffen und mit zerfetztem linken Höhenleitwerk stürzt die Fortress ab. »Kein einziger Fallschirm war zu sehen«, hieß es im offiziellen Kommentar. Im unteren Bild ist der Alexanderplatz zu sehen.

Russische Kampfflugzeuge vom Muster Douglas A-20 (englische Bezeichnung: Boston) im Anflug auf die Reichshauptstadt während des Endkampfes. Ab 21. April 1945 sind es ausnahmslos sowjetische Flugzeuge, die den Luftraum über Berlin beherrschen.

Ein Verband russischer Il-2 Schlachtflugzeuge über den Außenbezirken Berlins.

Am 21. April 1945 ist es auch, als Goebbels für den Reichsverteidigungsbezirk Berlin bekannt gibt: »Zur Warnung vor feindlichen Luftoperationen und Fallschirmspringern wurde im Heimatkriegsgebiet das Alarmsignal ›Feindalarm‹ eingeführt. Das gleiche Signal wird in Berlin gegeben, wenn sowjetische Panzer oder motorisierte Einheiten in die Reichshauptstadt eindringen wollen. Dieses Signal besteht aus einem drei Minuten währenden Sirenenheulen und unterscheidet sich durch seine lange und eindringliche Dauer deutlich von den Fliegeralarmen. Für die Bevölkerung ist es ohne Bedeutung, da es nur der Alarmierung aller militärischen Streitkräfte dient.«
Seit dem 21. April übernehmen nun die russischen Schlacht- und Tiefflieger den ihnen von der RAF und der USAAF überlassenen Luftraum zur Unterstützung des jetzt beginnenden Sturmes gegen die Stadt. In Schwärmen tummeln sie sich über dem ganzen Berliner Raum. Bereits am nächsten Tag dringen die Russen, von Norden und Nordwesten kommend, in die Bezirke Weißensee, Pankow und Lichtenberg ein.
Eine Anzahl Il-2 Schlachtflugzeuge greifen den Flugplatz Gatow an. Nacheinander und einzeln stoßen die einmotorigen gepanzerten Maschinen hinab und nehmen den Platz unter Maschinengewehrfeuer. Unverkennbar ist das langsame Tak-Tak der russischen Bordwaffen. Erst nach langer Zeit fliegen die Sowjets mit Nordkurs wieder ab.
Noch Fliegeralarm zu geben, ist sinnlos. Dafür ertönen die neuen Warnsignale: Panzeralarm! In diesem Inferno der letzten Tage weiß keiner mehr über die augenblickliche Situation so recht Bescheid.
Der Endkampf um Berlin ruft auch die von den meisten längst abgeschriebene deutsche Luftwaffe noch einmal auf den Plan. Von den noch zahlreich vorhandenen, aber mehr oder weniger provisorisch eingerichteten Feldflughäfen aufsteigend, beteiligen sich etliche Staffeln berühmter Geschwader wie das JG 1, JG 3, JG 4 und JG 26 ab Mitte April an dem letzten Ringen, um dem Heer Unterstützung zu geben. Von der II./JG 26 vernichtet Leutnant Sy mit seiner Focke-Wulf am 25. April über Oranienburg eine russische Jagdmaschine, und dieser Abschuß dürfte wohl als einer der letzten Luftsiege der Deutschen über dem Raum Berlin anzusehen sein.

Eine einzelne deutsche Arado 234 B erscheint am späten Nachmittag des 25. April über dem südlichen Stadtrand Berlins. Sie fliegt nach erfolgtem Bombenwurf auf russische Ziele in Zehlendorf zwischen Teltow-Kanal und der S-Bahnstrecke in Richtung Babelsberg ab. Heftiges Feuer russischer Flak begleitet die Maschine. Auf dem Gelände der in den letzten Kriegsjahren bei Oranienburg eingerichteten Versuchsanstalt für Höhenflüge sah man häufig eine behelfsmäßig als Nachtjäger ausgerüstete Arado 234 B. Es ist nicht unwahrscheinlich, daß es sich am 25. April über Zehlendorf um diese Maschine handelt. Leider ließ sich ihr Verbleib nicht aufklären.
Am Vormittag des nächsten Tages nähern sich kleinere russische Verbände mit Kampfflugzeugen vom Muster Boston über dem östlichen Stadtgebiet und werfen zahlreiche Bomben ab.
Auch deutsche Schlachtflieger tauchen plötzlich auf. Sie bekämpfen ebenfalls, ohne große Erfolge zwar, die weiter in die Stadt vordringenden russischen Truppen und versuchen gleichzeitig, den eingeschlossenen deutschen Verbänden Luftunterstützung zu geben. Mehrere Staffeln der II./SG 1 erhalten den Befehl zur freien Panzerjagd im ganzen Stadtgebiet. Kurz vor Berlin teilen sich die Schlachtfliegerformationen, um verschiedene Ziele anzufliegen. Drei Focke-Wulf der 6. Staffel, geführt von Oberfeldwebel Herz, rasen in etwa 300 Meter Höhe über die Ruinenfelder der Stadt in südlicher Richtung und schwenken über dem Halleschen Tor nach Osten ein.
Hinter dem Oberfeldwebel, an dessen weiße »Vier« unter der Kanzel ein kleines rotes Herz aufgemalt ist, fliegt in kurzem Abstand sein Rottenkamerad Mogl. Vermutlich werden die sowjetischen Panzer unter den vielen Brücken und Unterführungen der Hochbahn zu suchen sein, deren Gleisanlagen sie jetzt folgen. Gesprochen wird kein Wort, alle Augen halten nach den T-34 Ausschau. Im Tiefflug röhren die FW 190 über den Bezirk Kreuzberg. In der Nähe des Görlitzer Bahnhofes fliegen die Deutschen einen großen Bogen, um die Hochbahn kurz vor der Oberbaumbrücke anzusteuern.
Plötzlich ertönt die Stimme des Oberfeldwebels: »Da sind sie – ran!«
Es sind seine letzten Worte. Ob Herz schon vorher einen Treffer durch die überall in Stellung gegangenen russischen Geschütze erhält oder ob er sich einfach beim Anflug auf die unter eine der

Brücken abgestellten Panzerkolonnen in der Höhe verschätzt, läßt sich nie mehr aufklären. Der hinter ihm fliegende Mogl sieht seinen Oberfeldwebel auf die Ziele hinabstürzen, die Raketen gehen noch los, aber Herz kommt nicht mehr hoch. Er zerschellt mit seiner Maschine an einem Wohnhaus irgendwo im Bezirk Kreuzberg.

Die beiden anderen deutschen Flieger brechen entsetzt ihren Angriff sofort ab und versuchen, Höhe zu gewinnen. Dann drehen sie in westlicher Richtung ab. Über Zehlendorf erhalten sie noch einmal starkes Flakfeuer, aber die Russen treffen nicht.

Das ist der letzte Einsatz der II./SG 1, der mit dem tragischen Opfergang des Oberfeldwebels Herz endet.

Seit die Eroberung ihrer Stadt beginnt, erwarten die tapfer ausharrenden und in den Kellern versteckten Berliner nichts sehnlicher als das nun greifbar nahe Ende des sinnlosen Krieges. Für sie kommt dieses Ende am 2. Mai 1945 mit der Kapitulation der zerschlagenen und zerfetzten, vom Bombenwind durchblasenen und vom Artilleriebeschuß zerpulverten Hauptstadt. Daß ihnen zwar von dem Augenblick an die Angst vor den Luftangriffen mit all ihren Schrecken und Qualen genommen wird, bedeutet jedoch noch nicht das Ende der Leidenszeit. Ihr schließt sich eine zweite, ebenso qualvolle an. Ein Schreckensweg, der aber ein völlig anderes Kapitel in der Geschichte dieser Stadt ergibt.

BILANZ

Über die in Berlin durch den Luftkrieg erlittenen Menschenverluste gibt es wohl nur noch vereinzelte, praktisch jedoch so gut wie gar keine belegenden Unterlagen und genauen Angaben mehr. Im allgemeinen wird berichtet, daß etwa 50 000 Menschen den Tod fanden. Die amtlichen Nachweise des Obersten der Schutzpolizei, Schnell, geben als einzigste wohlverbürgte Informationen bis zum 27. April 1945 insgesamt 49 600 Luftkriegstote in Berlin an. Über den Verbleib der Vermißten, die ebenfalls eine hohe Zahl ergeben dürften, herrscht dagegen völlige Ungewißheit.

Die Einwohnerzahl der Hauptstadt beläuft sich im Mai 1939 auf

1 964 772 männliche und 2 356 749 weibliche Personen. Das ergibt eine Gesamtzahl von rund 4 321 000 Einwohnern. Im Jahre 1945 sieht die Zahl wesentlich anders aus. Nach den Lebensmittelkarten-Statistiken leben zu diesem Zeitpunkt 2 848 142 Menschen in Berlin, davon etwa 56 000 ausländische Arbeitskräfte.

Wohl kaum können die gemachten Angaben zu einer Auswertung der Personenverluste herangezogen werden, da sich die Zahl der Einwohner während der Kriegsjahre ständig änderte, bedingt durch Evakuierungen, Zugang an nicht einheimischen Arbeitskräften oder durch Flüchtlingsaufnahmen sowie auch durch Einberufungen oder Truppenverschiebungen.

Die Luftkriegsopfer betragen rund 1,8 % der Berliner Bevölkerung, eine Zahl, die etwa – um einmal eine Relation zu erhalten – mit den zusammengefaßten Verlustangaben beispielsweise der Städte Köln, Dortmund, Düsseldorf, Oberhausen, Wuppertal, Essen und Mühlheim vergleichbar ist. Betrachtet man sich einmal den Aufwand, die Angriffsstärke und -dauer aller Luftoperationen gegen Berlin, so ist der Prozentsatz an Luftkriegstoten in der Reichshauptstadt trotz allem noch als niedrig anzusehen.

Allein vom 1. Februar 1945 bis Kriegsschluß werden durch Lufteinsätze in Deutschland 119 000 Menschen getötet. Vom 1. Oktober 1940 bis zum 31. Januar 1945 sind es 207 000. Rechnet man etwa 3000 Luftkriegsopfer von Kriegsbeginn bis Ende September 1940 hinzu und berücksichtigt auch die 51 000, nach Verwundung verstorbenen Personen sowie die angenommene Zahl von 30 000 Vermißten, so ergeben sich daraus rund 410 000 Luftkriegstote in Deutschland.

Im Januar 1943 standen in Berlin 224 927 Wohnhäuser, von denen Ende 1944 fast genau zehn Prozent total zerstört sind. Die Hauptanteile davon tragen die Bezirke Mitte mit knapp 70 Prozent Zerstörungen bei Kriegsende, dann Tiergarten mit 28 Prozent sowie Schöneberg und Friedenau. In den beiden zuletzt genannten Bezirken werden von 9 209 Wohnhäusern im erwähnten Zeitraum 2 248 völlig vernichtet. Das sind rund 24 Prozent. Spandau im Nordwesten und Köpenick im Südosten kommen am glimpflichsten davon. Beide Stadtteile haben etwa die gleiche Anzahl an Wohnhäusern, insgesamt 22 891. Von diesen zählen 966 zu den Totalzerstörungen.

Von den 1939 in Berlin registrierten 1 502 383 Wohnungen sind bei Kriegsschluß noch 976 500 intakt. 37 Prozent der Wohnungen, nämlich 556 500, sind also zerstört worden. Zum Vergleich hier einmal die größten Wohnungsverluste des heutigen Bundesgebietes:

Hamburg	295 654	Duisburg	82 000
Köln	176 600	München	82 000
Dortmund	105 500	Frankfurt/M.	80 575
Essen	100 000	Hannover	75 378
Düsseldorf	86 500		

Da Wohnungen nicht nur Totalschäden davontrugen, sondern vielfach schwer beschädigt oder nur vorübergehend unbenutzbar waren, sind alle genannten Zahlen zwar als einfacher Maßstab für die Zerstörungen anzusehen, können jedoch für statistische Untersuchungen nur bedingt brauchbare Hinweise liefern.
Als die Donner des Krieges verhallen, liegen in ganz Berlin etwas über 30 000 Wohnhäuser in Trümmer. Insgesamt 28,5 Quadratkilometer der bebauten Stadtfläche präsentieren sich als eine Ruinenlandschaft. Vier Quadratkilometer davon gehen auf das Konto der amerikanischen Tagesangriffe. Berlin ist nach englischen Unterlagen nicht nur die meistzerstörte Stadt, sondern sie verzeichnet auch die häufigsten Luftangriffe. Bei insgesamt 363 gegen die Reichshauptstadt geflogenen Unternehmen wurden 310 wirkliche Angriffe durchgeführt, darunter 40 schwerere und 29 Großangriffe. Die Stadt mußte 421 Vollalarme geben.
Unter der in Berlin ansässigen vielseitigen Industrie nehmen die Elektrowerke den ersten Platz ein. Maschinenfabriken und die optische Industrie folgen. Sosehr sich aber die alliierten Luftstreitkräfte bemühen, diese Werke auszuschalten, muß man noch kurz vor Kriegsende feststellen, daß nicht ganz drei Viertel aller Anlagen noch intakt sind und weiterproduzieren. Was wirklich ernsthafte Schäden davonträgt, sind die Eisenbahnanlagen und das Verkehrsnetz überhaupt.
Große, unersetzliche Verluste entstehen ebenfalls unter den Kulturgütern, mit denen Berlin reich gesegnet ist. Eine große Anzahl der herrlichen Palais und Kirchen, die schon zur älteren Geschichte der Stadt gehören, fällt nicht selten genug nur innerhalb weniger Minuten den Spreng- und Brandbomben zum Opfer. Auch in die-

sem Falle ist eine genaue Angabe aller zerstörten Kunstwerke sehr schwierig zu machen.
In seinem Rechtfertigungsbericht, der den allgemeinen Einsatz des Bomber Commands gegen Deutschland beinhaltet, gibt Harris zu, daß die RAF mit Ausnahme von Essen niemals Zielangriffe gegen einzelne Industrieziele geführt hat. »Ihre gelegentliche Zerstörung betrachteten wir immer als eine Sonderprämie.« Dem braucht wohl kein Kommentar hinzugefügt werden. Eines steht aber fest: Berlin wurde nicht, wie Harris am 3. November 1943 Churchill gegenüber versicherte, »von einem Ende zum anderen in Schutt und Asche gelegt«. Jedenfalls nicht in dem Maße, wie es sich der britische Bomberchef kurz vor Beginn der »Schlacht um Berlin« vorgestellt hatte. Und auch die andere Voraussage Harris' traf nicht zu: Diese Luftoffensive war es nicht, die Deutschland den Krieg kostete.
Der kritischste Punkt während der »Schlacht um Berlin« entsteht nach dem Doppelangriff der RAF vom 22./23. und 23./24. November 1943. Die Berliner Luftschutzeinheiten sind zu diesem Zeitpunkt nach 48stündigem ununterbrochenem Einsatz völlig erschöpft und können der Forderung Goebbels', Berlin »schwarz« zu machen, nicht mehr nachkommen. »Schwarzmachen« bedeutet, daß alle Brände gelöscht sind, bevor der nächste Angriff erfolgt, damit der Gegner sich nicht an den noch bestehenden hellen Bränden orientieren kann. Als am 25. November ein starker britischer Bomberverband im Anflug über der Nordsee gemeldet wird, scheint das Schicksal Berlins besiegelt zu sein. Doch dann kommt über England eine Bodennebelfront auf, was die RAF dazu zwingt, ihre Formationen zu den Einsatzbasen zurückkehren zu lassen. Die Reichshauptstadt ist gerettet. Zwar wird sie noch schwerere Angriffe über sich ergehen lassen müssen, aber nie mehr ist Berlin so in Gefahr wie in jenen letzten Novembertagen des Jahres 1943.

Sind die Amerikaner am Anfang ihrer strategischen Bomberoperationen immer noch bestrebt gewesen, nur rein militärische und verkehrswichtige Ziele sowie Industrieobjekte zu zerschlagen, so ändert sich die Situation gegen Ende des Krieges völlig. Der Luftkrieg zeigt sich inzwischen in einer solch totalen Gestalt, daß nun auch amerikanische Verbände nicht nur vorwiegend kriegswichtige Ziele angreifen. Es kommt der Zeitpunkt – kurz vor dem Zusam-

menbruch des Reiches – da sich auch die amerikanischen Angriffe mit denen des RAF Bomber Commands vergleichen lassen.
Während der zusammen mehr als hundert Stunden dauernden reinen Angriffszeit werfen alliierte Flugzeuge über der deutschen Hauptstadt 45 517 Tonnen Bomben ab. Allein zwischen dem 1. Februar und dem 21. April 1945 erlebt Berlin 84 Luftangriffe. Von den rund 1,35 Millionen Tonnen Bomben, die während der gesamten Kriegszeit auf Deutschland abgeworfen werden, fällt ein Drittel erst in den letzten dreieinhalb Monaten des Jahres 1945.
Die RAF setzt gegen Berlin 18 468 Flugzeuge ein, wovon 16 556 zum Bombenabwurf gelangen. Bei den Unternehmen gegen die Stadt verzeichnet das Bomber Command einen Maschinenverlust von rund 4 Prozent, ohne die bei Start und Landung oder durch andere Ursachen hervorgerufenen Ausfälle.
Als eine erstaunliche Tatsache ist es zu bewerten, mit welcher Energie und Ausdauer die Berliner Bevölkerung an den Wiederaufbau ihrer Stadt herangeht. Jene Zeit, in der die Trümmerfrauen Berlins zu einem Begriff werden, liegt nun über fünfundzwanzig Jahre zurück. Beim trostlosen Anblick ihrer zerschundenen Stadt sind damals viele Berliner nahe daran, zu verzweifeln. Doch von einem ungeheuren Lebensmut besessen, packen sie mit an. Es darf nicht alles vorbei, soll nicht alles vergebens gewesen sein, denken sie. Und sie schaffen es auch.
Vielleicht ist es genauso bezeichnend, daß während der Blockade 1948/1949 nicht wenige der in den Kriegsjahren über Berlin als Bomberpiloten eingesetzten alliierten Flieger jetzt ihr Leben wagen und etliche sogar ihr Leben für diese Stadt geben, um die Luftbrücke aufrechtzuerhalten.
Die Stadt verwandelt sich inzwischen zusehends. Wer heute an die Spree kommt, findet zwar noch genug Ruinen vor, doch im Zuge der allgemeinen Neugestaltung und Planung verschwinden die Spuren des Luftkrieges immer mehr. Berlin wird wieder zu einer Weltstadt. Sie steht hiermit auch für alle anderen deutschen Städte, die gleichfalls mit einem großzügigen Wiederaufbau ihre Leidenszeiten überwinden.
Hin und wieder aber rufen Ereignisse in vielen Menschen die Erinnerungen an jene schrecklichen Tage und Nächte wieder wach. Das Berliner Bezirksamt Zehlendorf veranlaßt vor rund eineinhalb Jahren die Bergung des in die Krumme Lanke gestürzten Lancaster-

Bombers. Die Arbeiten beginnen im Dezember 1970 und können erst im Frühjahr 1971 abgeschlossen werden. Wie die Untersuchungen ergeben, handelt es sich um eine Lancaster III, Seriennummer EE 173, der 207 Sqdn. RAF. Die Maschine wurde in der Nacht zum 30. Januar 1944 von einem deutschen Nachtjäger abgeschossen und stürzte anschließend brennend in den See. Sechs Mitglieder der Besatzung konnten sich durch Fallschirmabsprung retten und gerieten in Gefangenschaft, während der Pilot jetzt bei der schwierigen Bergung im Wrack des Bombers aufgefunden wurde. Die Lancaster hatte keine Bomben mehr an Bord.

Ein Volltreffer hat dieses Haus in der Kantstraße zerschlagen.

Am 7. Mai 1944 hatten amerikanische Bomben den Französischen Dom am Gendarmenmarkt in Brand gesetzt.

ANHANG 1

DATEN DER FLIEGERALARME WÄHREND DES ZWEITEN WELTKRIEGES IN BERLIN

(A = reine Angriffe. Die restlichen Daten stehen für Fliegeralarme, denen kein Angriff folgte, was jedoch nicht ausschließt, daß trotzdem gegnerische Flugzeuge über dem Stadtgebiet oder dem Raum Berlin erschienen sind.)

1939

1. 9.		18.31–19.00
1./2. 10.		

1940

7./8. 6.	A	
21./22. 6.	A	1.45– 2.30
13./14. 8.		1.36– 2.28
19./20. 8.		0.42– 2.34
24./25. 8.		0.17– 3.22
25./26. 8.	A	
26./27. 8.		0.44– 1.22
28. 8.		8.55– 9.59
28./29. 8.	A	0.25– 3.19
30./31. 8.	A	1.53– 1.42
31. 8./1. 9.	A	0.04– 1.42
1./2. 9.		0.45– 1.33
3./4. 9.		0.07– 2.38
4./5. 9.	A	0.09– 2.12
5./6. 9.		0.06– 1.26
6./7. 9.	A	0.15– 3.00
9./10. 9.	A	1.45– 2.28
10./11. 9.	A	23.55– 1.47
11./12. 9.	A	0.44– 2.16
15./16. 9.	A	23.30–23.57
15./16. 9.	A	1.50– 2.20
22./23. 9.	A	23.55– 2.16
23./24. 9.	A	23.22– 3.09
24./25. 9.	A	23.49– 2.37
25./26. 9.	A	22.56– 3.56
28./29. 9.	A	0.43– 2.26
28./29. 9.	A	2.49– 3.17
29./30. 9.	A	0.47– 2.35
30. 9./1. 10.		23.20– 4.28
1./2. 10.		22.47– 1.03
2./3. 10.		2.33– 3.45
7./8. 10.	A	22.15– 2.58
12./13. 10.	A	22.20– 0.38
14./15. 10.	A	23.05– 0.12
14./15. 10.	A	1.20– 4.54
15./16. 10.	A	22.35– 0.21
20./21. 10.	A	0.13– 2.46
20./21. 10.	A	3.28– 6.02
23./24. 10.	A	2.43– 5.53
24./25. 10.	A	0.57– 5.30
25./26. 10.	A	
26./27. 10.		23.08– 0.22
26./27. 10.		3.43– 5.17
27./28. 10.		22.42–23.34
1./2. 11.	A	21.09– 1.01
1./2. 11.		3.06– 4.41
2./3. 11.		2.23– 3.41
6./7. 11.		4.03– 5.26
10./11. 11.		21.24–23.57
13./14. 11.		20.38–22.33
14./15. 11.	A	22.55– 1.03
14./15. 11.	A	2.53– 4.34
19./20. 11.	A	21.55– 0.50
19./20. 11.	A	4.51– 6.07
23./24. 11.		21.04–22.16

26./27. 11.		21.36–22.37
15./16. 12.		21.17–22.52
15./16. 12.		4.07– 6.17
20./21. 12.	A	22.16– 1.00
20./21. 12.	A	4.43– 6.53
20./21. 12.		6.58– 7.27

1941

12./13. 3.	A	0.30– 5.55
23./24. 3.	A	23.56– 4.52
9./10. 4.	A	0.27– 3.38
17./18. 4.	A	0.44– 3.37
25./26. 4.		1.59– 3.00
30. 4./1. 5.	A	1.03– 2.45
8./9. 5.	A	1.03– 3.41
9./10. 5.	A	1.45– 2.33
10./11. 5.	A	1.25– 2.44
15./16. 5.	A	0.51– 2.33
2./3. 6.	A	1.31– 3.02
25./26. 7.	A	1.50– 3.14
2./3. 8.		0.54– 3.25
7./8. 8.	A	0.20– 2.05
8./9. 8.	A	23.58– 2.11
10./11. 8.	A	0.33– 2.05
11./12. 8.	A	0.16– 1.57
12./13. 8.	A	0.14– 2.38
14./15. 8.	A	0.30– 2.50
15./16. 8.	A	23.38– 1.37
18./19. 8.	A	1.31– 2.46
31. 8./1. 9.		22.00–23.08
2./3. 9.	A	0.02– 3.47
4./5. 9.	A	21.36–23.16
7./8. 9.	A	23.30– 3.35
19./20. 9.		3.01– 4.48
20./21. 9.		23.16– 1.52
29./30. 9.		0.05– 0.52
30. 9./1. 10.		0.02– 1.22
7./8. 11.	A	21.10–23.28
7./8. 11.	A	2.31– 4.30

1942

16. 1.	A	12.30–13.03
26./27. 1.	A	21.32–22.42
19. 2.	A	
23./24. 4.	A	1.57– 2.53
16. 8.	A	14.08–14.50
26./27. 8.	A	0.35– 1.47
29./30. 8.	A	23.25– 1.22
9./10. 9.	A	22.57– 0.45
9./10. 11.	A	20.48–21.20

1943

16./17. 1.	A	19.35–21.49
17./18. 1.	A	19.35–22.21
30. 1.	A	
1./2. 3.	A	21.39–23.50
27./28. 3.	A	22.11– 0.15
29./30. 3.	A	1.20– 3.20
20./21. 4.	A	0.23– 2.00
13./14. 5.	A	0.14– 1.37
15./16. 5.	A	1.50– 2.28
16./17. 5.	A	1.14– 1.54
19./20. 5.	A	0.22– 1.10
20./21. 5.	A	0.14– 1.39
21./22. 5.	A	0.03– 1.15
13./14. 6.	A	1.05– 2.08
15./16. 6.	A	1.45– 2.19
16./17. 6.	A	2.07– 2.32
17./18. 6.	A	2.03– 2.50
20./21. 6.	A	2.04– 2.41
22./23. 6.	A	2.00– 2.40
25. 6.	A	8.24– 9.25
14./15. 7.	A	1.04– 2.11
15./16. 7.		1.35– 2.27
28. 7.		11.11–11.41
29./30. 7.		1.04– 1.40
12./13. 8.	A	23.47– 0.29
14./15. 8.	A	2.02– 2.45
15./16. 8.	A	23.47– 1.05
17./18. 8.	A	23.44– 2.22
19./20. 8.	A	23.49– 0.58
23./24. 8.	A	23.41– 2.35
24./25. 8.	A	23.21– 0.20
25./26. 8.	A	23.25– 0.30
31. 8./1. 9.	A	23.52– 2.00
1. 9.		9.57–10.35
3./4. 9.	A	23.25– 2.12
14./15. 9.	A	22.32–23.45

15./16. 9.	A	23.00– 0.15
16./17. 9.	A	22.57–23.50
17./18. 9.	A	2.04– 2.58
20./21. 9.	A	3.18– 4.15
22./23. 9.		22.18–23.45
25. 9.		11.45–12.22
27./28. 9.		22.34–23.41
3./4. 10.		22.06–22.32
8./9. 10.	A	1.03– 1.53
9. 10.		11.32–12.10
9./10. 10.	A	20.43–21.46
14./15. 10.		2.12– 2.40
17./18. 10.	A	21.20–22.06
18./19. 10.	A	20.36–21.07
20./21. 10.	A	19.51–21.54
5./6. 11.		19.37–20.11
11./12. 11.	A	19.42–20.26
13./14. 11.	A	19.22–20.12
17./18. 11.	A	21.23–22.29
18./19. 11.	A	20.11–22.22
22./23. 11.	A	19.29–21.10
22./23. 11.	A	22.09–22.38
23./24. 11.	A	19.24–21.22
24./25. 11.	A	20.43–21.36
25./26. 11.	A	20.15–21.05
26./27. 11.	A	20.50–22.30
2./3. 12.	A	19.28–21.30
3./4. 12.	A	3.04– 4.26
16./17. 12.	A	19.24–21.05
18. 12.		
23./24. 12.	A	3.29– 5.09
29./30. 12.	A	19.23–20.56

1944

1./2. 1.	A	2.05– 3.45
2./3. 1.	A	1.59– 4.20
4./5. 1.	A	23.00– 2.20
5./6. 1.	A	3.21– 4.28
10./11. 1	A	3.45– 4.17
11. 1.	A	11.51–12.45
14./15. 1.	A	19.04–20.19
20./21. 1.	A	19.07–20.28
21./22. 1.	A	22.28–23.30
24. 1.		12.14–12.29
27./28. 1.	A	19.58–22.10

28./29. 1.	A	2.57– 4.20
30. 1.	A	12.02–13.00
30./31. 1.	A	19.58–21.10
1./2. 2.	A	19.40–20.39
5./6. 2.	A	20.00–21.03
10. 2.		12.00–12.26
10./11. 2.	A	3.50– 4.34
15./16. 2.	A	20.50–22.15
19. 2.		
19./20. 2.	A	2.40– 4.35
20. 2.		13.30–14.04
3. 3.		
3./4. 3.	A	
4. 3.	A	13.10–13.51
4./5. 3.	A	
6. 3.	A	12.47–14.08
8. 3.	A	13.23–15.50
9. 3.	A	12.46–14.35
19./20. 3.	A	
22. 3.	A	12.41–13.55
22./23. 3.	A	21.43–22.23
24./25. 3.	A	21.46–23.12
25./26. 3.	A	21.35–22.26
29. 3.		13.38–14.00
5. 4.		14.51–15.32
8. 4.		13.53–14.28
9. 4.		12.18–13.12
11. 4.		11.20–13.08
13./14. 4.	A	23.13–23.54
18. 4.	A	14.21–15.17
18./19. 4.	A	23.25– 0.02
20./21. 4.	A	23.38– 0.14
29. 4.	A	11.12–12.08
7. 5.	A	10.35–11.56
8. 5.	A	10.40–11.44
9./10. 5.	A	0.24– 1.06
13. 5.		14.45–15.35
16./17. 5.	A	1.07– 1.29
19. 5.	A	13.36–14.40
23./24. 5.	A	0.52– 1.21
24. 5.	A	10.50–11.35
27./28. 5.	A	0.59– 1.33
28. 5.		13.55–14.51
29. 5.		12.00–12.35
29. 5.		12.48–13.55
30. 5.		11.15–11.45

9./10. 6.	A	1.20– 1.45
10./11. 6.	A	1.18– 1.50
11./12. 6.	A	1.09– 1.49
16./17. 6.	A	1.26– 1.56
17./18. 6.	A	1.13– 1.59
20. 6.		8.49– 9.22
21. 6.	A	9.24–11.13
21./22. 6.	A	1.12– 1.57
22./23. 6.		1.21– 2.00
24./25. 6.	A	1.20– 1.55
29. 6.		9.23– 9.55
7. 7.		9.24–10.10
7./8. 7.	A	1.17– 2.04
10./11. 7.	A	1.31– 2.04
15./16. 7.	A	1.18– 1.48
17./18. 7.	A	1.27– 2.10
18./19. 7.	A	1.44– 2.24
21./22. 7.	A	0.19– 1.20
23./24. 7.	A	0.55– 1.40
24./25. 7.	A	1.39– 2.19
25./26. 7.	A	1.11– 1.58
5. 8.		12.29–12.50
6. 8.	A	11.46–13.03
10./11. 8.	A	0.01– 0.42
11./12. 8.	A	0.08– 0.46
12. 8.	A	11.45–13.30
14./15. 8.	A	23.40– 0.18
15./16. 8.	A	23.43– 0.21
16./17. 8.	A	0.43– 1.21
18./19. 8.	A	0.17– 0.58
24. 8.		11.26–11.50
24. 8.		12.15–12.47
25. 8.		12.40–13.27
25./26. 8.	A	23.58– 0.50
26./27. 8.	A	23.44–23.55
29./30. 8.	A	1.20– 2.04
9./10. 9.		23.04–23.15
10./11. 9.	A	23.08–23.58
11./12. 9.	A	22.39–23.50
12. 9.		10.45–12.10
12./13. 9.	A	22.37–23.34
13./14. 9.	A	22.44–23.25
15./16. 9.	A	0.45– 2.35
18./19. 9.	A	22.36–23.30
28. 9.		13.00–13.22
5./6. 10.	A	20.05–21.06
6. 10.	A	11.40–13.01
6./7. 10.	A	19.54–20.40
7. 10.		12.24–13.05
11./12. 10.	A	3.45– 4.29
14./15. 10.	A	2.58– 3.25
23. 10.	A	19.09–19.48
26. 10.	A	18.55–19.21
27./28. 10.	A	22.41–23.27
30./31. 10.		19.29–20.18
30./31. 10.	A	21.51–22.53
1./2. 11.	A	19.30–20.20
2./3. 11.		19.47–20.20
3./4. 11.	A	1.29– 2.24
15./16. 11.	A	19.15–20.09
21. 11.		18.58–19.42
24./25. 11.	A	19.15–19.30
27. 11.	A	18.43–19.34
5. 12.	A	10.31–11.38
6./7. 12.	A	20.11–21.00
9./10. 12.	A	21.38–22.24
21./22. 12.	A	21.45–22.11
31. 12.	A	18.34–19.22

1945

1. 1.		12.15–13.12
2. 1.	A	18.31–19.18
4./5. 1.	A	19.18–20.10
5./6. 1.	A	19.15–20.05
5./6. 1.		21.52–22.48
13./14. 1.		22.05–22.44
14. 1.		12.27–13.48
14./15. 1.		20.04–21.17
16. 1.		11.42–12.17
16./17. 1.		21.30–22.30
17./18. 1.		5.01– 5.23
27./28. 1.	A	
28./29. 1.	A	20.05–21.17
29. 1.		19.10–19.58
1./2. 2.	A	20.08–21.29
1./2. 2.	A	3.40– 4.31
2./3. 2.		19.52–20.33
3. 2.	A	10.39–12.17
4./5. 2.	A	19.45–20.15

5./6. 2.	A	3.35– 4.32
7./8. 2.		19.49–20.07
8./9. 2.	A	20.35–21.34
8./9. 2.	A	22.54–23.40
9. 2.		12.10–12.45
13./14. 2.		21.32–22.27
14. 2.		12.34–13.04
14./15. 2.	A	20.46–22.03
15. 2.		11.50–12.30
17./18. 2.	A	
18./19. 2.	A	19.30–20.12
20./21. 2.	A	20.05–20.40
20./21. 2.	A	21.20–22.02
21./22. 2.	A	20.34–21.24
21./22. 2.	A	23.40– 0.38
22. 2.	A	12.18–13.06
22./23. 2.	A	19.50–20.46
23./24. 2.	A	19.53–20.51
24./25. 2.	A	22.38–23.30
25./26. 2.	A	20.08–20.54
26. 2.	A	11.38–14.07
26./27. 2.	A	19.55–21.00
27./28. 2.	A	20.35–21.22
27./28. 2.	A	2.28– 3.15
28. 2./1. 3.	A	20.48–20.52
1./2. 3.	A	19.53–22.08
1./2. 3.	A	20.57–21.10
2. 3.		9.47–11.04
2./3. 3.	A	20.12–20.50
3. 3.		9.49–11.14
3./4. 3.	A	20.02–20.53
4./5. 3.	A	3.10– 3.58
5./6. 3.	A	20.08–22.06
6./7. 3.		20.05–21.06
7./8. 3.	A	21.13–22.26
8./9. 3.	A	20.05–21.33
9./10. 3.	A	20.14–21.14
10./11. 3.	A	20.15–21.13
11./12. 3.	A	20.20–21.23
12./13. 3.	A	20.27–21.44
13./14. 3.	A	20.24–21.38
14./15. 3.	A	20.40–22.03
15. 3.	A	13.49–16.15
15./16. 3.	A	20.54–21.47
16./17. 3.	A	20.15–22.12
17. 3.		12.10–12.48
17./18. 3.	A	20.51–21.50
18. 3.	A	10.57–12.45
18./19. 3.	A	20.35–21.44
19./20. 3.	A	3.45– 4.42
20. 3.	A	
20./21. 3.	A	20.53–21.47
21. 3.		9.06– 9.45
21./22. 3.	A	20.47–21.55
21./22. 3.	A	3.14– 4.25
22. 3.		12.30–14.07
22./23. 3.	A	22.54– 0.04
23./24. 3.	A	23.12– 0.02
24. 3.	A	12.06–13.00
24./25. 3.	A	20.40–22.30
25. 3.		10.11–10.43
25./26. 3.	A	20.35–21.40
26. 3.	A	13.54–14.11
26./27. 3.	A	20.51–22.34
27./28. 3.	A	20.46–22.00
28. 3.	A	10.04–12.00
29./30. 3.	A	3.20– 4.08
30./31. 3.		21.21–22.08
31. 3.		9.26–10.02
3./4. 4.	A	23.02– 0.03
3./4. 4.	A	0.25– 1.17
4. 4.		9.42–10.43
4./5. 4.		22.20–23.34
4./5. 4.		1.22– 1.42
5. 4.		11.35–11.48
7./8. 4.		22.47–23.16
8. 4.		11.40–12.50
8./9. 4.	A	22.14–23.06
8./9. 4.	A	23.24– 0.04
9./10. 4.	A	22.05–23.27
10. 4.	A	14.30–14.55
10./11. 4.	A	21.43– 0.14
11./12. 4.		22.22– 0.36
12./13. 4.	A	20.20– 0.16
13. 4.		14.49–15.14
13./14. 4.	A	23.12– 0.04
14./15. 4.	A	22.17–23.53
15./16. 4.		22.30– 0.48
16. 4.	A	
16./17. 4.	A	21.05–21.20
16./17. 4.	A	21.38–22.27
16./17. 4.		22.35–23.31

17./18. 4.	A	21.54–22.03	19./20. 4.	A	22.31– 1.05
17./18. 4.	A	22.37–23.18	20. 4.	A	9.30–11.55
17./18. 4.	A	0.40– 1.20	20./21. 4.	A	21.30–22.25
18./19. 4.	A	22.02–23.20	20./21. 4.	A	22.40–23.15
18./19. 4.	A	23.42– 0.16	20./21. 4.		23.40– 0.13
18./19. 4.	A	0.39– 2.30	20./21. 4.	A	0.22– 1.10
19. 4.		10.40–11.12	20./21. 4.	A	1.21– 2.43

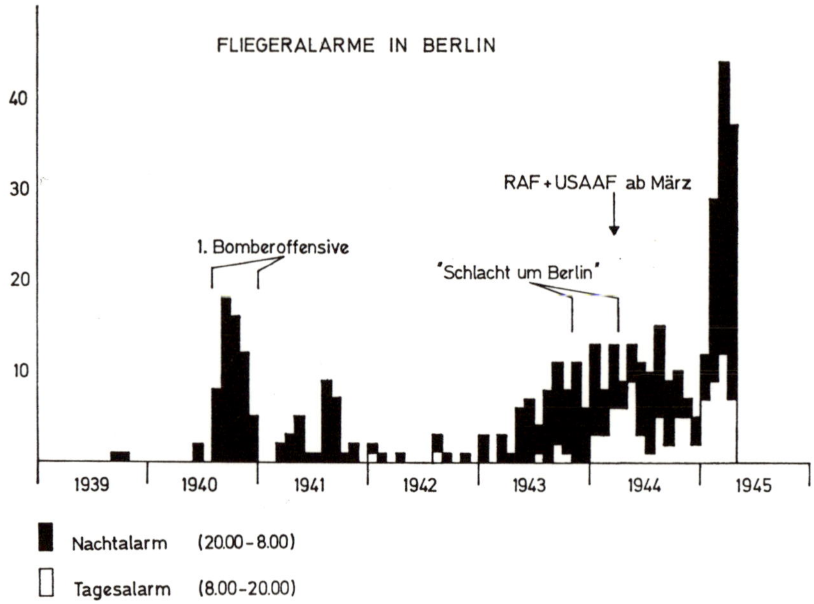

AUFSTELLUNG DER WICHTIGSTEN MILITÄRISCHEN, VERKEHRS- UND VERSORGUNGSTECHNISCHEN EINRICHTUNGEN SOWIE INDUSTRIEANLAGEN IN BERLIN

Militärische Einrichtungen

Feldzeugkommando III	Wilmersdorf	Brandenburgische Straße
Hauptsanitätspark Berlin	Lichtenberg	Herzbergstraße
Heeresbekleidungsamt	Charlottenburg	Messehallen
Heeresfeuerwerkerschule	Lichterfelde	Augustaplatz
Heeresnebenzeugamt	Spandau	Wilhelmstraße
Heeresverpflegungsanlage	Spandau	Neuendorfer Straße
Heeresverwaltungsamt	Schöneberg	General-Pape-Straße
Heereszeugamt	Schöneberg	Naumannstraße

Heereszeugamt	Spandau	Neue Bergstraße
Heereszeugamt	Spandau	Schönwalder Straße
Höheres Fliegerausbildungskommando	Wilmersdorf	Ruhrstraße
Luftflotte Reich, Hauptquartier	Dahlem	Kronprinzenallee
Munitionssammelstelle	Marienfelde	Großbeerenstraße
Oberkommando der Marine (OKM)	Charlottenburg	Tannenbergallee
Oberkommando der Wehrmacht (OKW)	Charlottenburg	Tirpitzufer
Reichskriegsgericht	Charlottenburg	Witzlebenstraße
Reichsluftfahrtministerium	Mitte	Leipziger Straße
Unterkunftsverwaltung des Luftkommandos II	Spandau	Schülerbergstraße
Wehrkreiskommando III	Grunewald	Hohenzollerndamm
Wehrmachtsnachrichten-kommandantur	Charlottenburg	Gustloffstraße

Kasernen, Lager, Depots

Adlershof	Adlergestell	Köpenick	Müggelheimer Damm
Biesdorf	Frankenholzer Weg	Köpenick	Wendenschloßstraße
Biesdorf	Grabensprung	Kreuzberg	Hasenheide
Buckow	Johannisthaler Chaussee	Lankwitz	Emmerichstraße
		Lankwitz	Gallwitzallee
Buckow	Stubenrauchstraße	Lichtenberg	Möllendorfstraße
Buckow	Wildmeisterdamm	Lichtenberg	Roederstraße
Charlottenburg	Avus, Nordschleife	Lichterfelde	Finckensteinallee
Charlottenburg	Königin-Elisabeth-Straße	Lichterfelde	Gardeschützenweg
		Lichterfelde	Osdorfer Straße
Charlottenburg	Sportforumstraße	Lichterfelde	Scheelestraße
Dahlem	Saargemünder Straße	Mariendorf	Chausseestraße
Friedrichsfelde	Hohenschönhausener Weg	Marienfelde	Buckower Chaussee
		Marienfelde	Diedershofer Weg
Friedrichsfelde	Treskow-Allee	Marienfelde	Lichtenrader Weg
Friedrichshagen	Berliner Straße	Marienfelde	Säntisstraße
Grunewald	Buchenweg	Neukölln	Braunauer Straße
Grunewald	Königsweg	Niederschöneweide	Köpenicker Landstraße
Grünau	Bohnsdorfer Straße		
Hakenfelde	Reichsstraße	Nikolassee	Königsweg
Haselhorst	Nonnendammallee	Nikolassee	Wasgenstraße
Haselhorst	Rhenaniastraße	Oberschöneweide	An der Wuhlheide
Heiligensee	Ruppiner Chaussee		
Kaulsdorf	Kaulsdorfer Straße	Pankow	Bahnhofstraße
Kladow	Kladower Damm	Pankow	Karower Chaussee
Kladow	Lanzendorfer Weg	Pankow	Pankgrafenstraße
Klosterfelde	Staakener Straße	Pankow	Schönholzer Heide
Köpenick	Grünauer Straße	Plötzensee	Tegeler Weg

Reinickendorf	Tegeler Weg	Spandau	Schmidt-Knobelsdorff-Straße
Rosenthal	Hauptstraße	Spandau	Schützenstraße
Rosenthal	Oranienburger Straße	Spandau	Seeburger Straße
Schlachtensee	Potsdamer Chaussee	Spandau	Stadtrandstraße
Schmargendorf	Lochow-Damm	Spandau	Wilhelmstraße
Schönefeld	Waltersdorfer Chaussee	Staaken	Flugplatz
Schönwalde	Flugplatz	Tegel	Havelmüllerstraße
Spandau	Am Juliusturm	Tegel	Schloßstraße
Spandau	Askanierring	Tegel	Seidelstraße
Spandau	Augustaufer	Tiergarten	Neues Ufer
Spandau	Breslauer Straße	Waidmannslust	Hermsdorfer Straße
Spandau	Charlottenburger Chaussee	Wannsee	Wannseebadweg
Spandau	Egelpfuhlstraße	Wedding	Barfußstraße
Spandau	Falkenhagener Chaussee	Wedding	Brienzer Straße
Spandau	Gartenfelder Straße	Wedding	Osloer Straße
Spandau	Kisselnallee	Weißensee	Arnimstraße
Spandau	Moltkestraße	Weißensee	Berliner Allee
Spandau	Schönwalderstraße	Weißensee	Gärtnerstraße
		Weißensee	Rennbahnstraße
		Zehlendorf	Beeskowdamm

Industrie

Chemie

AG Joh. Jeserick	Charlottenburg	Salzufer	Spezialfarben für Minen
Bakelit-GmbH	Erkner	Flakestraße	Kunststoffe
Chem. Fabrik Marienfelde	Marienfelde	Lankwitzer Straße	Schädlingsbekämpfungsmittel
Ges. für Linde's Eismaschinen AG	Borsigwalde	Jacobsenweg	Sauerstoff
I. G.-Farbenindustrie AG	Rummelsburg	Hauptstraße	Chemikalien, Kunstseide, Lager
Pintsch KG	Britz	Gradestraße	Druckgasabfüllung
Riedel de Haen AG	Britz	Riedelstraße	Chemikalien, Pharmazeutika
Rütgerswerke AG	Erkner		
Schering-AG	Adlershof	Glienicker Weg	Chemikalien, Pharmazeutika
Schering-AG	Reinickendorf	Nordbahnstraße	Chemikalien

Elektrotechnik

AEG	Hennigsdorf	Neuendorfer Straße	techn. Porzellan, Isolatoren
AEG	Moabit	Sickinger Straße	Turbinen
AEG (Kabelwerk Oberspree)	Oberschöneweide	Ostendstraße	Radioröhren, Kabel
Akkumulatoren-Fabrik AG	Oberschöneweide	Wilhelminenhof	Akkumulatoren
Bergmann Elektrizitätswerke AG	Wilhelmsruh	Lindenallee	Dampfturbinen
Blaupunkt-Werke GmbH	Wilmersdorf	Forckenbeckstraße	Sendeanlagen, Radio
Deutsche Telefunken-Werke und Kabelindustrie AG	Niederschöneweide		Kabel
Hydrawerke AG	Reinickendorf	Kühnemannstraße	Kondensatoren
Lorenz AG	Tempelhof	Lorenzweg	Radio, Telefon, Flughafenzubehör
Norddeutsche Kabelwerke AG	Neukölln	Am Oberhafen	Kabel
Osram GmbH KG	Siemensstadt	Nonnendammallee	Radioröhren
Pertrix-Werke GmbH	Niederschöneweide	Sedanstraße	Schaltgeräte
»Rome«-Schaltgerätewerk	Pankow	Florastraße	Schaltgeräte
Siemens-Halske AG	Siemensstadt		Telefone
Siemens-Planiawerke AG	Lichtenberg	Herzbergstraße	Elektroden
Siemens-Schuckertwerke AG	Siemensstadt		Funkausrüstungen
Wernerwerk I	Siemensstadt	Schwiebertweg	Fernsprecher, Telefon
Wernerwerk II	Siemensstadt		
Wernerwerk III	Charlottenburg	Holtzdamm	
Telefunken-Gesellschaft	Zehlendorf	Osteweg	Radio, Forschung
Vereinigte Isolatorenwerke	Pankow	Wollankstraße	
Ziehl-Abegg Elektrizitäts-GmbH	Weißensee	An der Industriebahn	Elektromotoren

Kraftfahrzeuge

Auto-Union	Halensee	Cicerostraße	Großreparaturwerkstatt, Lager

Auto-Union	Halensee	Nestorstraße	Ersatzteillager
Auto-Union, Werk Spandau	Spandau	Am Juliusturm	Militärfahrzeuge
Berliner Wagenachsenfabrik	Pankow	Schulzestraße	Achsen
Büssing-N. A. G.	Oberschöneweide	Ostendstraße	Militär-LKW
Daimler-Benz AG	Marienfelde	Daimlerstraße	Flugmotoren, Panzer
Demag-Fahrzeugwerke	Staaken	Seegefelder Weg	gepanzerte Fahrzeuge
Didier-Werke AG	Wilmersdorf	Westfälische Straße	Gasantrieb für Fahrzeuge
Ford-Werke AG	Johannisthal	Segelflieger-Damm	Militär-LKW
Maybach-Motorenbau-GmbH	Tempelhof	Friedrich-Wilhelm-Straße	Lager
Nationale Automobil-Ges. AG	Oberschöneweide	Ostendstraße	Militär-LKW
Rinne-Motoren GmbH	Lichtenberg	Herzbergstraße	Dieselmotoren

Luftfahrt

Argus-Motoren-GmbH	Reinickendorf	Flottenstraße	Flugmotoren, Flugzeugteile
BMW-Flugmotorenwerke Brandenburg GmbH	Spandau	Am Juliusturm	Flugmotoren
Deutsche Lufthansa AG, Werkstättenleitung	Staaken	Feldstraße	Werkstätten
Elektron GmbH	Spandau	Rauchstraße	Flugzeugteile, Räder, Bremsen
Flettner GmbH	Johannisthal	Segelfliegerdamm	Flugzeugbau
Focke-Wulf Flugzeugbau GmbH	Johannisthal	Segelfliegerdamm	Flugzeugbau
Heinkel-Werke GmbH	Reinickendorf	Flottenstraße	Flugzeugteile
Henschel-Flugzeugwerke AG	Johannisthal	Segelfliegerdamm	
Luftfahrtgerätewerke Hakenfelde GmbH	Spandau	Streibstraße	Armaturen
Luftschiffbau Zeppelin GmbH	Tempelhof	Friedrich-Wilhelm-Straße	Fallschirme
Maschinen-Fabrik Prometheus GmbH	Reinickendorf	Hauptstraße	Flugzeuggetriebe

Mechanische Werkstätten Neubrandenburg GmbH	Britz	Saderoder Straße	Lafetten für Bord-bewaffnung
Norddeutsche Dornierwerke GmbH	Reinickendorf	Waldstraße	Flugzeugteile
Rotadisk-Apparatebau GmbH	Reinickendorf	Flottenstraße	Flugzeugräder
Siemens-Apparate- und Maschinen GmbH	Lichtenberg	Kriemhild-straße	Flugzeug-instrumente
Siemens-Apparate- und Maschinen GmbH	Marienfelde	Wilhelm-von-Siemens-Straße	Flugzeug-instrumente

Maschinen und Metalle

Alkett, Altmärkische Kettenwerk GmbH	Borsigwalde	Breitenbach-straße	Panzerketten
Berliner-Karlsruher Industriewerk AG	Borsigwalde	Eichborndamm	Waffen
Bismarckhütte GmbH	Neukölln	Ziegrastraße	Stahl
Borsig-Lokomotivwerke	Hennigsdorf	Neuendorfer Straße	Lokomotiven
Degussa	Reinickendorf	Auguste-Viktoria-Allee	Edelmetalle
Delbag, deutsche Luftfilterbaugesellschaft	Halensee	Schweidnitzer Straße	Luftfilter
Demag-Motorenwerke AG	Marienfelde	Großbeeren-straße	Vergaser, Dieselmotoren
Deutsche Niles-Werke AG	Weißensee	Riebertstraße	Preßluft-werkzeuge
Deutsche Waffen- und Munitionsfabriken AG	Borsigwalde	Eichborndamm	Waffen
Deutsche Versuchsanstalt für Handfeuerwaffen	Wannsee	Stahnsdorfer	Waffenprüfung
Dürener Metallwerke AG	Borsigwalde	Eichborndamm	Stahl für Metallpropeller
Hartex GmbH	Marienfelde	Großbeeren-straße	Geschosse, Patronen
Hüttenwerk Kayser AG	Niederschöne-weide	Spreestraße	Kupfer
Hüttenwerk Tempelhof	Tempelhof	Germania-straße	Eisen
Jordan-Bremsen-Ges.	Neukölln	Lahnstraße	Luftbremsen, Kompressoren
Klöckner-Humboldt-Deutz AG	Tempelhof	Bessemer Straße	Dieselmotoren
Kreiselgeräte GmbH	Zehlendorf	Goerzallee	gyroskopische Geräte

Knorr-Bremse AG	Lichtenberg	Neue Bahnhofstraße	Luftbremsen, Kompressoren
Kugellager GmbH	Neukölln	Niemetzstraße	Kugellager
Loewe-Werkzeugmaschinen AG	Moabit	Hüttenstraße	Werkzeugmaschinen
Mannesmann-Stahlblechbau AG	Adlershof	Oppenstraße	Bleche
Mauser-Werke AG	Wittenau	Eichborndamm	Waffen
Metallhüttenwerk GmbH	Lichtenberg	Herzbergstraße	
»Nordbau«, Norddeutsche Motorenbau GmbH	Niederschöneweide	Berliner Straße	Panzermotoren
Norddeutsche Kugellager GmbH	Lichtenberg	Rittergutstraße	Kugellager
Norddeutsche Schrauben- und Metallwerke KG	Niederschönhausen	Buchholzer Straße	
Rheinmetall-Borsig AG	Tegel	Berliner Straße	Geschütze
Rheinmetall-Borsig AG	Marienfelde	Buckower Weg	Bomben, Waffen
Röchlingstahl GmbH	Neukölln	Mittelbuschstraße	Stahl
Ruhrstahl AG	Reinickendorf	Kienhornstraße	Eisen- und Stahllager
Teveswerke Motorteile GmbH	Wittenau	Hermsdorfer	Bremsen, Ventile
Universal-Kugellager Fabrik GmbH	Charlottenburg	Fritzschestraße	Kugellager
Vereinigte Kugellager Fabriken (VKF)	Erkner	Berliner Straße	Kugellager
Zeiß-Ikon-AG	Zehlendorf	Goerzallee	Sicherheitsschlüssel, optische Geräte
Zinkhüttenwerke Oberspree GmbH	Oberschöneweide	Tabbertstraße	Zinkschmelze

Optik

Askania Werke AG	Friedenau	Kaiserallee	optische Instrumente
Askania Werke AG	Mariendorf	Rathausstraße	optische Instrumente, Navigationsinstrumente, Armaturen
Askania Werke AG	Steglitz	Siemensstraße	optische Instrumente
Kodak AG	Köpenick		
Voigtländer, Gevaert GmbH	Spindlersfelde		Filme, Fotopapier

Treibstoffe

Alminag, Allgemeine Mineralöl- und Asphalt AG	Spandau	Goltzstraße	Tanklager
Bemilag, Berliner Mineralöl- und Tanklager-Ges.	Spandau	Südhafen	Tanklager
Benzol-Vertrieb Berlin GmbH	Adlershof	Köpenicker Straße	Tanklager
Betalag, Berliner Tanklager AG	Spandau	Goltzstraße	Tanklager
Depi-Petroleum AG	Spandau	Südhafen	Tanklager
Deutsch-Amerikanische Petroleum-Ges. (DPAG)	Tempelhof	Saalburgstraße	Raffinerie
Mineralöl Lichtenberg GmbH	Lichtenberg	Herzberg-straße	Raffinerie
Nitag, Deutsche Treibstoff AG	Lichtenberg	Herzberg-straße	Raffinerie
Nitag, Deutsche Treibstoff AG	Spandau	Südhafen	Tanklager
»Olex«, Deutsche Benzin und Petroleum GmbH	Rummelsburg		Tanklager
Reichskraftsprit GmbH	Spandau	Hafenplatz	Tanklager
Rhenania-Ossag-Mineralölwerke AG	Rummelsburg	Nalepastraße	Tanklager
Rhenania-Ossag-Mineralölwerke AG	Spandau	Salzhof	Tanklager

Sonstige Industrie

Behala, Berliner Hafen- und Lagerhaus-Betrieb	Spandau	Südhafen	
Berliner Quarzschmelze GmbH	Heinersdorf	Kaiser-Wilhelm-Straße	Quarz, Glasmaterialien
Deutsche Asbestwerke	Reinickendorf	Graf-Rödern-Allee	
Deutsche Ton- und Steinzeugwerke	Lichtenberg	Rittergutstraße	Tonzeug und technisches Porzellan
Doering & Co AG	Weißensee	Berliner Allee	Seife
Rheinische Kohlensäurewerke AG	Lichtenberg	Rittergutstraße	
Spinnstofffabrik Zehlendorf	Zehlendorf	Wupperstraße	Kunstseide, Zellulose
Veritas-Gummiwerke AG	Lichterfelde	Schütte-Lanz-Straße	Gummiartikel

Verkehr

BVG

Bus-Betriebsdepot	Zehlendorf	Winfriedstraße

Straßenbahnbetriebsbahnhöfe

Britz	Gradestraße
Charlottenburg	Königin-Elisabeth-Straße
Köpenick	Wendenschloßstraße
Lichtenberg	Siegfriedstraße
Lichterfelde	Hindenburgdamm
Moabit	Wiebestraße
Neukölln	Mittelbuschweg
Niederschönhausen	Kaiser-Wilhelm-Straße
Oberschöneweide	Nalepastraße
Reinickendorf	Pankower Allee
Siemensstadt	Grenzallee
Spandau	Pichelsdorfer Straße
Tegel	Schloßstraße
Tempelhof	Alboinstraße
Tempelhof	Kaiserin-Augusta-Straße
Wedding	Müllerstraße
Weißensee	Bernkastler Straße

U-Bahn

Hauptwerkstätte	Charlottenburg	Machandelweg
Kraft- und Umformwerk	Lichtenberg	Frankfurter Allee
Kraft- und Umformwerk	Spandau	Wiesendamm
Wagenmeisterei	Friedrichsfelde	Treskow-Allee
Wagenmeisterei	Zehlendorf	Wilskistraße

Reichsbahn

Bahnhöfe

Anhalter Bahnhof
Bahnhof Charlottenburg
Görlitzer Bahnhof
Bahnhof Jungfernheide
Lehrter Bahnhof
Potsdamer Bahnhof
Schlesischer Bahnhof
Bahnhof Spandau
Spandau, West-Bahnhof
Stettiner Bahnhof
Bahnhof Wannsee

Güterbahnhöfe

Anhalter Güterbahnhof
Görlitzer Güterbahnhof
Lehrter Güterbahnhof
Ost-Güterbahnhof
Potsdamer Güterbahnhof
Schlesischer Güterbahnhof
Stettiner Güterbahnhof

Lokomotiv-Depots

Charlottenburg
Görlitzer Bahnhof
Grunewald
Rummelsburg
Schlesischer Bahnhof
Schöneweide

Lehrter Bahnhof	Stettiner Bahnhof
Lichtenberg-Friedrichsfelde	Tempelhof
Potsdamer Bahnhof	

Reichsbahn-Ausbesserungswerke

Grunewald	Cordestraße	Ost	Revaler Straße
Niederschöneweide	Adlergestell	Tempelhof	Eresburgstraße

Verschiebebahnhöfe

Lichtenberg-Friedrichsfelde	Schöneweide
Rummelsburg	Tempelhof

Versorgung

Elektrizitätswerke

Bewag, Berliner Kraft und Licht AG

Kraftwerk Charlottenburg	Charlottenburg	Am Spreebord
Kraftwerk Klingenberg	Rummelsburg	Köpenickdamm
Kraftwerk Rummelsburg	Oberschöneweide	Rummelsburger Chaussee
Kraftwerk Schöneberg	Schöneberg	Tempelhofer Weg
Kraftwerk Spandau	Spandau	Berliner Chaussee
Kraftwerk Steglitz	Steglitz	Birkbuschstraße
Kraftwerk West	Spandau	Otternbrechtstraße
Kraftwerk Wilmersdorf	Wilmersdorf	Forckenbeckstraße

Gaswerke

Berliner Gaswerke, Behälter

Friedrichshagen	Müggelstraße	Oberschöneweide	Wilhelminenhof
Hennigsdorf		Rahnsdorf	Weg zum Gaswerk
Hermsdorf	Berliner Straße	Rummelsburg	Hauffstraße
Kaulsdorf	Chemnitzer Straße	Schöneberg	Torgauerstraße
		Siemensstadt	Nonnendammallee
Köpenick	Dahlwitzer Straße	Spandau	Schützenstraße
		Weißensee	Gustav-Adolf-Straße
Kreuzberg	Prinzenstraße		
Neukölln	Kannerstraße		

Wasserwerke

Alt Glienicke	Am Falkenberg	Kaulsdorf	Mieltschiner Straße
Friedrichsfelde	Triftweg	Oberschöneweide	In der Wuhlheide
Friedrichshagen	Müggelseedamm	Siemensstadt	Am Rohrdamm
Grunewald	Havelchaussee	Spandau	Pionierstraße
Grunewald	Teufelseechaussee	Tegel	Bernauer Straße
Johannisthal	Königsheideweg	Wannsee	Am Beelitzhof

ANHANG 2

AUFZEICHNUNGEN DES HPTM. RHEINDORF, STAB LUFTVERTEIDIGUNGSKREIS 1, ZUM FLIEGERALARM VOM 1. SEPTEMBER 1939

Am Nachmittag des 1. September 1939 begaben sich General Hoffmann* und Major Ruhsert* auf eine Rundfahrt zu den ostwärts um Großberlin eingesetzten Flakbatterien. Es bestanden keine Bedenken gegen diese Fahrt, da die Meldungen von der Front das zügige Fortschreiten der Angriffskeile berichteten.
Ich wurde als Leiter der Flugmeldesammelstelle LVK 1 angewiesen, bei etwa auftretenden »besonderen Vorkommnissen« jeder Art sofort General Hoffmann und Major Ruhsert zu informieren. Die Fahrtroute war genau festgelegt. Vor Beginn dieser Rundfahrt hatte Fluko Berlin (im Tiefbunker am Elsterplatz, kurz vor dem Roseneck) auf Anfrage gemeldet: ›Keine Besonderheiten!‹
Kurz vor 19 Uhr hörten wir (meine drei Männer und ich) die Sirenen. Eine Anfrage bei Fluko Berlin auf der direkten Leitung ergab, daß man auch dort überrascht war.
Ehe ich befehlsgemäß die Suche nach dem Aufenthalt General Hoffmanns beginnen konnte, rief Major Ruhsert an und teilte mir mit, daß der Alarm von ihm auf Befehl General Hoffmanns ausgelöst worden sei. Grund: Während ihrer Besichtigung einer vorgeschobenen leichten Flakbatterie sei dort von einem ostwärts dieser Batterie stehenden Flugmeldeposten der Anflug von drei Flugzeugen »unbekannter Herkunft« gemeldet worden. General Hoffmann habe daraufhin »vorsichtshalber« Fliegeralarm angeordnet.
Während ich noch mit Major Ruhsert sprach, schob mir mein Feldwebel Eisner eine Flukomeldung auf den Tisch. Inhalt: Drei vom Einsatz zurückkehrende He 111 – Einsatzhafen Flugplatz Döberitz – bäten um die Erlaubnis, ggf. auf dem Rückflug über Berlin fliegen zu dürfen und bäten um Benachrichtigung der Flak. Die Erlaubnis wurde von mir erteilt, Fluko von Feldwebel Eisner informiert. Während ich das Major Ruhsert mitteilte, meldete Döberitz die Landung der He 111, von denen zwei den Stadtrand Berlin überflogen hatten. Darauf ordnete Major Ruhsert unverzüglich »Entwarnung« an.
Ursache dieses 1. Fliegeralarms: Die He 111 sah dem polnischen Kampfflugzeug PZL XXXII zum Verwechseln ähnlich. Der Flugmeldeposten ostwärts Berlin hat das nicht gewußt und konnte es auch nicht wissen, denn diese Flugmeldeposten wurden damals – ohne besondere Ausbildung – der jeweils in der Nähe des Postenstandes wohnenden Zivilbevölkerung entnommen. Ihre Aufgabe: Flugzeuge, die sie sahen, sofort zu melden.
Eisner, der kurz vor Kriegsbeginn von der »Legion Condor« zu seinem Stammtruppenteil Flakregt. 12 zurückgekehrt war, und ich hatten auf Grund der

* Gen. Hoffmann, Kommandeur des Luftverteidigungskreises 1, Major Ruhsert, Ia Luftverteidigungskreis 1.

Eisnerschen Erfahrungen in Spanien und meiner eigenen Beobachtungen während der getarnten Kriegsvorbereitungen eine Zusammenstellung derjenigen Flugzeugmuster (deutsche und die der präsumptiven Gegner) vorgenommen, die in ihren Formen eine mehr oder weniger große Ähnlichkeit hatten. Der Rohentwurf dieser »Flugzeug-Vergleichtafel« lag schon vor, als am 1. September 1939 der Feldzug gegen Polen begann. General Hoffmann kannte unsere Arbeiten und ließ sich unseren Entwurf nach seiner Rückkehr von der Rundfahrt vorlegen und damit auch die Erklärung für die Ursache des von ihm ausgelösten Fliegeralarms.

Am Morgen des 2. September 1939 erschien der OB Lfl. 1, General Kesselring, auf dem Gefechtsstand LVK 1. Er hatte schon von der Verwechslungskomödie gehört (natürlich!) und sagte: »Rheindorf, zeigen Sie mir mal Ihre Tafeln!« (General Kesselring und ich kannten uns aus Friedenszeiten, als er noch Chef LD/Verwaltung im RLM war). Als er die Tafeln sah, erklärte er, die müßten sofort von der Dv-Stelle des RLM vervielfältigt und an die Truppe verteilt werden. Als ich einwandte, die Tafeln seien noch nicht ganz einwandfrei, meinte er: »Rheindorf! Befehl ist Befehl!« und ging. Eisner und ich haben dann in der Nacht noch so viel verbessert wie möglich und dann befehlsgemäß die Tafeln an Dv/RLM zur Vervielfältigung weitergegeben. Später sind diese Flugzeugvergleichs-Tafeln verbessert und erweitert auch bei den anderen Wehrmachtsteilen eingeführt worden.

Zur Aufzeichnung der Berliner Feuerwehr-Hauptwache in der Lindenstraße: Vermutlich ist diese Aufzeichnung n a c h dem angeblichen Anflug polnischer Flugzeuge entstanden, aber ohne genaue Kenntnis des gesamten Vorgangs. Damals war die Berliner Feuerwehr noch selbständig und trat von sich aus bei gegebenen Anlässen in Tätigkeit. Sie war ggf. an die Weisungen des LVK 1 gebunden, gehörte aber erst als SHD (Sicherheits- und Hilfsdienst) unter das Kommando der jeweiligen Luftverteidigungs-Kommandos. Elektronische Geräte in der Luftverteidigung sind ja erst viel später eingeführt und zum Zuge gekommen (Einführung der Nachtjagd, deren Leitstelle für die Luftverteidigung Berlin in Döberitz lag).

PS. Zur PZL XXXII: Nach Beendigung des Polenfeldzuges wurde festgestellt, daß Polen zwar über eine Anzahl dieses Flugzeugtyps verfügte, aber die erbeuteten Flugzeuge hatten keine Triebwerke. Später stellte sich heraus, daß die Triebwerke in die an Griechenland verkauften PZL XXXII eingebaut worden waren. Wenn ich mich recht erinnere, sind später bei der Besetzung Griechenlands einige PZL XXXII mit Triebwerken gefunden worden.

ANHANG 3

MÖGLICHKEITEN EINER NACHTJAGD ÜBER BERLIN 1941

Aufgrund der im Jahre 1940 gesammelten Erfahrungen im Luftkrieg über der Reichshauptstadt sowie im Hinblick auf die Entwicklung und den Aufbau der Nachtjagd führte das Generalkommando des 1. Flakkorps um die Jahreswende 1940/41 eine mehrere Wochen dauernde Versuchsserie durch, um neue Erkenntnisse für eine wirksame Abwehr zu gewinnen. Insbesondere strebte man eine Koordination des Einsatzes von Nachtjägern und Flak an. Für die genannten Versuche wurde die 1. Staffel des Nachtjagdgeschwaders 1 vorgesehen. Das Resultat dieser Unternehmungen ist im folgenden Dokument vom 8. 3. 1941 festgelegt (Studiengruppe der Luftwaffe/Hamburg):

Befehlshaber der Luftverteidigung
in den Luftgauen III u. IV
(Gen. Kdo. I. Flakkorps)

Berlin, den 8. 3. 1941
Ia Az. 34 s. Nr. 501/41 g. Kdos.

Bezug: FS Bef. d. Lv. i. d. Lg. III u. IV, Ia Nr. 470/40 g. Kdos. v. 24. 12. 1940.

Betr.: Nachtjagd Berlin mit 1./N.J.G. 1.

Die bei Berlin durchgeführten Nachtjagdversuche und Besprechungen haben zu folgendem Ergebnis geführt:

Versuch a):

Nachtjagd im Osten von Berlin unter Stillegung eines größeren Flakbereiches ist möglich. Flieger- und nachrichtentechnische Vorbereitungen können kurzfristig getroffen werden.

Versuch c):

Im Westen vorgelagerte Nachtjagd unmittelbar an Flakzone anschließend ist ebenfalls leicht durchführbar. Schutz des Nachtjägers vor eigenem Flakbeschuß ist mit Hilfe von Kennlichtern oder Zurückrufen des Nachtjägers durch Funk auf Grund von Würzburg-Meldungen durchführbar.

Versuch b):

Gleichzeitige Bekämpfung feindlicher Kampfmaschinen durch Flak und Nachtjäger ist in drei Verfahren möglich:

1.) Warteraum des Nachtjägers befindet sich in der Flakzone. Flak bekämpft das Feindflugzeug, bis Nachtjäger in Nähe der feindlichen Kampfmaschine. Während solcher Angriffe des Nachtjägers wird die Flak in jeweiligen Sektoren stillgelegt. *Voraussetzung:* umfangreiches Nachrichtennetz, Überwachung der Feind- und eigenen Maschinen durch Würzburg- bzw. Gemma-Gerät. Waren die Angriffe des Nachtjägers vergeblich, wird Ziel durch Flak weiter beschossen.

2.) Flak- und Jagdbereich liegen übereinander. Bis 3500 m Flakbereich, darüber befindet sich der Jagdbereich. Hierbei ist eine Gefährdung des eigenen

Nachtjägers nicht zu vermeiden, vor allen Dingen dann, wenn der Nachtjäger aus seiner Position einen Angriff auf ein im Flakbereich fliegendes Ziel durchführt.

3.) Der Nachtjäger hat Kennung und fliegt innerhalb der Flakzone. Erscheint der Nachtjäger infolge seiner Kennung im Flakmeßgerät, ist das Feuer zu stoppen, um den Angriff freizugeben. Läßt er nach zweimaligem Angriff ab, ist dieses im Flakmeßgerät zu erkennen; das Feuer kann wieder aufgenommen werden. Gefährdung des Nachtjägers läßt sich hierbei nicht ganz vermeiden.
Es muß gefordert werden, daß im Endstand alle Batterien mit Flakmeßgerät ausgestattet sind und jeweils höchstens eine Nebenbatterie angeschlossen ist.

Zusammenfassung:
Infolge des schlechten Wetters konnten sehr wenige Übungen durchgeführt werden, und durch Ausbleiben von feindlichen Luftangriffen während der Kdo-Zeit der 1./N.J.G. 1 konnte eine Prüfung der Verfahren im Feindeinsatz nicht erfolgen.

Versuch a) und c) sind durchführbar und bringen nichts wesentlich Neues. Es ist notwendig, daß mit dem Einsatz von Nachtjägern Scheinwerfereinheiten und je Nachtjagdstaffel zwei Flakmeßgeräte zur Verfügung gestellt werden. Das für Flugmelde- und Feuerleitzwecke eingesetzte Gemmagerät kann für Nachtjagdzwecke bei entsprechender Organisation mit ausgenutzt werden.

Versuch b) stellt Kombinationen der Abwehr feindlicher Kampfmaschinen durch Nachtjäger und Flak dar. Die sektorweise Stillegung von namhaften Teilen der Flakartillerie (Verfahren 1) ist untragbar. Die Abgrenzung der Kampfräume der Höhe nach (Verfahren 2) bringt für den Nachtjäger wenig Aussicht auf Erfolg und birgt die Gefahr in sich, daß ein Teil der feindlichen Angreifer unbeschossen und ungestört den Bombenwurf durchführen kann. Daher erscheint Verfahren 3 als die erstrebenswerte Lösung.

Die Ausstattung sämtlicher Abteilungen mit Flakmeßgeräten oder sogar Zuteilung je eines Flakmeßgerätes zu den schweren Batterien, Einbau der Kennungen in Flugzeugen und Flakmeßgeräten bringt die Endlösung.

Für das Generalkommando
Der Chef des Stabes
Pickert
Oberst i. Genst.

ANHANG 4

ANGRIFF DES RAF BOMBER COMMANDS AUF BERLIN 30./31. 1. 1944 (ZUSAMMENFASSUNG)

1. *Wetterlage*
6–10/10 Bewölkung, Untergrenze 400–800 Meter, Obergrenze bei 1000 Metern. In der Deutschen Bucht und im Berliner Raum Wolkenuntergrenze zwischen 75 und 300 Metern.

2. *Einsatz des Gegners*
Mehrere hundert britische Bomber ab 18.15 Uhr aus dem Raum Norwich zum Angriffsflug nach Berlin. Flugweg über südliche Nordsee, Schleswig-Holstein bis über die Kieler Bucht, dann mit direktem Südostkurs gegen die Reichshauptstadt. Zur gleichen Zeit schnelle Mosquito-Bomber über die Zuidersee einfliegend auf dem Weg nach Berlin. Die Hauptstadt erlebte einen schweren Bombenangriff mit ausgedehnten Flächenbränden sowie großen Schäden an Gebäuden und Industrieanlagen. Besonders die Innenstadt, die westlichen und südlichen Stadtbezirke wurden getroffen. Der Rückflug der Engländer erfolgte über Nordwestdeutschland und Holland.
Außerdem führte die RAF mit mehreren Mosquito einen Störangriff auf Köln durch. Anflüge ab 18.30 Uhr zwischen Ostende und Calais. Abflüge über die Scheldemündung bis 20.40 Uhr.
In der Zeit von 18.48 Uhr bis 23.28 Uhr Skagerrakflüge mit je einem Flugzeug von und nach Schweden.

3. *Eigener Einsatz*
Schwache Kräfte der 3. Jagddivision im nordholländischen Küstengebiet im Himmelbettverfahren beim An- und Abflug der Bomber.
Zur Verfolgungs- und Objektnachtjagd wurden eingesetzt:

1. Jagddivision mit Versammlung über Funkfeuer Hahn und über Funkfeuer Eichhörnchen. Weiterleitung in den Bomberstrom im Raum ostwärts von Parchim.

2. Jagddivision mit Verbänden aus Grove und Westerland. Einleitung in den Bomberstrom über Schleswig-Holstein. Versammlung der Masse über Funkfeuer Quelle. Einschleusung in den Bomberstrom zusammen mit den Nachtjägern der 3. Jagddivision im Raum nördlich Kiel.

3. Jagddivision mit Versammlung über den Funkfeuern Ludwig und Quelle. Zugeführte Kräfte der 7. sowie Teilkräfte der 3. Jagddivision wurden bei Funkfeuer Gertrud versammelt und über Funkfeuer Berta zur Objektjagd nach Berlin geführt.

Gesamteinsatz:	146 zweimotorige Jäger
Verluste des Gegners:	33 Bomber
Verluste der Nachtjagd:	6 zweimotorige Flugzeuge
	4 Gefallene
	3 Vermißte

LAGEBERICHT NACH DEM STANDE VOM 31. JANUAR 1944, 10 UHR

1. Luftgefahr:	19.48 Uhr
Fliegeralarm:	19.57 Uhr *
Vorentwarnung:	20.48 Uhr
Luftgefahr vorbei und Entwarnung:	21.15 Uhr

2. Der am 30. 1. 1944 in den frühen Abendstunden auf die Reichshauptstadt durchgeführte Luftangriff war noch schwerer als der am Vortage. Etwa 600 Feindmaschinen überflogen bei regnerischem Wetter und bedecktem Himmel die Reichshauptstadt und warfen eine überaus große Anzahl von Bomben aller Art ab. Durch die hohe Zahl der abgeworfenen Minen- und Sprengbomben, die neben einer Unmenge von Brandbomben oft in erheblicher Dichte fielen, wurden zahlreiche LS-Räume verschüttet. Die Zahl der Gefallenen und Verwundeten dürfte daher noch höher sein als am 29. 1. 1944. Die feindlichen Verbände sammelten sich am Nordwestrand der Stadt und überflogen das Stadtgebiet von Nordwesten nach Südosten. Der Schwerpunkt des Angriffes lag in den Abschnitten Charlottenburg, Tiergarten, Wilmersdorf, Schöneberg und Kreuzberg. Es entstanden zahlreiche größere Reihen- und Flächenbrände.

Abschüsse: 7 über Berlin.

3. *Abgeworfen wurden schätzungsweise:*

2 000	Minen- und Sprengbomben,
60 000	Phosphorbrandbomben,
400 000–500 000	Stabbrandbomben,
300	Flüssigkeitsbrandbomben.

Der Abwurf von Leucht- und Zielmarkierungsbomben war im Verhältnis zu früheren Angriffen gering.

4. Bisher wurden folgende Personenverluste festgestellt:

102	Gefallene,
374	Leichtverwundete,
157	Schwerverwundete.

Die Zahlen dürften sich erheblich erhöhen, da noch etwa 700 Personen als verschüttet gemeldet sind und außerdem noch weitere 300 Personen vermißt werden.
Die Zahl der Obdachlosen bzw. der vorübergehend anderweitig untergebrachten Personen beträgt schätzungsweise 200 000.

* Nach Unterlagen der Feuerwehrhauptwache Lindenstraße Fliegeralarm: 19.58, Entwarnung: 21.10

5. Die Schäden an Gebäuden können zahlenmäßig noch nicht angegeben werden.

6. *Verkehrslage:*

Im Fernverkehr sind z. Z. alle Strecken gestört mit Ausnahme der Strecke nach Dresden.
Die Störungen im S-Bahn-Verkehr sind ebenfalls erheblich.

Der Straßenbahnverkehr ist in größerem Umfange ausgefallen. Die U-Bahn verkehrt nur zwischen Potsdamer Platz und Pankow und zwischen Zoo und Ruhleben. Soweit möglich wird der Verkehr durch Omnibusse aufrechterhalten.

7. *Versorgungslage:*

Die Gasversorgung ist sehr stark in Mitleidenschaft gezogen, da auch bei diesem Angriff wieder Gaswerke und Gasleitungen schwer getroffen wurden.
Die elektrische Stromversorgung ist im großen und ganzen gewährleistet. Örtliche Störungen bestehen im gesamten Stadtgebiet. Stromlos sind der östliche Teil von Wilmersdorf und der nördliche Teil von Schöneberg. Das Kraftwerk West ist ausgefallen.
In der Wasserversorgung sind durch zahlreiche Rohrbrüche und Beschädigung des Wasserwerks Siemensstadt Schwierigkeiten entstanden, die besonders für die Löschwasserversorgung sehr nachteilig sind.

8. *Industrieschäden – sonstige Schäden:*

Fa. Amgrick, Heizungsanlagen SW 61, Kreuzbergstr. 37/38	schwerer Schaden
Fa. Schmidt, Papierfabrik SW 61, Kreuzbergstr. 37/38	wie vor
Fa. Hübner, Motorenfabrik SW 61, Kreuzbergstr. 37/38	wie vor
Brunnenvertrieb SW 61, Katzbachstr. 3	totaler Schaden
Schultheissbrauerei SW 61, Methfesselstr. 28/48	schwerer Schaden
Straßenbahnhof SW 61, Kreuzbergstr. 16/20	totaler Schaden
Polizeikaserne Süd SW 29, Blücherstr. 48	schwerer Schaden
Industriehof SW 61, Belle-Alliance-Str. 92	wie vor
Orenstein und Koppel SW 61, Tempelhofer Ufer 23/24	wie vor
Sauerstoffwerke SW 11, Trebbiner Str. 11	wie vor
Heilige-Kreuz-Kirche SW 61, Blücherstr.	totaler Schaden

Anhalter Güterbahnhof SW 61, Möckernstr. 26/52	mittlerer Schaden
Wehrmachtsbaracken SW 61, Blücherplatz 1/2	totaler Schaden
Res.-Lazarett 111 a Tempelhof, Boelckestr. 158	schwerer Schaden
WL-Betrieb Winterfeldt Tempelhof, Germaniastr. 12/20	wie vor
Steffens u. Nölle Tempelhof, Gottlieb-Dunkel-Str. 19	wie vor
Lorenz AG Tempelhof, Lorenzweg	wie vor
WL-Betrieb Dellschau Tempelhof, Industriestr. 32/34	wie vor
WL-Betrieb Hagenuck Tempelhof, Celditzstr. 33	wie vor
WL-Betrieb Weyermann Tempelhof, Ecke Teile- und Rohdestr.	wie vor
WL-Betrieb Deutsche Grammophon Tempelhof, Ringbahnstr. 63	totaler Schaden
Reichsbahnausbesserungswerk Tempelhof, Sachsendamm 37	wie vor
WL-Betrieb Neumann u. Borm W 35, Bülowstr. 56	schwerer Schaden
Reichspostzentralamt Tempelhof, Ringbahnstr.	wie vor
Askania-Werke Steglitz, Siemensstr. 27	wie vor
Krankenhaus Britz (Haus der Jugend) Neukölln, Teuplitzerstr. 39/42	wie vor
Fa. Riedel de-Haen, Chem. Fabrik Britz, Riedelstr. 1/32	schwerer Schaden
Hasse u. Wrede Britz, Mariendorfer Allee 36	wie vor
Rathaus Schöneberg Schöneberg, Rudolf-Wilde-Platz	wie vor
Krankenhaus Schöneberg Schöneberg, Reppichstr. 10	wie vor
Kolonnenbrücke	wie vor
Heereszeugamt Schöneberg, Naumannstr. 81	wie vor

Fa. Opel-Waggonfabrik Schöneberg, Bessemerstr.	wie vor
Sportpalast W 35, Potsdamer Str. 170/172	totaler Schaden
WL-Betrieb Knorr Kaiserin-Augusta-Allee 101/103	schwerer Schaden
WL-Betrieb Loewe Sickingerstr. 69, Huttenstr. 17/20 Wiebestr. 42/49	wie vor
Fa. Frigidaire NW, Wiebestr. 12/20	wie vor
WL-Betrieb Schüttmühle NW, Stromstr. 1/3	wie vor
WL-Betrieb Frisch W 35, Lützowstr. 64/66	wie vor
Pol.-Abschnittskommando Tiergarten W 35, Ulmenstr.	totaler Schaden
Neues Kriminalgericht NW, Turmstr. 93	schwerer Schaden
Untersuchungsgefängnis NW, Alt Moabit 12	wie vor
Oberkommando der Kriegsmarine W 35, Woyrschstr. 38	wie vor
2. und 26. Gemeindeschule Derfflingerstr. 18 a	wie vor
Schule (mit Rettungsstelle 23) NW 87, Rostocker Str. 32	wie vor
Städt. Oberschule SW 69, Sebastianstr. 26	totaler Schaden
Reichsbahngelände Halensee-Brücke Geräteschuppen mit Öllager	totaler Schaden
Bahnhof Halensee Eisenbahnzug	totaler Schaden
Luther-Kirche Nassauische Str. 18	schwerer Schaden
Landhausklinik Landhausstr. 33/35	totaler Schaden
Generalkommando III Hohenzollerndamm 146/149	schwerer Schaden
152. Pol.-Revier Sächsische Str. 23	schwerer Schaden

Deutsches Opernhaus Bismarckstr. 32/34	schwerer Schaden
WL-Betrieb Kaiserin-Augusta-Allee 86	totaler Schaden
Polizeidienstgebäude Schloßstr. 69	schwerer Schaden
Märkische Kabelwerke Keplerstr. 1/10	totaler Schaden
S-Bahn-Zug Nähe Bahnhof Zoo	schwerer Schaden
Nora-Werke Ecke Wilmersdorfer- und Bismarckstr.	schwerer Schaden
Oberpostdirektion Herbartstr. 19/20	schwerer Schaden
Siemens-Werke Siemensstadt Elmo.-Werk Röhren-Werk Elektro-Chemie Hauptverwaltungsgebäude	schwerer Schaden
Holzplatz Thiemann Graf-Roedern-Allee	schwerer Schaden
Deutsche Asbestwerke Graf-Roedern-Allee 176/177	wie vor
Luftschutzgerätelager Lager Messingwerk Berliner Str. 99/100	wie vor
Farbenfabrik Österreich Scharnweberstr. 136	wie vor
Städt. Gaswerke Tegel Seidelstr. 56/60	wie vor
Fa. Rheinmetall-Borsig Berliner Str. 19/36	wie vor
Fa. Alkett Borsigwalde, Holzhauser Str. 86	wie vor
Raboma Maschinenfabrik Borsigwalde, Holzhauser Str. 121/139	wie vor
Anhalter Bahnhof	mittlerer Schaden
Reichspatentamt SW 61, Gitschiner Str. 97/103	totaler Schaden
Kreisleitung V SW 68, Alte Jakobstr. 148/155	wie vor
RLM SW 68, Lindenstr. 3	wie vor

Schönfließer Brücke	totaler Schaden
Druckerei Gebhard u. Welz N, Kopenhagener Str. 72	schwerer Schaden
Fa. Heinke, Oberhemdenfabrik N, Kopenhagener Str. 72	wie vor
Schilling-Brücke O 17	wie vor
Haupt-Reinigungs- u. Fuhramt der Stadt Berlin O 17, Holzmarktstr. 22	wie vor
Siemens-Signalwerke Siemensstadt, Schwiebertweg	wie vor
Siemens Kleinbauwerk Rohrdamm	wie vor
Kraftwerk West Spandau, Otternbuchtstr.	wie vor
Reichspostamt Staaken Nennhauser Damm	wie vor
Alexanderkaserne Ruhleben Charlottenburger Chaussee	wie vor
Gasschutzschule Kladow	totaler Schaden
Heereszeugamt Spandau Bergstr.	schwerer Schaden
Heereszeugamt (Nebenzeugamt) Falkenhagener Chaussee	wie vor
141. RZ Berlin-Staaken Nennhauserdamm	wie vor
Straßenbahnhof Elsenstr. 111/112	wie vor
Hessling Baugeschäft Kiefholzstr. 388	wie vor

Unter der Zivilbevölkerung Berlins gibt es 270 Tote und 1482 Verwundete. Damit verzeichnet die Reichshauptstadt im Januar 1944 insgesamt 1288 Luftkriegstote, 3830 Verwundete sowie rund 167 109 Obdachlose. Die deutsche Nachtjagd verliert bei einem Abschuß von 205 gegnerischen Kampfflugzeugen im Januar 48 eigene Maschinen, wobei 41 Flieger als gefallen, 22 als vermißt und 32 als verwundet gemeldet werden.

QUELLEN- UND LITERATURHINWEISE

Bekker, Cajus: Angriffshöhe 4000, Stalling (Oldenburg und Hamburg, 1964)
Brandt, Leo: Geschichtliche Dokumente zur Flugnavigation 1944 (Lw-Führungsstab I c, Fremde Luftwaffen West)
Brandt, Leo: Sitzungsprotokolle der Arbeitsgemeinschaft »Rotterdam«
Craven, Wesley Frank & Kate, Lea: The US Army Air Force in World War II, Vol. III, Chicago Press (1951)
Feuchter, G. W.: Geschichte des Luftkrieges, Athenäum (Bonn, 1954)
Freeman, Roger A.: The Mighty Eighth, MacDonald (London, 1970)
Girbig, Werner: 1000 Tage über Deutschland, J. F. Lehmanns (München, 1964)
Green, W., Fricker, J.: Air Forces of the World, MacDonald & Co (London, 1958)
Green, William: Famous Bombers of the Second World War, MacDonald (London, 1957)
Harris, Arthur: Bomber Offensive, Collins (London, 1947)
Herington, John: Air War against Germany and Italy, 1939–1943, Canberra, Australien (1954)
Herington, John: Air Power over Europe, 1944–1945, Canberra, (Australien 1963)
Irving, David: Und Deutschlands Städte starben nicht, Schweizer Bank- und Verlagshaus AG (Zürich, 1963)
Klöss, Erhard: Der Luftkrieg über Deutschland, DTV-Dokumente, (München, 1963)
Koch, Hans-Adalbert: Flak, die Geschichte der deutschen Flakartillerie, Podzun (Bad Nauheim, 1965)
Koller, Karl: Der letzte Monat, Wohlgemuth (Mannheim, 1949)
Moyes, Philip J. R.: Bomber Squadrons of the RAF, MacDonald (London, 1964)
Richards, D., Saunders, G.: Royal Air Force 1939–1945, Her Majesty's Stationary Office (London, 1954)
Rumpf, Hans: So war der Bombenkrieg, Stalling (Oldenburg und Hamburg, 1961)
Schramm, Percy Ernst: Die Niederlage 1945, DTV-Dokumente (München, 1962)
Spaight, J. M.: Bombing Vindicated, Bless (London, 1944)
Studnitz, Hans-Georg v.: Als Berlin brannte, Kohlhammer (Stuttgart, 1963)
Webster, Charles, Noble Frankland: The Strategic Air Offensive against Germany, 1939–1945, Vol. II u. III, HMSO (London, 1961)

SONSTIGE UNTERLAGEN, DOKUMENTE, ZEITSCHRIFTEN

Air Pictorial (Squadron Histories), London
Der Adler, 1943, verschiedene Ausgaben
Dokumente deutscher Kriegsschäden, Hrsg.: Bundesministerium für Vertriebene, Flüchtlinge und Kriegsgeschädigte (Bonn, 1958/62)
The US Strategic Bombing Survey, Summary Report (Washington)
Unterlagen des I. Jagdkorps
Unterlagen des Reichswetterdienstes
Unterlagen des Landesarchives Berlin
Unterlagen der WASt (Verlustmeldungen)
Ziviler Luftschutz, *20* (1956), Heft 2 und 3

VELTEN
Marwitz
Neu Bötzow
Bötzow
Hennigsdorf
Wansdorf
Schönwalde
Hohen Neuendf.
Bergfelde
Mühlenbeck
Stolpe
Schönfließ
Glienicke
Schildow
FROHNAU
HERMSDORF
LÜBARS
WAIDMANNSLUST
HEILIGENSEE
TEGEL
Tegeler See
WITTENAU
WILHELMSRUH
NIEDERSCHÖNHAUSEN
ROSENTHAL
REINICKENDORF
Flugplatz Tegel
Falkensee
NEUSTADT
SPANDAU
SIEMENSSTADT
PLÖTZENSEE
WEDDING
GESUNDBRUNNEN
PANKOW
Dallgow
STAAKEN
WILHELMSTADT
MOABIT
WESTEND
CHARLOTTENBURG
Seeburg
GATOW
Flugplatz Gatow
KLADOW
WILMERSDORF
SCHÖNEBERG
GRUNEWALD
SCHMARGENDORF
FRIEDENAU
TEMPELHOF
STEGLITZ
DAHLEM
ZEHLENDORF
SCHLACHTENSEE
NIKOLASSEE
LANKWITZ
LICHTERFELDE
MARIENFELDE
MARIENDORF
Havel
Wannsee
Schwanenwerder
TELTOW
Kl. Machnow
Dreilinden
Stahnsdorf
Ruhlsdorf
LICHTENRADE
Güterfelde
Babelsberg